Minerva Shobo Librairie

# 介護従事者必携!
# わかりやすい介護保険・高齢者福祉

結城康博/佐藤 惟
［編著］

ミネルヴァ書房

# まえがき

　1947〜49年に生まれた団塊の世代が全員75歳以上を迎える「2025年問題」は，ここ十数年の間，高齢者福祉業界において介護や医療の体制を十分に整えられるかどうか，一つの目標ともいうべき場所だった。2003年頃から国がめざしてきた地域包括ケアシステムも，「2025年を目途に構築する」とされてきたが，ついにその時を迎えることとなった。

　この間，2000年にスタートした介護保険制度の利用者は増え続け，介護や医療の仕事に従事する者も増加するなど，一定の進展はあったといえる。一方，今後必要と推計される介護需要に比べれば人材不足はきわめて深刻であり，これからの大介護時代ともいうべき時期を本当に乗り切れるのかどうか，課題はますます山積しているように見える。

　本書は，1冊で「介護保険」および「高齢者福祉」の基本と，最新のトピックを学ぶことができるように企画された。第1章〜第5章では介護保険の仕組みやサービス，直近の制度改正について概説している。続く第6章〜第8章では，高齢者虐待や低所得者への支援制度，地域包括ケアシステムなど，介護保険以外の高齢者福祉にかかわる制度・政策を中心に取り上げた。そして第9章〜第11章および終章で，医療・介護連携や施設経営の困難，介護現場におけるハラスメント，人口減少社会における人材不足など，現場のさまざまな課題を深く掘り下げている。

　各章の執筆者には現役のケアマネジャーや施設相談員，元・行政職員，介護施設の施設長，福祉・看護の大学教員などが名を連ねており，制度の基本的な内容をおさえながら，今まさに現場で課題となっていることが述べられている。福祉系の大学・短大や専門学校等における介護保険・高齢者福祉のテキストとして最適であるだけでなく，新人介護職員やケアマネジャー，施設相談員，行政職員など，新たに介護・福祉の仕事に携わることになった人にとっても有用

である。

　本書がこれから介護保険・高齢者福祉について学ぼうとする人の，学習の一助になれば幸いである。


　2025年2月

執筆者を代表して

結城康博

佐藤　惟

# 目　　次

まえがき

## 第1章　介護保険サービスの使い方——利用者の視点から …………………… 1

**1**　介護保険の基本的な考え方 ………………………………………………… 1

**2**　介護サービスを利用するための仕組み——介護保険と総合事業 ………… 3

**3**　要介護認定の申請と介護給付 …………………………………………… 5

**4**　基本チェックリストと総合事業 ………………………………………… 7

**5**　ケアマネジャーと居宅サービス計画書 ………………………………… 9

**6**　主な介護保険サービスの種類 ………………………………………… 9

**7**　介護保険サービス利用にかかる費用 …………………………………… 11
　　　　——介護報酬・自己負担・支給限度額

**8**　不服申し立て（介護保険審査会）と苦情受付（国保連や市町村窓口）…… 13

**9**　介護保険制度の現状——利用者数の推移・法改正・報酬改定の大枠等 …… 14

## 第2章　在宅系サービス ………………………………………………………… 19

**1**　地域包括支援センターとケアマネジャー ……………………………… 19

**2**　ケアマネジャーの役割 ………………………………………………… 21

**3**　訪問介護 ………………………………………………………………… 24

**4**　通い系介護サービス …………………………………………………… 27

**5**　複合型介護等サービス ………………………………………………… 29

**6**　その他の在宅介護サービス …………………………………………… 30

**7**　在宅介護サービスの課題 ……………………………………………… 35

iii

第3章　施設系サービス……………………………………………………39

　　1　特別養護老人ホーム………………………………………………39

　　2　介護老人保健施設…………………………………………………43

　　3　介護医療院…………………………………………………………46

　　4　グループホーム……………………………………………………47

　　5　高齢者の「住まい」………………………………………………49

　　6　有料老人ホームという「住まい」………………………………49

　　7　サービス付き高齢者向け住宅……………………………………51

　　8　養護老人ホーム……………………………………………………51

　　9　軽費老人ホーム（A型・B型）・ケアハウス…………………54

　　10　施設系の処遇改善加算……………………………………………56

第4章　介護保険制度の運営——保険者である市町村の役割…………59

　　1　保険者と国・都道府県の役割……………………………………59

　　2　介護保険事業計画…………………………………………………63

　　3　保　険　料…………………………………………………………68

　　4　指導監督……………………………………………………………71

　　5　指定権者——市町村・都道府県・中核市の違い………………76

第5章　2024年改正介護保険制度と今後の課題…………………………81

　　1　介護報酬改定………………………………………………………81

　　2　ケアマネジャーの介護報酬………………………………………86

　　3　自己負担2割層の拡充は見送り…………………………………89

　　4　第1号被保険者の保険料水準……………………………………90

　　5　新サービス誕生は見送られる……………………………………91

　　6　財務諸表の義務化…………………………………………………92

　　　　　　　　　　　　　　　　　　　　　　　　　目　次

　　7　地域包括支援センター業務の変革……………………………………93

　　8　ケアマネジメントにおける改正……………………………………94

　　9　特定施設における人員配置の変更…………………………………95

　　10　高齢者介護を取り巻く課題…………………………………………96


第6章　高齢者虐待防止と認知症の高齢者への対策……………………103

　　1　高齢者虐待の現状と対策……………………………………………103

　　2　高齢者の意思決定支援と権利擁護…………………………………110

　　3　認知症に対する施策と共生社会の実現……………………………113

　　4　地域包括支援センターとの協働……………………………………118


第7章　低所得高齢者・単身高齢者等への支援…………………………123

　　1　低所得者と高齢者福祉………………………………………………123

　　2　単身世帯と高齢者福祉………………………………………………133


第8章　地域包括ケアシステムと地域福祉………………………………143

　　1　変化しつつある地域包括ケアシステム……………………………143

　　2　地域包括ケアシステムの展開とその背景…………………………148

　　3　地域包括ケアシステムと「自助」「互助」「共助」「公助」………152

　　4　地域包括ケアシステムと地域福祉との関連………………………153


第9章　医療・介護連携……………………………………………………163

　　1　地域医療構想…………………………………………………………163

　　2　医療・介護連携の重要性……………………………………………166

　　3　地域ケア会議…………………………………………………………169

　　4　日本人の死に場所の変化……………………………………………172

　　5　介護職員の医療行為…………………………………………………176

　　　　　　　　　　　　　　　　　　　　　　　　　　　　　　　　　　v

**6** かかりつけ医 ……………………………………………………… 179

**7** 持続可能なシステム構築 ……………………………………… 183

## 第10章 特別養護老人ホームを中心とした現場の課題 ……… 185

**1** 特別養護老人ホームの経営課題 …………………………… 185

**2** 事例からみる課題 …………………………………………… 197

**3** 社会福祉法人の経営課題 …………………………………… 199

## 第11章 介護現場におけるハラスメント ……………………… 205

**1** 利用者からの「ハラスメント」再考 ……………………… 205

**2** ハラスメント概念の登場 …………………………………… 207

**3** 職場におけるハラスメント ………………………………… 208

**4** 介護ハラスメントの実態 …………………………………… 211

**5** 2022年改訂版介護ハラスメント対応マニュアル ……… 215

**6** 改めて，ハラスメントへの対応はどうあるべきか ……… 217

**7** 利用者のために「ハラスメント」を指摘する …………… 222

## 終　章　人口減少社会と介護保険・高齢者福祉 ……………… 227

**1** 人口減少社会の現状 ………………………………………… 227

**2** 高齢者福祉・介護現場の危機 ……………………………… 232

**3** 社会の関心を高めていく …………………………………… 234

**4** 制度あっても介護サービスなし …………………………… 235

あとがき

索　　引

| 第1章 | 介護保険サービスの使い方<br>――利用者の視点から |
| --- | --- |

　本章では，主に利用者の視点に立った介護保険サービス等の使い方について概説する。介護保険は，基本的に利用者自身の自己決定を重視した「利用者本位」の制度である。介護保険施設や高齢者福祉の現場で働いている介護従事者・相談支援担当者や，社会福祉を学ぶ学生・看護学生等は，常に「利用者の視点に立つこと」を意識しなければならない。

　介護保険に関する知識がゼロの状態で，さまざまな事情から介護サービス等の利用を検討することになった人たちに対して，何を，どのように説明すればよいだろうか。介護保険のサービスを利用するためには，どのような手続きを経る必要があるか。介護保険以外にはどのような選択肢があるか。要介護認定の結果に納得がいかない時や，介護サービスを利用するなかでトラブルがあり苦情を訴えたい時はどうすればよいのか。本章では相手に寄り添った説明をするために必要な介護保険の基本的な知識を学んでいく。

## 1　介護保険の基本的な考え方

　介護保険制度は，1997年12月に成立した介護保険法の趣旨に則り，2000年4月にスタートした。その基本的な理念は，同法第1条に記載されている。

　**第1条**　この法律は，<u>加齢に伴って生ずる心身の変化に起因する疾病等により要介護状態となり</u>，入浴，排せつ，食事等の介護，機能訓練並びに看護及び療養上の管理その他の医療を要する者等について，これらの者が尊厳を保持し，<u>その有する能力に応じ自立した日常生活を営むことができるよう</u>，必要な保健医療サービス及び福祉サービスに係る給付を行うため，<u>国民の共同連帯の理念に基づき介護保険制度を設け</u>，その行う

I

保険給付等に関して必要な事項を定め，もって国民の保健医療の向上及び福祉の増進を図ることを目的とする。(下線筆者)

　まず初めに，この法律は「加齢に伴って生ずる心身の変化に起因する疾病等により要介護状態」になった者を主な支援の対象としている。具体的には65歳以上（第1号被保険者と呼ぶ）で介護が必要になった者と，40歳以上64歳未満（第2号被保険者と呼ぶ）で特定疾病と呼ばれる発症に加齢との関連が指摘されている疾患に罹患して介護を要する者が対象となっている。その上で，この法律の基本理念は，「尊厳の保持」「自立した日常生活の保障」「国民の共同連帯」という3点にまとめることができる。

　「尊厳の保持」は，要介護状態になり，生活にさまざまな制限を抱えることになったとしても，常に人として大切にされ，人間としての尊厳を保って生活する権利を守るということである。後述する「自立支援」がめざすのは「尊厳の保持」であり，介護保険法の最上位の理念に位置づけられる。

　「自立した日常生活の保障」は，「自立支援」と言い換えることができる。「自立した日常生活」とは，一切他人に頼ることなく，すべて自分のことを自分でして生活を送るということではない。法律の条文に「その有する能力に応じ」という文言があるように，要介護状態になりできないことが増えたとしても，できないことは人に頼りつつ，残された能力を活用して自分らしい生活を送ることを指す。この「自立支援」は，要介護状態がさらに悪化することを防ぐために機能訓練を実施したり，再び自分の身の回りのことを自分でできるよう，生活リハビリテーションに取り組んだりすることを含むが，それだけではない。

　「自立」には大きく4つの側面があるといわれる（表1-1）。自分の身の回りのことを自分でする「身体的自立」，自分のことを自分で決める「精神的自立」，金銭的に誰かに頼ることなく暮らす「経済的自立」，社会生活上生じるさまざまな契約や手続きを自分で行う「社会的自立」の4つである。「自立した日常生活の保障」をめざす上で，介護保険法が最も重視しているのは「精神的自立」の保障である。すなわち，要介護状態になり食事や排せつなどの日常生活

第1章 介護保険サービスの使い方

表1-1 自立の4側面

| 身体的自立 | 体が健康で、自分で自分の身の回りのこと（食事、トイレ、お風呂など）をできること。 |
|---|---|
| 精神的自立 | 体が健康かどうかに関係なく、自分の生き方や日々の暮らし方を自分で決められること。 |
| 経済的自立 | 金銭的に誰かに頼ることなく、自分でお金を得て暮らせること。 |
| 社会的自立 | 社会生活を送る上で必要なさまざまな契約や手続きを、自分でできること。 |

出所：筆者作成。

動作（Activity of Daily Living：ADL）に他人の助けが必要であったとしても、その日に自分が食べたい物、行きたい場所、着たい服などは自分で決めることができる。介護保険サービスの従事者には、利用者自身の自己決定を尊重して、その人らしく生きることを支援することが求められている。このことがその人の尊厳を保持することにもつながる。「自立支援」は、「尊厳の保持」を下支えする重要な理念なのである。

　最後に「国民の共同連帯」とは、高齢期の要介護状態が国民誰にでも起こりうる課題であることを踏まえ、介護負担を家族にのみ負わせてきたことを断ち切り、社会全体で担おうとするものである。また、高齢者の介護にかかる費用を国民全体で負担し合う「社会保険方式」を取ることも意味している。

## 2　介護サービスを利用するための仕組み
### ——介護保険と総合事業

　疾病が原因で、日々の食事や排せつ、入浴などに介護が必要な状態になった。あるいは認知症の症状により家事が思うようにこなせなくなり、買い物や掃除、調理等の助けを得たくなった。同居の家族が介護や家事などを担ってきたが、負担が過大になり、家族が自身の時間ももてるようにしたい。

　このような事態が生じた時に、助けとなるのがさまざまな介護サービスである。介護サービスには、例えばホームヘルパーが自宅に来て介護や家事をしてくれる訪問介護、要介護者が日中外出して体操やリハビリ、入浴、レクリエーションなどのサービスを受けられる通所介護（デイサービス）、一定期間の宿泊

3

が可能な短期入所介護（ショートステイ）などがある（本章第6節参照）。こうした介護サービスを利用するための仕組みには，大きく分けて介護保険による給付（介護給付および予防給付。以下，「介護給付等」）と「介護予防・日常生活総合支援事業（以下，「総合事業」）」の2種類がある。

「介護給付等」は，2000年にスタートした介護保険制度の核となる部分であり，多くの要介護者と家族がこの給付を受けてさまざまな介護サービスを利用している。65歳になると，住民票のある自治体からすべての人に介護保険証（介護保険被保険者証）が交付される。しかし，この介護保険証を提示するだけでは介護保険サービスを利用することはできない。「保険」とは，生活上起こり得る何らかのリスクに備えて積立を行い，いざそのリスクが表面化した際に費用の給付を行うものである。介護保険制度は，国民から徴収した介護保険料によって運営され，「要介護状態」というリスクに備える保険給付の仕組みである。

何らかの事情により介護の必要な状態にあると認定されて初めて，介護保険サービスにかかる費用の給付を保険から受けることができる。この「介護の必要な状態にあるかどうか」を判定する仕組みが要介護認定（および要支援認定）である。要介護（要支援）認定を受けると保険給付を受けることができ，1〜3割の負担金（所得により自己負担割合は異なる）で介護保険サービスを利用することができる。

「総合事業」は，2015年4月にスタートした制度である。総合事業はすべての高齢者を対象に介護予防の普及・啓発等を行う一般介護予防事業と，一定の基準に該当する者を対象とする介護予防・生活支援サービス事業から成る。介護予防・生活支援サービス事業では介護の必要性が軽い者を対象とした訪問介護やデイサービスなどのサービスが実施されており，こちらは要介護認定の申請を経ることなく利用することができる。後述するが，要介護認定を申請してから介護度が認定され，サービスを利用できるようになるためには1カ月程度かかる。総合事業は提供されるサービスのメニューや事業者がかなり限られているという課題もあるが，早ければ翌日からサービスを利用することができるというメリットがある。

第1章 介護保険サービスの使い方

介護保険の給付や総合事業を利用しなくても，介護事業者（訪問介護やデイサービスなど）に直接申し込んで介護サービスを利用することは可能である。しかし，その場合は介護サービスにかかる費用の全額を自己負担することになり，やや高額な利用料金がかかることになる。

## 3 要介護認定の申請と介護給付

介護保険を利用したい（保険給付を受けたい）場合に，初めに必要な手続きが要介護認定の申請である（原則，マイナンバーカードも持参）。要介護認定申請は，被保険者本人，家族・親族のほか，民生委員，成年後見人，地域包括支援センター，居宅介護支援事業者（ケアマネジャーなど），介護保険施設（特別養護老人ホームなど）が代理で行うことができる。要介護認定の流れは，以下の通りである（図1-1）。

初めに，介護保険証や要介護認定申請書などの必要書類を市町村の窓口等に提出する。並行して，申請者は主治医に「主治医意見書」を書いてもらうよう依頼する。申請が受け付けられると，原則として市町村の調査員が申請者の住まいを訪問し，介護サービスの必要性を判断するための認定調査を行う。

認定調査では国が定めた74項目の質問について，調査員による聞き取りを受ける。この74項目には「寝返りを自分でできるかどうか」「座位を保持できるか」といった身体機能に関する項目や，「生年月日や年齢を言えるか」「今の季節を理解しているか」といった認知機能に関する項目，「物を盗られたなどと被害的になることがあるか」「（周囲に迷惑になるほどの）大声を出すことがあるか」などの精神・行動障害に関する項目がある。74項目の基本調査は，調査員が本人や家族からの聴き取りにもとづき，選択肢のなかから最も近い状態像に〇をつけていく形式であるが，より詳しい状態について「特記事項」欄に記載する。この「特記事項」は，後述する介護認定審査会による二次判定で活用され，要介護認定の結果にも影響するため，申請者や家族の立場から見れば，自分たちの状況をできるだけ詳しく調査員に伝えることが大事である。

74項目の基本調査の結果と，主治医意見書の内容を元に行われるのが，コン

5

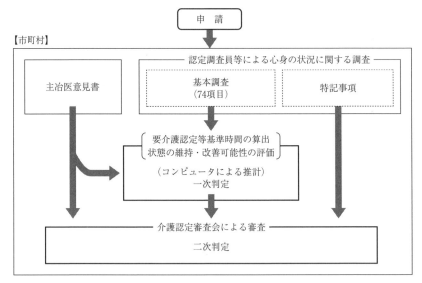

図 1-1　要介護認定の流れ

出所：厚生労働省 HP（一部改変）。

ピュータによる一次判定である。ここでは介護にかかると想定される時間や手間（要介護認定等基準時間）がコンピュータにより算出され，要介護者または要支援者に該当するかどうかや，この時点での要介護度が判定される。

　一次判定の結果は，コンピュータが機械的に算出したものであり，必ずしも申請者や家族の置かれた状況を十分に反映できていない場合がある。この点を人間の目で見て確認し，必要に応じて修正するために設けられているのが二次判定の仕組みである。二次判定では保健・医療・福祉の専門家数名で構成される介護認定審査会が市町村に設置されており，主治医意見書や，認定調査員が記入した特記事項の内容も確認しながら，一次判定の結果が妥当かどうか判断する。介護認定審査会は月に1回開催され，一次判定の結果が妥当ではないと判断された場合は，要介護度の修正を行う。また，介護認定審査会は必要に応じて要介護状態の軽減・悪化防止のための意見を付したり，利用するべきサービスの指定を行ったりすることができることが介護保険法に規定されている。これらの意見は介護保険証に記載され，申請者に返送される。

第1章　介護保険サービスの使い方

　一次判定と二次判定を経て，最終的な要介護度等が決定し，市町村から申請者に郵送で通知される。この通知は申請から30日以内に申請者の元に届くことになっている。原則としては，この通知が届いてから介護保険のサービスを利用できるようになる。ただし，要介護認定は申請時に遡って有効期間が設定されるので，認定結果が出る前に利用を開始した介護サービスについても保険給付の対象になる。また，やむを得ない理由で申請前に利用した介護サービスについても，市町村が必要と認めた場合は保険給付の対象になる場合がある。しかしこうしたケースで認定結果が「非該当（自立）」であった場合，費用の全額が自己負担となるため注意が必要である。

　このように，要介護認定の申請結果が出るまでには1カ月程度かかるため，介護保険サービスの利用を検討している場合は早めの申請が望まれる。

## 4　基本チェックリストと総合事業

　要介護認定申請の結果，比較的自立度が保たれていると判断され，「非該当」（自立）となるケースがある。非該当と判定された場合は，介護給付等を受けることができない。しかし，市町村が実施する介護予防・日常生活支援総合事業（総合事業）の，介護予防・生活支援サービス事業によるサービスを利用できる可能性がある。

　介護予防・生活支援サービス事業では，訪問型サービス（訪問介護に相当）や通所型サービス（通所介護に相当）などを提供している。利用資格があるのは，要支援認定を受けた人と，基本チェックリストによりサービス事業の対象者であると判定された人（事業対象者）である。

　基本チェックリストとは，日頃の暮らしぶりや運動機能，栄養状態，認知機能や精神面などに関する25項目の質問から，要介護状態になる恐れなどを簡便に確認するツールである（図1-2）。地域包括支援センターなどの相談窓口で基本チェックリストにより「事業対象者」に該当すると判断された人は，介護予防ケアマネジメントにもとづくサービスを利用できるようになる。

　基本チェックリストの結果は当日わかるため，事業対象者に該当すると判断

7

| No. | 質問項目 | 回答<br>(いずれかに○を<br>お付け下さい) | | |
|---|---|---|---|---|
| 1 | バスや電車で1人で外出していますか | 0. はい | 1. いいえ | |
| 2 | 日用品の買物をしていますか | 0. はい | 1. いいえ | |
| 3 | 預貯金の出し入れをしていますか | 0. はい | 1. いいえ | |
| 4 | 友人の家を訪ねていますか | 0. はい | 1. いいえ | |
| 5 | 家族や友人の相談にのっていますか | 0. はい | 1. いいえ | |
| 6 | 階段を手すりや壁をつたわらずに昇っていますか | 0. はい | 1. いいえ | \ 運動 |
| 7 | 椅子に座った状態から何もつかまらずに立ち上がっていますか | 0. はい | 1. いいえ | |
| 8 | 15分位続けて歩いていますか | 0. はい | 1. いいえ | |
| 9 | この1年間に転んだことがありますか | 1. はい | 0. いいえ | |
| 10 | 転倒に対する不安は大きいですか | 1. はい | 0. いいえ | |
| 11 | 6ヵ月間で2～3kg以上の体重減少がありましたか | 1. はい | 0. いいえ | \ 栄養 |
| 12 | 身長　　　　cm　体重　　　　kg（BMI＝　　　）（注） | | | |
| 13 | 半年前に比べて固いものが食べにくくなりましたか | 1. はい | 0. いいえ | \ 口腔 |
| 14 | お茶や汁物等でむせることがありますか | 1. はい | 0. いいえ | |
| 15 | 口の渇きが気になりますか | 1. はい | 0. いいえ | |
| 16 | 週に1回以上は外出していますか | 0. はい | 1. いいえ | \ 閉じこもり |
| 17 | 昨年と比べて外出の回数が減っていますか | 1. はい | 0. いいえ | |
| 18 | 周りの人から「いつも同じ事を聞く」などの物忘れがあると言われますか | 1. はい | 0. いいえ | \ 認知症 |
| 19 | 自分で電話番号を調べて，電話をかけることをしていますか | 0. はい | 1. いいえ | |
| 20 | 今日が何月何日かわからない時がありますか | 1. はい | 0. いいえ | |
| 21 | （ここ2週間）毎日の生活に充実感がない | 1. はい | 0. いいえ | \ うつ |
| 22 | （ここ2週間）これまで楽しんでやれていたことが楽しめなくなった | 1. はい | 0. いいえ | |
| 23 | （ここ2週間）以前は楽にできていたことが今ではおっくうに感じられる | 1. はい | 0. いいえ | |
| 24 | （ここ2週間）自分が役に立つ人間だと思えない | 1. はい | 0. いいえ | |
| 25 | （ここ2週間）わけもなく疲れたような感じがする | 1. はい | 0. いいえ | |

**図1-2　基本チェックリスト**

注：BMI（＝体重（kg）÷身長（m）÷身長（m））が18.5未満の場合に該当とする。
出所：厚生労働省HP。

されれば即日〜3日程度でサービス利用を開始することができる。ただし，総合事業で利用できるサービスは限られているため，訪問看護や福祉用具などのサービス利用を希望する場合は，要介護認定の申請に進む必要がある。

## 5　ケアマネジャーと居宅サービス計画書

　要介護認定の結果，要介護1〜5の認定が出た場合は，介護保険から介護給付（要支援1・2の場合は予防給付）を受けることができる。この介護給付等を受けるためには，居宅サービス計画書（いわゆるケアプラン）を作成して，市町村に届け出る必要がある。居宅サービス計画書は自分で作成することもできるが（セルフケアプランと呼ばれる），介護保険の仕組みは複雑でサービス内容も多岐にわたるため，ケアマネジャー（介護支援専門員）を探して，書類の作成を依頼する場合がほとんどである（第2章参照）。

　ケアマネジャーは，居宅介護支援事業所や介護保険施設などに所属している。要介護認定の結果通知とともに，住んでいる市町村の居宅介護支援事業所リストが送られてくるケースが多い。地域包括支援センターでも居宅介護支援事業所やケアマネジャーに関する情報をもっていることが多いので，どのケアマネジャーが良さそうか，相談してみると良い。

## 6　主な介護保険サービスの種類

　要介護認定の結果，介護または支援が必要であると判定されれば，介護保険サービスの利用を開始できる。介護保険にもとづくサービスは大きく分けて「居宅サービス等」「地域密着型サービス」「施設サービス」の3つある（表1-2）。

　「居宅サービス等」は現在，14種類がある。このなかで，訪問介護と通所介護（デイサービス），短期入所生活介護（ショートステイ）の3つのサービスを合わせて在宅福祉サービスの三本柱と呼ばれることがある。訪問看護や訪問リハビリテーション，居宅療養管理指導などの医療系サービスは，医療保険（診療

表 1-2　介護保険サービスの種類（要介護者の場合）

| 居宅サービス等 | 地域密着型サービス |
|---|---|
| 訪問介護（ホームヘルプ） | 定期巡回・随時対応型訪問介護看護 |
| 訪問入浴介護 | 小規模多機能型居宅介護 |
| 訪問看護 | 夜間対応型訪問介護 |
| 訪問リハビリテーション | 認知症対応型通所介護 |
| 居宅療養管理指導 | 認知症対応型共同生活介護（グループホーム） |
| 通所介護（デイサービス） | 地域密着型特定施設入居者生活介護 |
| 通所リハビリテーション（デイケア） | 地域密着型特別養護老人ホーム |
| 短期入所生活介護（ショートステイ） | 看護小規模多機能型居宅介護 |
| 短期入所療養介護（ショートステイ） | 地域密着型通所介護 |
| 特定施設入居者生活介護 | |
| 福祉用具貸与 | **施設サービス（介護保険施設）** |
| 特定福祉用具販売 | 介護老人福祉施設（特別養護老人ホーム） |
| 居宅介護住宅改修費（住宅改修） | 介護老人保健施設 |
| 居宅介護支援（ケアマネジメント） | 介護医療院 |

出所：厚生労働統計協会『国民の福祉と介護の動向2023/2024』190-191頁を基に筆者作成。

報酬）にもとづくサービスも存在しており，介護保険との併用はできないため，本人の状況に合わせてどちらかの保険サービスを利用することになる。このほか，福祉用具貸与や住宅改修も介護保険の給付対象となる（第2章参照）。

　表1-2に示したのは要介護1～5の人を対象とした介護給付にもとづくサービスであるが，このほかに要支援1～2の人を対象とした予防給付のサービスとして，介護予防訪問入浴介護や介護予防訪問看護，介護予防短期入所生活介護などがあり，介護給付に準じたサービスを受けることができる。

　「地域密着型サービス」とは，利用者が住み慣れた地域で住み続けることを支援するためのサービスである。「居宅サービス等」と後述する「施設サービス」の指定・指導・監督は都道府県知事が行うのに対し，地域密着型サービスの指定・指導・監督は市町村長が行い，住民により身近なサービスとなっている。地域密着型サービスには小規模多機能型居宅介護や認知症対応型共同生活介護（認知症グループホーム）などがある。地域密着型サービスは，2000年の介

護保険制度開始当初は存在しなかった。2005年の介護保険法改正で創設された後，2011年の法改正では定期巡回・随時対応型訪問介護看護と看護小規模多機能型居宅介護（複合型サービス）が新たに創設されるなど，地域包括ケアシステムの実現に向けて重要な役割を担っている（第2・8章参照）。

「施設サービス（介護保険施設）」には現在，介護老人福祉施設（いわゆる特別養護老人ホーム），介護老人保健施設，介護医療院の3種類がある。これらの施設は要介護認定を受けた者のみが利用でき，要支援者は利用することができない（第3章参照）。

これらの介護保険サービスは，要介護認定の結果にもとづいて利用する。なお，要介護度は要支援（1～2），要介護（1～5）の7段階に分かれている。要介護度によって利用できるサービスが変わるため注意が必要である。例えば現在，特別養護老人ホームは原則として要介護3以上の者が入所の対象となっている。また，認知症共同生活介護（認知症グループホーム）の利用対象は要支援2以上の者となっており，要支援1の人は利用できない。福祉用具貸与についても，介護ベッドや車いすなどは要介護2以上，自動排泄処理装置は要介護4・5の人が対象となる。要介護認定の結果にもとづいて利用可能なサービスを検討することが必要である。

## 7 介護保険サービス利用にかかる費用
### ——介護報酬・自己負担・支給限度額

介護保険のサービスを利用する上で，多くの利用者や家族が気にかけるのは費用面である。

介護保険サービスを提供する事業者は，各々が勝手に利用料を設定するのではなく，国が定めた介護報酬にもとづいて費用の請求を行っている。介護報酬は，1単位10円を目安とする「単位」で設定されており，サービスの種別や規模，利用時間，利用者の要介護度等によって細かく分かれている。例えば通所介護（デイサービス）であれば，「通常規模型（月の平均利用延べ人数が301～750人）」「大規模型Ⅰ（同751～900人）」「大規模型Ⅱ（同901人以上）」「地域密着型（利用定員18名以下）」で，介護報酬単価が異なる。さらに，1日の利用時間や利

表1-3 介護報酬単価の例（通常規模型通所介護の場合）

通常規模型通所介護費（平均利用延べ人員301〜750人／月）

|  | 要介護1 | 要介護2 | 要介護3 | 要介護4 | 要介護5 |
|---|---|---|---|---|---|
| 3〜4時間未満 | 370 | 423 | 479 | 533 | 588 |
| 4〜5時間未満 | 388 | 444 | 502 | 560 | 617 |
| 5〜6時間未満 | 570 | 673 | 777 | 880 | 984 |
| 6〜7時間未満 | 584 | 689 | 796 | 901 | 1,008 |
| 7〜8時間未満 | 658 | 777 | 900 | 1,023 | 1,148 |
| 8〜9時間未満 | 669 | 791 | 915 | 1,041 | 1,168 |

出所：WAM NET「介護給付費単位数等サービスコード表」を基に筆者作成。

用者の要介護度によって単位数が異なってくる（表1-3）。

　前述の通り，介護報酬は1単位10円を目安として設定されているため，例えば要介護1の利用者が通常規模型デイサービスを3時間利用した場合は1日の利用で3,700円が，要介護5の利用者が9時間利用した場合は1万1,680円が，それぞれ事業者の報酬となる。そして，利用者の介護保険サービス利用料は，この介護報酬の額を元に決まる。

　介護保険の自己負担割合は原則1割，所得の高い者については所得に応じて2〜3割である。自己負担割合が1割の場合，要介護1の者が上記のデイサービスを3時間利用すると1日の利用料金は370円，要介護5の者が9時間利用した場合は1日1,168円となる。なお，これとは別に食費や，入所施設の場合の居室料などは各事業者が自由に設定しており，介護サービス料とは別途料金がかかるため，注意が必要である。

　このように介護サービスの利用料金は介護報酬を元に決まっており，所得に応じて利用者の自己負担割合が設定されているため，残りの7〜9割は保険給付として介護保険の財源から支出される。しかし，各々の利用者が際限なく介護サービス等を利用すれば，それだけ介護保険の財源も圧迫されてしまう。そこで要介護度に応じて，月々の給付額の上限が設定されている。これが区分支給限度基準額と呼ばれるものである（表1-4）。

　区分支給限度基準額は，1カ月に介護保険を利用できる額の上限となる。要支援1の場合は5万320円，要介護5の場合は36万2,170円が基準額となってお

第1章　介護保険サービスの使い方

表1-4　要介護度別 区分支給限度基準額

|  | 基準単位／月 | 基準額／月 |
|---|---|---|
| 要支援1 | 5,032単位 | 50,320円 |
| 要支援2 | 10,531単位 | 105,310円 |
| 要介護1 | 16,765単位 | 167,650円 |
| 要介護2 | 19,705単位 | 197,050円 |
| 要介護3 | 27,048単位 | 270,480円 |
| 要介護4 | 30,938単位 | 309,380円 |
| 要介護5 | 36,217単位 | 362,170円 |

出所：厚生労働統計協会『国民の福祉と介護の動向
2023/2024』191頁を基に筆者作成。

り，この金額を超えて介護サービス等を利用した場合は，超えた分が全額（10割）自己負担となる。介護サービス等の利用にあたってはケアマネジャーとも相談しながら，できるだけ限度額内に収まるようにサービス量を調整することが望ましい。

## 8　不服申し立て（介護保険審査会）と苦情受付（国保連や市町村窓口）

　要介護認定の結果が，自分たちが思っていたよりも低い結果で納得できないと感じる場合がある。例えば福祉用具貸与で介護ベッドの利用を考えていた（要介護2以上が利用可能）のに要介護1の認定が出た場合など，認定の結果によって利用者や家族のニーズに合ったサービスが利用できないケースも出てくる。このような時に，認定結果の不服申し立てを行う仕組みが介護保険にある。

　都道府県に設置されている介護保険審査会が，こうした不服申し立ての審査を行っている。市町村が行った行政処分の通知があったと知った日の翌日から起算して90日以内に，その市町村がある都道府県の審査会に対して審査請求を行うことができる。介護認定の結果だけでなく，市町村ごとに設定されている介護保険料の額や徴収方法などについても，審査請求を行うことができる。

　また，利用を始めた介護保険サービスの質が良くないと感じた場合は，苦情申し立てを検討するべきである。原則として各サービス事業所では苦情解決責

任者を設置しているため，直接その介護サービス事業者に苦情を訴えることも
できるし，ケアプランを元にさまざまなサービスの調整を行っているケアマネ
ジャーも相談先の一つである。ただし，事業者に直接言いづらかったり，ケア
マネジャーに相談しづらかったりする場合には外部の機関でも苦情を受け付け
ている。介護保険サービスについては市町村の担当窓口や地域包括支援セン
ター，国民健康保険団体連合会（国保連）が主な苦情受付機関となっている。

## 9 介護保険制度の現状
### ——利用者数の推移・法改正・報酬改定の大枠等

　2000年4月にスタートした介護保険制度は，その後順調に利用者数を増やし
続けている（図1-3）。制度が開始して1カ月後の2000年4月末から2022年3
月末にかけて，65歳以上の高齢者（第1号被保険者）の人口増加率が約1.7倍で
あるのに対し，要介護・要支援認定を受けた者の数は約3.2倍，各種サービス
利用者の数は約3.5倍に増えている[1]。とくに在宅サービス利用者数は約4.2倍と
より伸び率が大きく，日本の高齢者福祉が介護保険の導入により「施設福祉か
ら在宅福祉へ」と舵を切ったことがうかがえる。

　この間，介護保険法はさまざまな改正が行われてきた。その概要は表1-5
の通りである。

　はじめの改正は2005年である。これは，介護保険法の成立当初に制度開始後
5年を目途に見直しを行う旨が規定されていたために行われた。制度見直しの
過程では，「比較的軽度者の認定が多かったこと」「特に軽度者への支援におい
て，本来利用者が自分でできることまで支援者が過剰にサービス提供してしま
い，かえって本人の自立を阻害して，身体機能の低下を引き起こしている可能
性があること」などが議論された。また，地域包括ケアシステムの考え方が登
場し始めていたことから，住み慣れた地域で介護を受けて自分らしい生活を続
けるための基盤整備も課題となった。

　これらの点を踏まえて2005年の改正では，「介護予防」と「地域」が大きな
キーワードとなった。具体的には，「要支援」区分を細分化して要支援1と2
の区分を作り，予防給付のサービス類型を創設したほか，地域包括支援セン

第 1 章　介護保険サービスの使い方

①65歳以上被保険者の増加

|  | 2000年 4 月末 |  | 2022年 3 月末 |  |
|---|---|---|---|---|
| 第 1 号被保険者数 | 2,165万人 | ⇒ | 3,589万人 | 1.7倍 |

②要介護（要支援）認定者の増加

|  | 2000年 4 月末 |  | 2022年 3 月末 |  |
|---|---|---|---|---|
| 認定者数 | 218万人 | ⇒ | 690万人 | 3.2倍 |

③サービス利用者の増加

|  | 2000年 4 月 |  | 2022年 3 月 |  |
|---|---|---|---|---|
| 在宅サービス利用者数 | 97万人 | ⇒ | 407万人 | 4.2倍 |
| 施設サービス利用者数 | 52万人 | ⇒ | 96万人 | 1.8倍 |
| 地域密着型サービス利用者数 | ― |  | 89万人 |  |
| 計 | 149万人 | ⇒ | 516万人[1] | 3.5倍 |

**図 1 - 3　介護保険利用者の推移**

注：⑴居宅介護支援，介護予防支援，小規模多機能型サービス，複合型サービスを
　　足し合わせたもの，並びに，介護保険施設，地域密着型介護老人福祉施設，
　　特定施設入居者生活介護（地域密着型含む），及び認知症対応型共同生活介護
　　の合計。在宅サービス利用者数，施設サービス利用者数及び地域密着型サー
　　ビス利用者数を合計した，延べ利用者数は592万人。
資料：介護保険事業状況報告令和 4 年 3 月及び 5 月月報。
出所：厚生労働省「介護分野の最近の動向について（社会保障審議会介護給付費分科
　　会第217回　資料 1 ）」2023年 5 月24日（https://www.mhlw.go.jp/content/123
　　00000/001099975.pdf）


ターを創設し，高齢者の介護予防と介護に関する相談をワンストップで担う拠点としてすべての市町村に整備することを目指した。また，市町村が指導・監督の責任を負う地域密着型サービスも創設され，小規模多機能型居宅介護や認知症対応型共同生活介護（グループホーム）が登場した。

　2008年の改正では，当時介護業界最大手であった株式会社コムスンによる大規模な不正請求事件を受けて，介護事業者に対する規制が強化された。

　2011年の改正では，地域包括ケアシステムの実現に向けた取り組みを進めることを狙いとして，地域密着型サービスの中に定期巡回・随時対応型訪問介護看護と，複合型サービス（看護小規模多機能型居宅介護）が創設された。

　2014年の改正では，地域包括ケアシステムを推進するために，市町村が行う地域支援事業が拡充され，新しい介護予防・日常生活総合支援事業が始まるな

**表 1-5　介護保険法改正の主な内容**

| 改正年 | 主な内容 |
|---|---|
| 2000年 | 1997年に成立した介護保険法に基づき，介護保険制度スタート<br>「介護支援専門員（ケアマネジャー）」の資格を創設<br>成年後見制度がスタート |
| 2005年 | 要支援者向けの「予防給付」を創設<br>「地域包括支援センター」を創設<br>「主任介護支援専門員（主任ケアマネジャー）」を創設<br>「地域密着型サービス」（市町村が管轄）を創設<br>施設での食費・居住費を保険給付から外す（在宅療養との公平性） |
| 2008年 | 「コムスン事件」（大規模不正事件）を受け，介護事業者に対する規制を強化<br>休止・廃止時の事前届出制や代わりのサービス確保など |
| 2011年 | 「地域包括ケアシステムの実現」が改正のテーマ<br>「定期巡回・随時対応型訪問介護看護サービス」を創設<br>「複合型サービス（看護小規模多機能型居宅介護など）」を創設<br>研修を受けた介護職員等による痰の吸引を制度化 |
| 2014年 | 「地域包括ケアシステムの構築」が改正のねらい<br>市町村による「地域支援事業」の拡充（地域ケア会議の推進など）<br>新しい介護予防・日常生活総合支援事業の創設<br>特別養護老人ホームへの入所は原則として要介護3以上に<br>一定以上の所得がある高齢者の利用者負担が1割→2割負担に |
| 2017年 | 「地域包括ケアシステムの深化・推進」が改正のテーマ<br>「介護医療院」創設→「介護療養型医療施設（療養病床）」は2024年3月で廃止<br>「共生型サービス」の創設<br>特に所得が高い高齢者の3割負担の導入 |
| 2020年 | 「地域共生社会の実現」がテーマ…社会福祉法との同時改正<br>地域の特性に応じた認知症施策を推進<br>ICTによる医療・介護のデータ基盤の整備 |
| 2023年 | LIFEなどを用いた医療・介護情報の基盤整備促進<br>介護現場の生産性向上による介護人材の確保・働きやすさ促進<br>高齢者虐待防止推進の義務化・身体拘束の適正化<br>地域包括支援センター業務の一部を居宅介護支援事業所に委託可能に<br>介護支援専門員の一人当たり取り扱い件数要件を緩和 |

出所：『国民の福祉と介護の動向2023/2024』200-206頁を参考に筆者作成。

ど，地域を基盤としたサービスの充実が図られた。また，特別養護老人ホーム
の新規入所者については原則として要介護3以上となった。

　2017年の改正では，日常的な医学管理や看取り・ターミナル等の機能と生活
施設としての機能を兼ね備えた介護医療院が新たに創設された。また，地域共
生社会の実現に向けた取り組みとして共生型サービスが介護保険に位置づけら
れた。

第 1 章　介護保険サービスの使い方

　2020年の改正は，地域共生社会実現のための社会福祉法改正と同時に行われた（第8章参照）。介護サービスに関わる内容としては，地域の特性に応じた認知症施策の推進や，医療・介護のデータ基盤の整備が行われた。

　最新の2023年の改正では，科学的介護情報システム（Long-term care Information system For Evidence：LIFE）など，さまざまな医療・介護データを用いた情報基盤の整備を進め，その共有を図ることで利用者の自立支援・重度化防止につなげることとなった。また，介護現場の人材確保・定着を図る観点から，ICTや介護ロボットなどを用いた介護現場の働きやすさ促進のための取り組みが報酬上評価されるようになった（生産性向上推進体制加算）。さらに高齢者虐待防止の推進がすべてのサービスで義務となり，虐待防止や身体拘束の廃止に努めていない事業所には減算措置が適用されるようになった。地域包括支援センターの業務負担を軽減する観点からは，介護予防支援（予防ケアプランの作成など）や総合相談支援業務の一部を居宅介護支援事業所（ケアマネジャー）に委託することができるようになり，同時にケアマネジャー1人当たり取扱件数の上限が35件から40件に緩和された（第5章参照）。

　介護保険法の改正に合わせて行われる介護報酬改定でも，さまざまな制度改正が行われている。例えば2006年の介護報酬改定では介護保険施設における看取りを促進する観点からターミナルケア加算が新設され，特別養護老人ホームや介護老人保健施設における看取りが増えるきっかけとなった。2021年の介護報酬改定では，すべての介護サービス事業者に災害に備えて業務継続計画（Business Continuity Plan：BCP）を策定しておくことが義務づけられた。2024年の介護報酬改定でも前述の生産性向上推進体制加算が新設されたほか，医療・介護連携の推進や，看取りへの対応強化，感染症や災害への対応力向上，認知症の対応力向上を図るための各種加算の見直しが行われた。[2]

注
(1)　厚生労働省「介護分野の最近の動向について（社会保障審議会介護給付費分科会　第217回　資料1）」2023年5月24日（2024年8月12日アクセス）。
(2)　厚生労働省老健局「令和6年度介護報酬改定における改定事項について」(2024

年8月12日アクセス）。

**参考文献**

牛越博文監修『最新版 図解 介護保険のしくみと使い方がわかる本』講談社，2021年。

厚生労働統計協会『国民の福祉と介護の動向2023/2024』2023年。

『社会福祉学習双書』編集委員会編『高齢者福祉』（社会福祉学習双書2024③）全国社会福祉協議会，2024年。

杉山想子・結城康博『ポケット介護 見てわかる介護保険＆サービス 2024年度改訂対応版』技術評論社，2024年。

高室成幸監修『図解入門ビギナーズ――最新介護保険の基本と仕組みがよ～くわかる本 第9版』秀和システム，2024年。

中央法規「ケアマネジャー」編集部編『ケアマネ・相談援助職必携 プロとして知っておきたい！ 介護保険のしくみと使い方 2024-2027年対応版』中央法規出版，2024年。

中央法規「ケアマネジャー」編集部編『図解でまるわかり！ 2024年4月介護保険改正ガイド』中央法規出版，2024年。

結城康博・網中肇編著『押さえておきたい介護保険・高齢者福祉』（シリーズ今日から福祉職）ぎょうせい，2021年。

| 第2章 | 在宅系サービス |
|---|---|

　本章では，要介護高齢者が介護サービスを受ける入り口とも言える，地域包括支援センターやケアマネジャーの役割や業務の内容について説明する。また，実際に在宅で受けられる介護サービスの具体的なサービス内容や利用の仕方，それぞれの特徴，どのような要介護者に適しているのかについて解説する。

## 1　地域包括支援センターとケアマネジャー

### （1）地域包括支援センターとは

　地域包括支援センターとは，市町村が中学校区ごとに設置する高齢者のための相談窓口である。地域包括支援センターには，主任介護支援専門員，保健師，社会福祉士という三職種が配置されており，地域の高齢者のさまざまな相談にのる最も身近な存在といえる。

　具体的な役割としては，①介護予防ケアマネジメント業務　②総合相談支援業務　③権利擁護業務　④包括的・継続的ケアマネジメント支援業務，を担っており，介護保険法のみならず障害者総合支援法や成年後見制度などさまざまな関連法令にもとづき，専門機関と連携して課題の解決を図る仕組みである。

### （2）地域包括支援センターの業務

#### 1）介護予防ケアマネジメント

　要介護認定において「非該当」となった人や，認定を受けずチェックリスト[(1)]により「事業対象者」となった人に対し，現状の維持または改善を図ることで要介護状態にならないようにケアプランを立てて支援することである。ここで利用するサービスは，「総合事業」と称される市区町村主導で提供される

19

サービスと，地域独自のインフォーマルサービスなどが主である。

「介護予防支援」は，介護予防ケアマネジメントと非常に似ているが，要支援の認定を受けた人に対する支援で，地域包括支援センターからの委託で地域のケアマネジャーが担当することも多い。

### 2）総合相談支援

文字通り地域の総合的な相談窓口としての業務を行うことである。この業務においては地域住人の困りごとや課題を分析し，介護保険のみならず，行政機関，保健所，医療機関，児童相談所などの関係すると考えられる機関につなぐことを主な役割としている。日常的には地域包括支援センターを相談受付の場としているが，出張相談会のように地域へ職員が出ていくことで，積極的に地域住民からの相談を受け付けるなどの取り組みも行っている。

地域包括支援センター自体は介護保険法に位置づけられた施設であるが，必ずしも介護を要する人のみを対象とはしておらず，高齢者を取り巻く家庭環境や地域との関わり，障害をもつ家族やヤングケアラーのように障害福祉や子ども家庭福祉に関わる問題まで広く取り扱っている。もちろん，介護サービスを受けたいという相談の窓口としての役割もあり，一般的には介護が必要となったら地域包括支援センターに相談をする，という知識が浸透してきている。

### 3）権利擁護業務

高齢者虐待の早期発見とその保護に関わる業務や，認知症や精神疾患により判断力や意思決定能力の低下がある人に対し，成年後見制度の活用につなげる支援を行うことである。

虐待についてはその内容により，行政機関・警察・病院等の関係機関とチームを作り対応をすることとなっており，虐待事例を見聞きしたらまず地域包括支援センターに通報相談という認識も一般市民に根づいてきているが，子どもへの虐待と比較し，金銭の搾取や介護放棄など虐待であると判断するに困難なケースが多いため，具体的な対応策がすぐに取れないこともある。

被虐待高齢者と虐待者を物理的に離す措置を取るケースがあるが，最終決断は地域包括支援センターではなく行政が下すことになる。

第2章　在宅系サービス

#### 4）包括的・継続的ケアマネジメント支援業務

　これまで説明してきた3種類の業務とはやや異なり，介護や何らかの支援を要する人が対象ではなく，高齢者支援をしているケアマネジャーへの支援や指導，支援困難事例へのサポートなど地域のケアマネジメント機能への働きかけを行う役割である。ともするとケアマネジャーが孤軍奮闘することになりがちな困難事例などに，地域包括支援センターという組織として関わることで，地域包括ケアの実現や継続という目的を果たすことができるという非常に大切な業務である。

　また，困難事例に限らず，ケアマネジャーが業務を行う際に必要なアドバイスや同行訪問などを実施しており，地域のケアマネジャーの育成支援も担っている。

## 2　ケアマネジャーの役割

### （1）要介護者を対象

　地域住民の包括的支援を担う地域包括支援センターの役割に対し，対象者を要介護認定者に特化して個別の支援を行うのがケアマネジャー（介護支援専門員）である。「介護支援専門員」が正式名称ではあるが，一般的には「ケアマネジャー（ケアマネ）」などの呼び名で定着している。介護支援専門員は「居宅介護支援」というサービス分類の仕事をしており，「居宅介護支援事業所」に所属することとなっている。近年一人で事業所を運営する介護支援専門員も多くなっているが，いずれも「事業所」として市町村の指定を受けている。

　介護支援専門員の資格を取得するためには，医療や介護等の資格取得者が5年以上の実務経験を経たのち，試験を受け，合格後に介護支援専門員実務者研修を修了しなくてはならないこととなっており，要介護高齢者の生活支援に必要な経験を積んでいることが求められている。

### （2）主任ケアマネジャー（主任介護支援専門員）

　前述した地域包括支援センターに配置されている「主任介護支援専門員」は，

介護支援専門員としての実務経験が5年以上あり，主任介護支援専門員研修を修了したことで得られる資格を有する介護支援専門員である。[(3)]

　主任介護支援専門員は地域包括支援センターのみならず，介護支援専門員が所属する居宅介護支援事業所の管理者になるための要件ともなっており，法人が採用や資格取得を推進したい職種である反面，資格取得や資格維持のための費用がかかることや，そもそも介護支援専門員の仕事の難しさから新たに資格を取得しようとする人材が決して多くないという問題を抱えている。[(4)]

## （3）ケアマネジャーの主な業務

　ケアマネジャーの主な業務は，介護を要する状態となった高齢者の生活上の困りごとの聞き取りをし，解決のための方法やサービスの提案をし，介護サービス計画を組み立てることである。要介護状態となった背景や病気などの要因，生活環境，家族等の支援の可能性の有無など，それぞれの困りごとに必要な支援も異なり，また適切なサービスもさまざまであることから，高齢者介護の専門職であるケアマネジャーが知識や経験を活用し，対象高齢者の生活を支援するための個別の計画（ケアプラン）を作る役割を担っている。

　ケアプランを作成するだけではなく，サービスを提供する事業所や関係機関への依頼調整，サービス提供後の状況確認（モニタリング），必要に応じケアプランの見直しや再作成などのPDCAサイクルを回すことで，継続的に支援を行うことが介護支援専門員に求められており，定期的な自宅訪問と面談が義務づけられている（図2-1）。

　要介護高齢者やその家族にとって，馴染みがなく難しい仕組みの介護保険サービスを利用するための一番身近な相談役がケアマネジャーといえる。そういった役割であるがゆえに，ケアマネジャーの本来の業務ではないが，他に担い手のいないさまざまな業務が年々増えてきており，本来の業務を圧迫していることが問題視されている。[(5)]

## （4）給付管理業務

　また，ケアマネジャーには他の介護保険サービスと異なる役割として，「給

第 2 章　在宅系サービス

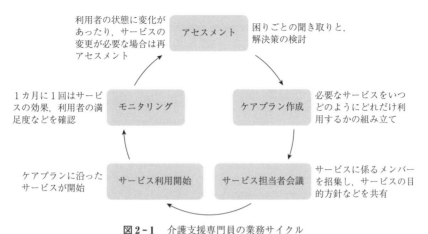

**図 2-1　介護支援専門員の業務サイクル**

出所：社会保障審議会介護保険部会（第57回）「「ケアマネジメントのあり方（参考資料）」2016年4月22日を基に筆者作成。

付管理」と呼ばれる業務がある。毎月各サービス事業所がどれだけの時間，回数のサービスを実施したかという実績報告をケアマネジャーに提出するので，利用者ごとにとりまとめ，国保連へ各事業所にいくら支払いをしてほしいという請求を期日までに正確に行うというものである。
(6)

各事業所が提出する請求額とケアマネジャーのものが合致しないと，支払いがされない仕組みであるため責任重大といえる。

### （5）地域包括支援センターとケアマネジャーの関係

地域包括支援センターは市町村が運営する公的な施設で，地域のさまざまな困りごとや相談などに無償で応じ，必要関係機関への情報提供や協力依頼をすることで課題の解決を図る役割を担う。ケアマネジャーへのケアプラン作成依頼もその一つである。

一方，ケアマネジャーは介護保険サービスの利用を主目的に，要介護認定を受けた高齢者に特化して，有償で個別のケアプラン作成をすることが主たる業務であることから，地域包括支援センターとケアマネジャーはそれぞれの専門性を活かした協力的立場にあるといえる。
(7)

23

# 3 訪問介護

## （1）在宅介護の中心的役割

　訪問介護とは，要介護者の自宅にホームヘルパー（訪問介護員）が訪問し，日常生活のさまざまなことを支援するサービスであり，①生活援助　②身体介護　③生活援助＋身体介護　④通院等乗降介助の４区分ごとにサービス内容や費用などが定められている。なお，詳細な区分や業務の手順は「老計10号（訪問介護におけるサービス行為ごとの区分等について）」（厚生省老人保健福祉局，2000年３月17日付）と呼ばれる通知に詳しく示されており，適宜，見直されている。

## （2）生活援助

　利用者が生活をしていくために必要不可欠な，買い物，調理，洗濯，掃除などの日常的な家事を指す。利用者の求めのままサービスを提供することはできず，家族が同居している場合は原則利用不可，サービス提供が認められる場合であっても，掃除は利用者自身が使用する部屋のみ，調理洗濯は利用者分のみなどのルールがあるため，利用にあたってはケアマネジャーとの十分な相談が必要である。

　１回当たりのサービス時間は最長で１時間程度のため，隅々まで念入りに掃除をする，素材からきちんと調理をするというような利用者の希望が叶わない可能性があり，こだわりのある利用者の場合，介護保険外サービスを組み合わせるなどの工夫をすることもある。

　また，生活援助については介護度ごとに標準利用回数が定められており，その回数を超えたケアプランを希望する場合は，ケアマネジャーが保険者（市町村）へ届け出をする必要があり，場合によってはケアプランの見直しを求められることもあるので注意が必要である。

## （3）身体介護

　利用者の体に直接触れて，排泄介助，入浴介助，食事介助，身支度（着替え，

歯磨き，洗面，整髪など）の介助，通院や買い物などの外出の付き添い，などを行うことを指す。

　毎日の生活を送るために不可欠な支援であるため，1日に複数回，週に複数日サービスを提供することが多いのが特徴といえる。1回当たりのサービスに要する時間についても，20分未満，30分未満，60分未満，90分未満などの単位があり，個々の身体状態や必要な介護内容に応じて選択できるようになっている点は生活援助と異なる点である。

　また，身体介護については家族の同居の有無はサービス利用条件には含まれておらず，区分支給限度額の範囲内であれば，特段の制限なく必要な時間，回数を利用することができる[8]。


### （4）生活援助＋身体介護

　これまで説明してきた生活援助と身体介護を1回のサービスで組み合わせて提供するサービス区分である。身体介護を30分，生活援助を30分というように組み合わせ，トータルで1時間のサービスにするなど必要性に合わせてそれぞれのサービスの時間を延ばしたり短くしたりすることができる。


### （5）通院等乗降介助

　訪問介護サービスは，利用者宅での支援が原則であるが，この区分においては自宅外がサービス提供の場となる。具体的には通院などの外出時に介護タクシーを利用する際，車両への乗り降りを介助する行為を指す。車いすのまま乗降できる車両でも一般の車両であっても同じ扱いであるが，街を走っている一般的なタクシーではこのサービスは提供できず，訪問介護サービスの提供事業所として届け出をしている事業所に限定されている。

　なお，このサービスにおいては，タクシーの運賃は別途支払うことが必要である。


### （6）総合事業訪問型サービス

　訪問介護サービスに準ずるサービス形態であるが，地域のニーズや実態に合

わせ，サービスの内容や費用などを市町村が主導となり決定され，サービス提供事業者の指定を行う。サービス利用対象者は，要支援者や総合事業対象者であり，重度化の予防や地域住民による互助の活性化などの効果が期待されている。

### （7）定期巡回・随時対応型訪問介護看護

　訪問介護と似ているが，24時間訪問が可能かつ1日複数回利用しても費用は1カ月の定額となっている。あらかじめ決めている定期的な訪問サービス以外に，急に動けなくなった，体調が悪い，排泄したいなどの臨時の対応を依頼できることが特徴である。

　このサービスは訪問看護サービスもセットとなっているため，退院直後や体調・病状が安定しない利用者，認知症や独居の利用者などの利用が想定されている。要介護2であれば約13万円（1割負担者の場合1万3,000円が自己負担）ほどかかるため，利用する側はより多くのサービスを受けたいと思い，事業所側は訪問回数が増えると利益が出なくなるという事情があり，両者の折り合いを付けることが難しいケースもある。

　このサービスは地域密着型であるため，事業所の所在地の市町村に住民票がなければ原則利用できないが，「住所地特例」と呼ばれる元々の住所地の保険者が費用負担することで，利用可能となる仕組みがある[9]。

### （8）訪問介護における専門職

#### 1）サービス提供責任者

　訪問介護サービスにおいては，2種類の職種が存在しており，それぞれの役割，必要な資格などの決まりがある。

　訪問介護事業所に必ず置かなければならない職種で，訪問介護サービスを提供するために必要な，①訪問介護計画の作成　②利用申込みの調整　③利用者の状態変化，サービスへの意向の定期的な把握　④居宅介護支援事業者との連携（サービス担当者会議出席等）　⑤訪問介護員に対しての具体的援助方法の指示及び情報伝達　⑥訪問介護員の業務の実施状況の把握　⑦訪問介護員の業務管

理　⑧訪問介護員に対する研修，技術指導等の業務を担っている。

　具体的には，①から④はケアマネジャーからサービス依頼を受け，利用者自身や利用者宅の状況を把握（アセスメント）し，利用者の意向に沿った訪問介護計画書（何を目的にどのようなサービスをどのような手順で行うかを書面にしたもの）をケアプランに則って作成し，実際に業務を担当するホームヘルパーの手配をすることを示している。⑤から⑧はサービス提供の質を維持するために，ホームヘルパーに対し業務上の指示や指導を行うことを表している。また，ホームヘルパーの業務とされている介護サービスをサービス提供責任者が行うこともあり，ホームヘルパーを兼務しているのが実態である。

　ケアマネジャーのみならず，サービス提供責任者も自事業所が提供しているサービスのモニタリングや再アセスメントによる PDCA サイクルを回すことが義務づけられており，これらの業務を遂行する条件として介護福祉士，実務者研修修了者などの資格を有していることが必要である。

### 2）訪問介護員（ホームヘルパー）

　一般的には「ホームヘルパー」と呼称されており，サービス提供責任者の指示のもと，各利用者宅を訪問し，ケアプランならびに訪問介護計画書で指示されている身体介護や生活援助等の業務を行う。

　この業務に就くためには，介護福祉士，実務者研修修了者，介護職員初任者研修修了者等の資格を有していることが必要である。介護福祉士は実務経験3年以上で受験資格が得られる国家資格であるが，実務者研修や介護職員初任者研修は一定期間のカリキュラムを受講することで，比較的容易に資格取得ができることから，質の向上を目的に介護福祉士の割合を増やすことで事業所の得る報酬が上がるような仕組みも作られている。


## 4　通い系介護サービス


### （1）通所介護（デイサービス）

　通い系介護サービスは大きく3種類に分けられ，対象者や目的がそれぞれ異なっている。ますは通所介護（デイサービス）は，最も知られているサービス

である。訪問介護と異なり，要介護高齢者が外部施設へ通っていく形態のサービスで，一般的にはデイサービスとして知られており，在宅における要介護者が利用する3大サービス（訪問介護，福祉用具貸与，デイサービス）の一つとなっている。日中高齢者が安全かつ快適に過ごすことを目的としていることから，対象者は要介護高齢者全般（要介護1～5）といえる。

多くが送迎，食事，入浴，レクリエーションなどを基本プログラムとしており，利用者ごとに必要な個別の支援（排泄介助，食事介助等）も行っているため，利用希望者の多いサービス種別である。また，半日型（午前のみ，午後のみなど），1日型（朝から夕方まで），リハビリ特化型，入浴特化型などさまざまな特色を打ち出している施設が多く，利用者の希望に沿った施設選択がしやすくなっている。

日中独居のため一人で過ごすことが困難な場合は1日型，あまり人と接することが好きではないが，自宅に閉じこもりにならないようにという場合は半日型，身体機能を衰えさせたくないという希望がある場合にはリハビリ特化型など，ニーズに合わせたデイサービスが各地にあり，全国のデイサービスの数はコンビニより多いと言われているほどである。デイサービスは後述の通所リハビリ（デイケア）と比べると，楽しみの要素がより前面に打ち出されているともいえよう。

デイサービスは1回当たりの利用時間数や1日当たりの利用定員数などによって利用料がさまざまに定められているので，利用目的とコストのバランスを考えて選択するとよいだろう。


**（2）通所リハビリテーション**

通称，「デイケア」としてデイサービスと区別されている。リハビリを行うことを主目的としており，利用するには医師の指示が必要なサービスである。通所リハビリテーションには，医師のほかリハビリを行う専門職（理学療法士，作業療法士など）の配置が義務づけられており，脳梗塞や骨折などの入院後の機能回復を積極的に行いたいという目的などに適している。

開設者は医療機関か老人保健施設などに限られていることもあり，デイサー

ビスと比較すると施設数が少ないため，希望日や希望回数の利用が難しい地域
もある。

### （3）認知症対応型通所介護

　一般的には認知症デイサービスと呼ばれており，文字通り認知症高齢者に特
化したサービスである。これまでの通所介護や通所リハビリと異なり，地域密
着型サービス<sup>(10)</sup>という位置づけで利用定員も12名と小規模であるため，認知症の
ために集団生活が困難であったり，個別の対応が必要であったりする利用者に
適している。プログラム自体は通所介護と似ているが，集団での活動がメイン
ではなく，それぞれの利用者の体調や精神状態に沿ったケアを行っていること
が多い。

　事業所管理者には認知症対応型サービス事業管理者研修の修了が必須条件と
されており，認知症に特化したサービス提供ができることが期待されている。

　また，総合事業通所型サービスは通所介護サービスに準ずるサービス形態で
あるが，地域のニーズや実態に合わせ，サービスの内容や費用などを市町村が
主導となり決定し，サービス提供事業者の指定を行う。サービス利用の対象者
は，要支援者や事業対象者であり，重度化の予防や地域住民による互助の活性
化などの効果が期待されている。

## 5　複合型介護等サービス

### （1）小規模多機能型居宅介護

　通常デイサービスや訪問介護などは，それぞれ別のサービス事業所と契約し
サービスを受ける仕組みであるが，小規模多機能型居宅介護においては，①ケ
アマネジャー，②訪問介護，③デイサービス，④ショートステイといった４種
類のサービス<sup>(11)</sup>を一つの事業所からまとめて受けることができる。

　利用定員が29名（うちデイサービスは18名／１日当たり，ショートステイ９名／１
日当たり）<sup>(12)</sup>と小規模であり，体調や家族等の介護者の状況によって柔軟にサー
ビスを組み立てられることが特徴といえる。具体的には，退院直後で自宅での

生活が不安な期間はショートステイをメインにし，状態が安定してきたら朝夕の訪問介護とデイサービスに切り替えていくなどである。

自宅への訪問でもデイサービスやショートステイでも関わる職員の顔ぶれが同じであることから，環境の変化を苦手とする認知症の人や，急なサービス変更が必要になる可能性のある一人暮らしないし老々介護の利用者に適していると考えられる。

1カ月当たりの費用は要介護度ごとに決められており，訪問やデイサービスの利用回数などで増減しないという利点もある反面，要介護2であれば約16万円（1割負担者の場合約1万6,000円が自己負担）とかなり高額ともいえる。介護保険で賄われる基本利用料は月額が定額であるが，デイサービス利用時の昼食代，ショートステイ利用時の部屋代や食事代などは実費となるので，利用の仕方によっては自己負担額がさらに高くなる可能性がある。

### （2）看護小規模多機能型居宅介護

小規模多機能型居宅介護に訪問看護機能を追加したものであり，看護師が常勤換算で2.5名以上配置されることとなっている。そのため，病院からの退院直後や，医療依存度が高い人，看取りが必要な人などの利用が想定される。要介護高齢者は少なからず，体調管理や服薬管理などの医療的ケアを必要とするため，重篤な状態でなくては利用できないということはなく，小規模多機能型居宅介護と同様に利用しているのが実態だ。

1カ月当たりの費用は要介護2の場合で約18万円と，小規模多機能型居宅介護に比較すると高額の設定である。実費負担等については，小規模多機能型居宅介護と同様である。

## 6　その他の在宅介護サービス

### （1）訪問看護

訪問看護ステーションより看護師が定期的に利用者宅を訪問し，医師の指示にもとづき病状や体調の確認，薬の管理，各種医療処置などを行うサービスで

ある。利用者の病状や体調により，排泄介助，入浴介助，爪や皮膚の手入れなど，多岐にわたるケアを行っている。

　業務の内容により，20分，30分，60分，90分などのサービス区分があり，費用は時間が長くなればその分高くなる仕組みとなっており，処置の内容や利用者の状態によって各種加算も算定されるため，利用者ごとかかるコストには差が生じる。また，必要に応じ定期的な訪問以外の臨時対応を24時間行う体制のステーションもあり，それに応じた加算や追加費用もかかる仕組みである。訪問看護自体介護保険サービスではあるが，医療保険を利用してサービスを提供するケースがあるため，病状や病名についてきちんと主治医と共有しておく必要があることは訪問看護の特徴といえよう。

　代表的なところでは，末期がん，筋萎縮性側索硬化症（ALS），パーキンソン病（ヤール3以上）[15]などの“厚生労働大臣が定める疾患等”のほか，利用者の急な病状悪化や退院直後などで頻回の訪問看護が必要となった場合など，いずれも医師が医療保険適応と判断することになる。

　訪問看護ステーションには理学療法士（PT）や作業療法士（OT），言語聴覚士（ST）が所属していることもあり，自宅でのリハビリを受けることも可能であるが，リハビリのみの利用は認められておらず，定期的な訪問看護師によるアセスメントモニタリングが義務づけられている。


## （2）訪問リハビリテーション

　訪問リハビリステーションより，理学療法士（PT）や作業療法士（OT），言語聴覚士（ST）が定期的に利用者宅を訪問し，医師の指示にもとづき自宅での生活を安全かつ自立して送れるよう，現在の身体機能を評価し，日常生活の場に即した移動のしかたや体の動かしかたを指導したり，寝たきりなど体の機能が低下している場合，関節が固まってしまわないような施術をしたりと幅広いリハビリを行う。

　身体のみならず，嚥下の訓練や発語の練習なども自宅で受けられるが，全体的にまだSTが所属するステーションはさほど多くないため，ケアマネジャーに頼んでもなかなかサービスを受けられないことがある。どの職種によるリハ

31

ビリであっても1回のサービスは20分が1単位で，1回に最大3単位まで実施
することができ，時間が長くなるほど費用も高くなる仕組みである。

　訪問リハビリは通所リハビリと同様，病院や老健などの医療機関しか開設で
きないこともあり，訪問看護ステーションよりも少ない地域が多いため，訪問
リハビリを利用することが難しく，訪問看護ステーションからPTやOTに来
てもらうという代替策を取ることが行われている。

### （3）訪問入浴

　浴槽をはじめ入浴に必要な物品をすべて利用者宅に運び込み，居室で入浴を
介助するサービスで，寝たきりであっても全身の保清が叶うため，比較的介護
度の重い人の利用が多いという特徴がある。看護師と介護職員2名の計3名で，
浴槽の設置，湯張り，利用者の体調確認，移乗移動，着替えの介助，入浴，片
づけなどを40分程度で行い，多くの場合タオル，石鹸，シャンプーなども事業
所が準備しているため，家族や利用者本人の負担ははばなく，部屋が水浸しに
なるのではないかというような心配事もない。

　とくに，医師の許可などは必要ないが，胃ろうや尿カテーテルなどの医療処
置があったり，感染症があったりする場合には，事業所より医師の許可や指示
を求められる場合がある。費用は介護度に関係なく，1回当たり1万3,000円
（1割負担者であれば1,300円の自己負担）とやや高い印象ではあるが，かかる時間
と携わる職員数，必要な物品を考えると納得できるのではないだろうか。

### （4）福祉用具貸与

　自宅での生活をしやすくするための福祉用具を貸し出すサービスがあり，介
護ベッド，車いす，歩行器や手すりなどがよく知られている。

　一部の用具は要介護度によりレンタルが制限されているが，基本的には1カ
月単位で金額が設定されており，必要に応じ必要な期間だけ利用することがで
きるようになっている。介護度により制限のあるものは表2-1の通りである[16]。

　また，2024年の介護報酬改定において，歩行器，スロープ，杖はレンタルと
購入のいずれかを選択することができるようになったが，これらの品目はレン

第2章　在宅系サービス

表2-1　介護度別福祉用具レンタル可否一覧

| | 歩行器 | 手すり | 杖 | スロープ | 介護ベッド | 車いす | 床ずれ防止用具 | 徘徊感知機 | 体位変換機 | 移動用リフト | 自動排泄装置 |
|---|---|---|---|---|---|---|---|---|---|---|---|
| 要支援1・2<br>要介護1 | ○ | ○ | ○ | ○ | × | × | × | × | × | × | × |
| 要介護2・3 | ○ | ○ | ○ | ○ | ○ | ○ | ○ | ○ | ○ | ○ | × |
| 要介護4・5 | ○ | ○ | ○ | ○ | ○ | ○ | ○ | ○ | ○ | ○ | ○ |

出所：厚生労働省「要支援・要介護1の者に対する福祉用具貸与について」を基に筆者作成。

タルし続ける期間が比較的長く，レンタルするより購入する方が使用期間トータルで考えると安価となるという理由によるものである。

　レンタルの場合は必要に応じ機種の変更ができる，傷んできたら交換ができるなどのメリットがある反面，購入の場合は不要となった場合処分に困るというような事情もあり，実際に購入を選んでいるケースはあまりないようである。

### （5）福祉用具販売

　自宅での生活をするために必要な用具のうち，レンタルに適しない直接体に触れるような物品を購入した場合，購入費の7～9割（利用者の負担割合による）が介護保険から支払われる仕組みで，1年間（4月～3月）の購入上限額は一律10万円となっている。

　この仕組みは償還払いというもので，いったん全額を利用者が支払い，後日保険者より7～9割が返還される。具体的な品目としては，ポータブルトイレ，シャワーチェア，浴槽台，バスボード，移動用リフトの吊り具，自動排泄装置のタンクなどで，原則同じ品目は一回限りという決まりであるが，経年劣化や破損，著しい汚染などの事情によっては，保険者が再購入を認める場合もあるので相談をする必要がある。

### （6）住宅改修

　福祉用具レンタルや購入では生活環境が十分に整わない場合，自宅に改修工事を施すことができる制度で，利用者一人につき20万円までの範囲で介護保険より費用が支払われるものである。利用者の要介護認定が一気に3段階（要介

護1から要介護4など）以上重くなった場合には，それまでに改修工事をしていたとしても，新たに20万円の給付を受けられる仕組みがある。また，転居した場合にも同様に，新たに20万円の給付を受けることができる。

改修工事の代表的なものは，手すりの取り付け，段差の解消，和式便所を洋式に交換，開き戸から引き戸への交換などであり，手すりや段差解消については玄関外や庭などにも適用されるなど，利用者の生活に必要と認められればさまざまな工事の可能性がある。

注意すべきは，必ず工事前に保険者に申請し，許可を得てから施行するという点で，この手順通りに進めないと給付を受けられないことを知っておく必要がある。

福祉用具販売と同様に，基本的にはいったん工事費用を全額利用者が負担し，後日償還を受ける仕組みであるが，市町村によっては特定の工事施工業者による工事の場合には，受領委任払いが認められることもある。これは利用者の費用負担を軽減するための仕組みで，保険者と契約を結んでいる事業者が工事をする場合に限り，利用者は事業者に1〜3割を支払い，残りの7〜9割は保険者が直接事業者に支払うというものである。福祉用具販売においても，同じ仕組みを適用している保険者（市町村）がある。

なお，20万円を超えた部分は全額実費負担となるため，見積額の読み方は慎重にする必要がある。具体的には，25万円の工事の場合，20万円の1割と超過分の5万円の計7万円が利用者負担となるということである。


## （7）介護職員等処遇改善加算

介護保険サービスに携わる職員の賃金を上げ，人材採用や雇用継続につなげるための仕組みである。サービス利用額に対し，サービス種別ごと，また事業所の体制による掛け率を算定し，加算によって得た収入は全額職員の処遇改善に使うことが義務づけられている（表2-2）。

加算額についても1〜3割の利用者負担は発生し，同じサービスを利用しても選ぶ事業所によっては支払額が異なることもある。

なお，この加算については，毎月の区分支給限度額とは別に計算されるため，

第2章　在宅系サービス

**表 2-2**　在宅系サービスにおける介護職員等処遇改善加算一覧（令和6年6月時点）

| | 加算Ⅰ | 加算Ⅱ | 加算Ⅲ | 加算Ⅴ(1) | 加算Ⅴ(14) |
|---|---|---|---|---|---|
| 訪問介護<br>夜間対応型訪問介護<br>定期巡回・随時対応型訪問介護看護 | 24.50% | 22.40% | 18.20% | 22.10% | 7.60% |
| 訪問入浴介護 | 10.00% | 9.40% | 7.90% | 8.90% | 3.30% |
| 通所介護<br>地域密着型通所介護 | 9.20% | 9.00% | 8.00% | 8.10% | 3.30% |
| 通所リハビリテーション | 8.60% | 8.30% | 6.60% | 7.60% | 2.80% |
| 認知症対応型通所介護 | 18.10% | 17.40% | 15.00% | 15.80% | 6.60% |
| 小規模多機能型居宅介護<br>看護小規模多機能型居宅介護 | 14.90% | 14.60% | 13.40% | 13.20% | 5.60% |
| 訪問看護<br>訪問リハビリテーション | × | × | × | × | × |
| 福祉用具貸与<br>福祉用具販売 | | | | × | × |
| 居宅介護支援 | × | × | × | × | × |

（途中省略／途中省略）

出所：厚生労働省「（参考）福祉・介護職員等処遇改善加算の加算率（サービス別・令和6年度中）」を基に筆者作成。

利用可能単位数を圧迫することはない。対象となるサービス種別と加算率（一部）は以下の通りで，すべての職種を網羅しているわけではなく，現場からは不公平感を訴える声が上がっている。

## 7　在宅介護サービスの課題

2025年問題，2040年問題など，日本においては要介護高齢者の増加に対し，介護人材が大幅に不足することが懸念されている。

これまで施設系サービスにのみ認められていた外国人介護者についても，2025年より訪問サービスに従事できるよう門戸を広げようとしているのも，その問題の対応策の一つに他ならない。若い外国人人材が訪問介護に従事できるようになることは一見望ましいことのようではあるが，高齢者宅で原則1人で介護や家事を行うという訪問介護の特徴から，実際の介護サービス現場からは外国人人材の受け入れが難しいという声も上がっており，どこまで介護人材不足に効果が出るかは不明である。

35

2024年の介護報酬改定において，在宅介護の要ともいえる訪問介護事業のみ報酬が下がる結果となったが，ここ数年間のコロナ禍による収入減や物価高騰，人材不足にあえいできた訪問介護事業所にとっては追い打ちをかけるような影響を受けることとなり，過去にない倒産件数となっている。すでに必要な介護サービスを十分に受けられない高齢者が発生しており，今後ますますこの傾向が加速していくことは必至である。国としてはどんどん膨れ上がっていく介護給付費を抑え，持続性の確保をしなくてはならないという課題を抱えつつも，肝心なサービス事業所の存続に関わる報酬について早急に検討をすべきであろう。

　　注
(1)　要介護度が軽いことが予測され，かつ利用希望サービスが訪問介護やデイサービスのみである場合は，要介護認定調査に代わる25項目の質問（運動機能や口腔機能や栄養状態，生活状況など）に回答することで，簡易的にサービスの必要性を判断する仕組みである。
(2)　地域包括支援センターからの委託等により，要支援者や事業対象者のケアプラン作成を行うこともある。
(3)　主任介護支援専門員研修受講資格を得るためには，3年の実務経験後認定ケアマネジャー試験を受けて合格をすれば5年の経験は問われないという仕組みもある。
(4)　介護支援専門員資格は介護福祉士資格，社会福祉士資格などとは異なり，資格の有効期間が5年間と定められており，有効期間内に更新研修を受講しなくてはならないという要件がある。初回の資格取得時だけでなく，更新研修にも5万円ほどの受講料がかかるため，資格をもっていても更新せずに失効する人がいると言われている。
(5)　救急車への同乗，入院手続き，役所の諸手続き，通院付き添い，認知症高齢者の捜索など多岐にわたる。
(6)　国民健康保険団体連合会が正式名称で，介護保険の費用のみならず，医療保険の支払いもこの組織が担っている。都道府県毎に一つずつ設置されており，利用者からの苦情相談を受け付ける役割もある。
(7)　2024年現在は，ケアプラン作成料の利用者負担はなく，10割が公費で賄われているが，3年ごとの報酬改定の度に有償化すべきではないかという議論が繰り返されており，将来的には利用者負担が生じる可能性がある。
(8)　要介護度ごとに，一カ月当たりの利用上限額が定められている。上限額を超えた

場合でも超えた分を全額自己負担（10割負担）すれば，必要なサービスの利用は可能である。

⑼　サービス付き高齢者向け住宅に入居するために別の市町村から転入すると，その入居者の利用する介護保険サービス費用は転入先の保険者の負担となる。そのため，転入前の保険者が引き続き保険者として費用負担をすることになっている。

⑽　通常の介護サービスは都道府県または政令都市などが指定・指導を行うが，各地域の地域性やニーズ特徴などに即したより地域住民に密着したサービスを行うことを目的に，市町村が指定権者となる地域独自のサービスを指す。

⑾　小規模多機能型居宅介護を利用する前に依頼していたケアマネジャー，訪問介護，デイサービス，ショートステイなどがある場合はすべて小規模多機能型居宅介護に切り替えとなり，併用はできない。

⑿　地域密着型サービスのため，サービス事業所のある市町村に住民票がないと利用できないというルールがある。

⒀　介護保険で賄われる基本利用料は月額が定額であるが，デイサービス利用時の昼食代，ショートステイ利用時の部屋代や食事代などは実費となるので，利用の仕方によっては自己負担が高額となることもある。

⒁　勤務時間が短い職員を常勤に置き換えた場合の人数を指し，例えば常勤の半分の時間の勤務をしている場合，常勤換算0.5とカウントする。

⒂　ホーン・ヤール（Hoehn & Yahr）の重症度分類という，パーキンソン病の進行状況を0～5の6段階で表す指標で，数値が大きくなるほど重症度が高い。

⒃　主治医がその必要性を認めた場合や，サービス担当者会議などで必要であるという結論が出た場合などは，保険者に相談することでレンタル可能になる柔軟性もある。


**参考文献**

質の向上委員会『訪問看護活用マニュアル──ケアマネージャー編』神奈川県訪問看護ステーション連絡協議会，2009年。

杉山想子・結城康博『ポケット介護 見てわかる介護保険＆サービス2024年度改訂対応版』技術評論社，2024年。

| 第3章 | 施設系サービス |
|---|---|

　本章では，高齢期の課題それぞれに対応する介護保険制度にもとづく施設サービス，高齢者の住まいについて解説する。介護保険制度におけるサービス利用は在宅サービスと施設サービスに大きく分かれており，介護保険制度の利用をして施設入所を選択する場合がある。利用施設はさまざまあり，それぞれの施設に対し，利用対象者は限定されている。施設入所を選択する際，どのような施設があるか，また，それぞれの施設サービスがどのような意義や役割をもっているのかについて述べていくこととする。

　次に，高齢者を取り巻く環境や課題は介護だけではない。時代背景による生活スタイルや，家族のあり方に対する変化に伴い，高齢者の孤独死や貧困・独居など住まいと関連した課題が昨今社会問題となっている。

## 1　特別養護老人ホーム

　特別養護老人ホーム（以下，特養）とは要介護高齢者のための施設，入浴，排泄，食事等，その他の日常生活の世話，機能訓練，健康管理及び療養上の世話を行う施設とされている（厚生労働省社会保障審議会介護給付費分科会資料）。特養には種別があり，厚生労働省の資料によると入所要件に居住地の制限のない広域型，定員29名以下，かつ施設のある市区町村に居住している要介護3以上の高齢者を対象とした地域密着型特別養護老人ホームと分けられている。

　公的な施設で比較的設置数も多く，社会福祉法人の運営が大半である。入所申し込みについては申し込みの順番ではなく点数制がほとんどである。申込書の点数配分，入所に至るまでの流れは各自治体により異なっている。

## （1）入所の選択基準となる従来型・ユニット型・混合型

　施設形態として従来型特養，ユニット型特養，混合型特養が存在する。まず，従来型特養は4人居室が主となっており共用のトイレや洗面所が設置されている施設である。次に全室個室とされているユニット型特養がある。ユニット型ケアが2001年から個別のニーズに対応するケアとして導入されことに伴い，2002年からは補助金制度が開始となり，新設される特養の大半はユニット型特養となっている。

　ユニット型特養は生活空間が仕切られており，全室個室であることは勿論，その他に共同生活室の設置などが条件とされている。最後にその中間とされている混合型特養の数は未だ少ないものの，改修などにより両者が併設されているものとして近年増えつつある。

　当然それぞれにメリット，デメリットがある。メリットとして従来型特養は4人居室ということもあり，当然介護スタッフの出入りは多い。さらに利用者同士の交流が多くコミュニケーションが取りやすい。例えば，同室の利用者の具合が悪い場合，認知症のない利用者が「ちょっと見てやって」などとスタッフを呼んでくれることも，筆者の勤務する特養ではしばしば見受けられる。

　デメリットとしては，カーテンや設置型パーテーションによる仕切りのみのため，プライバシーが確保されにくく，生活音によるトラブルが起きやすい。また，近年猛威を振るい，パンデミックとなった新型コロナ感染症の感染拡大の時のように，多床室における感染者隔離に限界があることが挙げられる。

　一方，ユニット型特養においては，全室個室という環境下から個人のプライバシーは確保される。さらにユニットによる少人数のケアであるため個別ケアが提供しやすい。しかし，自分からナースコールを押さない限り，サービス提供時間以外の訪室がないことや，身体状況により個室で過ごすことに不安を感じる高齢者もいる。実際に要介護度4・5の利用者割合が多い特養では，自らナースコールを押すことのできる利用者は非常に少ない。施設入所を選択する場合，個室であるか多床室であるかという生活環境の選択は，本人・家族にとって非常に重要である。

　近年，居住環境のほか，特養選択の一つとなっているのが特養における「看

取り介護」の実施である。一人暮らし高齢者の増加や，家族介護が困難といった社会的背景に加え，病院が長期入院できない現状制度の下では介護施設で最期を迎えたいという高齢者や家族も多い。特養の看取り介護では医師，生活相談員，看護師，介護士のチームワーク，施設全体で取り組まなければならないことは言うまでもないが，看取り介護の開始後，個室に移動してもらうことが一般的であるため，従来型特養においても個室が確保できること，つまり環境のハード面も重要な要素である。

### （2）特養の入所要件

　特養は2015年度の介護保険法改正により「原則要介護度3以上の入所」とされ，入所要件の厳格化が行われた。これにより要介護度1・2の軽度者であって特養を希望する者は特例入所とされることとなった。これは，2015年4月以降，要介護度1・2の者のうち，やむを得ない事情により特別養護老人ホーム以外での生活が著しく困難と認められる場合に限り認められるようになった制度である。要介護度1・2の特例入所が認められる要件は，次の通りである（杉並区入所申し込み資料を基に筆者作成）。

　① 　知的障害，精神障害を伴って，地域での安定した生活を続けることが困難。
　② 　認知症高齢者であり，常時の適切な見守り・介護が必要。
　③ 　家族等による虐待が深刻であり，心身の安全・安心の確保が困難。
　④ 　一人暮らしや老々介護などで介護できる家族が近くになく，かつ地域での介護サービスや生活支援の供給が不足している。
　　（在宅でサービスを利用できる状況にあるにもかかわらず，サービスを利用していない場合は該当しない。）

　このように要介護度1・2であっても，特例要件に該当する場合は特養入所を申し込むことができ，かつ利用できるシステムとなっている。しかし，実際に軽度者が特養入所となるのは難しいのが現状である。それは，特養の経営に

直結する日常生活継続支援加算が要因となっている。

## （3）特養の経営状況

　詳しい料金体系や滞在費・食費は第7章で述べることとし，本項では，特養の経営状況について述べていくこととする。

　これらの介護報酬は要介護度ごとに設定されている。当然要介護度が高いほど介護報酬も高い。基本報酬のほか，特養にはサービス提供に即したさまざまな加算が設定されている。前述した日常生活継続支援加算もその一つである。算定要件は「1年間の新規入所者の要介護度4・5の要介護度割合が70％以上」とされている。

　要介護度3以下の新規入所者は，この加算は算定されない。つまり，1年間の退所見込みを予測し，さらに新規入所者の入所時の要介護度を見て進めていかなければならない。それゆえ，要介護度3以下の入所者は要介護度割合を確認しつつ，タイミングを見て進めていくことが求められる。加算取得要件をクリアできないこととなれば，施設にとっては多大な損失となる。

　特養が収益を増やしていくには，利用率や利用者単価の上昇を目指すことが重要となる。それには入院や死亡により退所されることで発生する空きベッドを作らないこと，そして前述したように，可能な限り加算取得と適切な要介護度の見直しを行い，利用者単価の上昇へとつなげることが特養の安定した経営基盤確保につながる。

## （4）特養のサービス・生活の様子

　食事や排泄，入浴などの日常生活上の介護は当然のこととして，日常生活におけるさまざまな支援を包括的に行っているのが施設である。例えば在宅のように排泄介助のためにホームヘルパー（訪問介護員）をさらに増やすなど，サービス回数を増やすには費用がかかる。しかし，特養はいわばパッケージケアであり，施設のなかで個別ケアを増やしたとしても費用負担は変わらない。そのため，介護提供の比較的少ない自立している利用者への関わりが希薄になる場合や，利用者家族から本来提供しているサービス以外の過度なサービス要

求をされる場合も少なくない。

特養では入所利用できるサービスに加えて,「短期入所生活介護」いわゆるショートステイがある。在宅介護をする家族のレスパイト[(1)]を目的としており,施設利用をするサービスではあるものの,居宅サービスの一つとして位置づけられている。平均要介護度が4を超えている特養では重度利用者も入所している。そのため,入院・退所による空きベッドが比較的多く発生し,空きベッドをショートステイに活用している。

ショートステイ利用の理由は家族のレスパイトや仕事,介護者の入院の他,家族からの虐待による分離のための利用や,一人暮らし高齢者の緊急利用などさまざまである。とくに,夏場は認知症により,エアコンの適切な操作ができないという理由も多い。

特養は地域のセーフティネットとしての機能を最大限活かす一方で,空きベッドを活用して稼働率向上をめざしているのである。

## 2 介護老人保健施設

### (1) 介護老人保健施設の役割

介護老人保健施設（以下,老健）は,「要介護者であって,主としてその心身の機能の維持回復を図り,居宅における生活を営むことができるようにするための支援が必要である者に対し,施設サービス計画に基づいて,看護,医学的管理の下における介護及び機能訓練,その他必要な医療並びに日常生活上の世話を行うことを目的とする施設」[(2)]とされている。

ここで,介護老人保健施設が果たすべき役割について確認しておく。基本方針として「介護老人保健施設は施設サービス計画に基づいて,看護,医学的管理の下における介護及び機能訓練その他必要な医療並びに日常生活上の世話を行うことにより,入所者がその有する能力に応じ自立した日常生活を営むことができるようにすることとともに,その者の居宅における生活の復帰を目指すものでなければならない」[(3)]としている。

いわゆる看取りサービスを提供する特養に対し,老健は,リハビリや本人の

能力を最大限引き出し，地域や在宅復帰をめざす，また在宅療養支援を行うことを目的とした短期間の利用を主としている施設である。いわば在宅と特養の中間施設であり，特養待機者（特養の空きを待つ利用者）や，次の行先を待つ高齢者が多く利用している。

### （2）入所要件・対象者

　老健への入所要件は，「原則65歳以上，要介護度1以上の介護認定を受けていること」である。また特定疾病による介護認定を受けている方も利用できる。前述した特養と同様，従来型およびユニット型がある。老健利用の際，服薬している薬の薬価が高い場合や多くの治療が必要になる，医療依存度の高い高齢者の利用が難しいとされていることがある。

　これは，老健の経営状況に直結する問題である。老健は利用者にかかる医療費が請求できる上限金額があらかじめ設定されている。医療費が介護報酬に包括されて設定されており，医療保険から算定できる項目以外の一定額を超えた分は施設が負担するという仕組みとなっている。それゆえ，服薬が多ければ多いほど，施設の持ち出し（いわば損益）が大きくなってしまうため，薬が多い，特殊な薬を服用している，必要な治療が多い等に該当する方は入所を断念せざるを得ないというケースもある。

### （3）利用者の生活

　老健の利用特色として医療スタッフが充実していることが挙げられるだろう。法令によりそれぞれの施設で人員配置が規定されているが，特養が非常勤医師の配置可能に対し，老健は医師が常駐し，健康管理を行っていることが大きい。また，看護師の配置も利用者100名に対し，9名と他施設より圧倒的に多い。理学療法士（PT），作業療法士（OT），言語聴覚士（ST）の配置も義務づけられていることが他施設と大きく異なる。

　充実した医療スタッフが配置された環境のもと，入居者は健康管理を受け，リハビリを実施する。リハビリを行う時間，訓練の内容は個々の疾病，目標，次の行先により異なり，専門的なリハビリの実施が期待できる。短期リハビリ

プログラムにて入所する高齢者もおり，実際に3カ月以内の在宅復帰をめざすことが可能な高齢者もいる。

老健のデメリットは，施設によって異なるものの，リハビリに特化しており，生活支援やレクリエーションが少ない，嗜好品の差し入れや外出ができない場合もある，などである。また，外部病院への受診により，利用が中止となることもある。


### （4）介護報酬と経営実態

老健は，介護保険制度による厳しい加算算定により，5つの区分に分けられている。[4]


① 基本型（在宅復帰率も高くないため，基本報酬は低く設定されている）。

② 在宅強化型（超強化型の次に要件が厳しく，加算型に加えてリハビリテーション回数に関する要件あり）。

③ 超強化型（すべての区分のなかで最上位としており，在宅復帰への貢献度がとくに高い）。

④ 加算型（在宅復帰，在宅療養支援等指標の在宅復帰率などに一定の基準がある）。

⑤ その他型（どの類型にも当てはまらない施設）。


とくに在宅強化型，超強化型に関しては厚生労働省が規定する要件をクリアした，在宅復帰と在宅支援機能が高いと認められている施設である。介護報酬単価に大きな差が設けられているのが特徴である。

老健の経営では稼働率および在宅復帰率がキーとなる。退所先として老健では自宅退所の他，グループホームや有料老人ホームなどへの退所は在宅にカウントされるが，前述した特養への退所は在宅復帰率に反映されない。それゆえ，老健では特養待機者の退所についてコントロールされるきらいがある。

超強化型や在宅強化型の老健では在宅復帰，在宅療養支援等指標が超強化型では70点以上，在宅強化型では60点以上と加算要件が細かに設定されている。

この指標には10項目が設定されており，在宅復帰率，ベッド回転率，そのほか喀痰吸引の実施割合や経管栄養の実施割合などがある。超強化型老健や在宅強化型は基準が最も厳しいとされているが，介護報酬が高く設定されていることが施設にとってはメリットである。

### （5）ショートステイとデイケアの役割

　病院や診療所，老健に併設されていることが多いデイケア（通所リハビリ）は医師の指示の下，リハビリを行うことができるとされている。デイサービスと比べて，デイケアでは身体機能の維持・回復を目的としたリハビリを中心としており，生活機能の改善・維持が高いとされている在宅サービスの一つである。集団と個別リハビリをそれぞれ提供しており，集団リハビリでは筋力トレーニングや言葉遊び，計算などのレクリエーションが提供される。個別リハビリでは医師の指示の下，必要なメニューが提供され，マシンを使用したトレーニングを実施する施設もある。

　また，老健にもショートステイがあり，特養のショートステイとは異なり，個別リハビリテーションを中心としていることが挙げられる。

## 3　介護医療院

　医療依存度の高い高齢者の利用ができるとされているのが介護医療院である。2017年度末までに廃止が決定されている（3～6年の経過措置期間を経た後）介護療養型医療施設に代わり，今後ますます増加する慢性期医療，介護ニーズへの対応として設置されることとなった施設である[5]（2023年9月現在の開設状況としてⅠ型534カ所，Ⅱ型263カ所）。

　介護医療院にはⅠ型とⅡ型ならびに混合型がある。Ⅰ型は「重篤な身体疾患を有するおよび，身体合併症を有する認知症高齢者」，Ⅱ型は「比較的身体状況が安定している高齢者」を受け入れる（厚生労働省 HP「介護医療院とは」）。医療ケアを必要とする高齢者が，長期療養の場として入所しているケースが多い。病院に併設して開設されていることが大半であり，症状が重症化しても関連病

院での受け入れが可能であったり，緩和ケアの提供ができる施設もあり，今後増加が期待されている施設である。

　介護医療院は介護保険法による施設であり「原則要介護度1から5の認定を受けた65歳以上の高齢者が対象」（介護保険法第8条第29項）となる。特養や老健と同様40歳から64歳の方でも特定疾病による要介護認定を受けている場合も対象となる。

　吸引など日常的な医療ケアを必要とする高齢者，入院するほどでもないが介護施設では受け入れ先がない，または不安という利用者や家族の相談に対応し，受け入れを行っている。実際に特養で生活をしていたが，状態が悪化し退所せざるを得ない利用者や，夜間の鼻腔吸引の回数が多く，施設では本人の安全が担保できないという理由から介護医療院へ入所する利用者もいる（特養では50時間研修を受けた者のみ鼻腔吸引が可能とされているため）。

　2024年の診療報酬改定により，病院の地域包括ケア病棟では，退院までの期限が40日と短縮された。それにより重度化する高齢者の行き場や，医療依存度の高い高齢者の受け皿として介護医療院の役割はますます大きくなると予測される。

　介護医療院の利用・入所については，主治医の協力が欠かせない。例えば喀痰吸引の状況や経管栄養，末期がん高齢者に対する緩和ケアについて，本人の症状や医療内容について情報提供が必要となる。

## 4　グループホーム

　「家庭的な雰囲気の中で介護や身の回りの支援が受けられる」ことを特徴とし，かつ認知症の専門ケアが受けられる施設である。近年では看取りケアを実施しているグループホームもある。入所時にいつまでいられるか，どのような状態の方が対象であるかを事前に確認し，利用することが必要である。最大9人，3ユニットまでと少人数で共同生活を送ることを基本としており介護保険制度による地域密着型サービスに位置づけられている。

　認知症を患った高齢者が共同生活を送り，刺激を受けながら生活すること，

また，スタッフの支援により，食事の準備をはじめとする簡単な家事を一緒に行うことで，認知症の進行を和らげることを期待されている施設である。

## （1）入所要件と課題

　原則65歳以上の要支援2または要介護度1から要介護度5の認知症高齢者」が利用できる。まず認知症の診断を受けていること，次にグループホームの所在地と同じ市区町村に住民票があること，そして重要なのは「共同生活を送る」ことができることが条件とされている。

　認知症の症状は認知症病態や個々によりさまざまである。とくに認知症によるBPSD（行動・心理症状）の強い高齢者は，グループホームへの入所が難しい場合もある。疾病の影響であるが，他利用者への暴言や暴力等のある高齢者は共同生活を営むことが難しいため，グループホームを利用できない。また，体調の悪化により1日の大半をベッドで過ごす状況や継続的な医療が必要となった場合については，入所後も退所と判断される場合がある。

　近年，利用者の入居期間の長期化，認知症の進行により入居者の重度化が課題となっている。それゆえ，家庭的な雰囲気を重視しているグループホームの特色としてケア内容に取り入れられている簡単な家事への取り組みができなくなる，車いす移動の利用者の増加などが課題とされている。

## （2）費　　用

　費用は大きく，日常生活費と介護サービス費に分けられている。その他サービス加算のある施設もある。日常生活費は主に居住費（賃料），共益費，食費，光熱費，雑費となる。この部分の費用が高額となり，とくに都市部において居住費が高額となる傾向がある。家賃相当分となるため，地域により差が大きいのが実情である。次に，必ずかかる介護保険サービス費がある。この費用は地域やユニット数，個々の要介護度により負担額は変わる。その他施設により内容が異なるが加算が算定される。その他医療費などがかかるため，月々20万ほど費用がかかるのである。

　グループホームは特養や老健と異なり，介護保険上の収入等による居住費，

48

食費の軽減制度がない。しかし，認知症高齢者グループホーム助成事業として独自で助成をしている自治体もある。これはグループホームへの入所が必要な低所得者に対する軽減制度とされ，具体的な資産，所得基準は自治体により異なるがグループホームに入所した場合の居住費に利用できる。

## 5　高齢者の「住まい」

　日本の2022年度の高齢化率は29.0％となり，2024年9月15日現在日本の高齢化率は29.3％と過去最も高く，今後も上昇する（総務省統計局報道資料参考〔令和6年9月15日〕）。大都市東京の65歳以上の高齢者は2040年には33％を超えることが予想され，3人に1人以上が高齢者という状況になる。

　2020年度の調査では都内で発生した孤独死事例の約6割以上が65歳以上の高齢者となっている。[(6)]一人暮らし高齢者の増加により，孤独死，高齢者の貧困が近年社会的問題として深刻化していることがわかる。

　高齢期は身体機能の低下から，安心して過ごすことができる環境の整備が，持ち家，借家問わず必要である。住宅のバリアフリー化のみならず，民間の賃貸住宅における入居拒否・保証人問題は高齢者の「住まい」の確保を阻害する要因となっている。さらに家賃の前払いについても年金収入を主とする高齢者にとって，支払い困難な場合が大半である。「住まい」は生活の基盤とされ，とくに高齢者が安心して生活できる住まいについては，住宅政策と福祉政策の相互連携により整備を進めていかなければならないだろう。

　これまで，何らかの理由により介護を必要とする高齢者が介護保険制度を利用して入所する居住施設について述べてきた。次に環境面のみならず，身体状況や経済状況に応じた適切な高齢者が安心して生活できる「住まい」ついて述べていくこととする。

## 6　有料老人ホームという「住まい」

　高齢者向けの「住まい」として設置されており，種類も多く設置数も多い。

**表3-1** 有料老人ホームの契約形態

| 利用権方式 | 居室，設備，介護サービスにかかる料金をすべて含む契約 |
|---|---|
| 建物賃貸借契約 | 一般的な賃貸住宅と同様家賃相当額を毎月支払う方法 |
| 終身建物賃貸借契約 | 入居期間は終身，死亡した時点で契約終了となる。居室，共用設備，介護サービスにかかる料金をすべて含む契約 |

出所：筆者作成。

厚生労働省資料によると，介護等のサービスが付いた介護付有料老人ホームは介護が必要となっても居室での生活を継続することが可能な施設とされている。介護付有料老人ホームには，外部サービス利用型特定施設入居者生活介護という種別もあり，これは委託先の介護サービス事業者が介護サービスを提供するということである。

　特定施設入居者生活介護の指定を受けていない有料老人ホームでは介護サービスは提供されず，あくまでも住居のみの提供となる。次に住宅型有料老人ホームは生活支援等のサービスがついた高齢者向けの居住施設とされ，介護が必要となった場合，入居者自身の選択により，地域の訪問介護と別途契約を行い，介護サービスを受けることが可能である。

　有料老人ホームは，高齢になり不安を抱える高齢者が，安心して生活できる施設である。健康型有料老人ホームは「原則60歳以上の高齢者」，住宅型有料老人ホームは主に「65歳以上，自立から要介護度5の高齢者」も入居可能と幅広い方の利用ができる。自立型は「入居時に自立している方」が対象とされ，見守りや生活支援が中心となる。一方，介護付有料老人ホームは日中に看護職員の配置が義務づけられており，医療的対応が可能であることが特徴となる。地域病院やクリニックと連携していることが多く，往診を受けることも可能である。有料老人ホームは「住まい」と「サービス」提供があり，契約形態がいくつかあることが特徴である（表3-1）。

　入居するメリットとして，身体状況に応じた選択が可能であり，それに伴うサービスが充実していることである。また，ホームの設置数が多く，選択肢が多いことも魅力の一つである。デメリットとしては，サービスに伴い施設設備も高価なものが多く，入居費用が高額となる場合もある。また，要介護度や身

体状況により退去しなければならない場合があることで，行き場を失う可能性
もある。

## 7　サービス付き高齢者向け住宅

　通称サ高住とは，高齢者向けの賃貸住宅である。施設によるが「原則60歳以
上で身の回りのことが自分でできる方が対象」（国土交通省「サービス付高齢者向
け住宅について高齢者の住まいについて」）とされている。高齢者の住まいとして
位置づけられており，利用に際しては通常の賃貸契約を結ぶ。在宅サービスを
利用しながら生活することが可能であり，施設には安否確認と生活相談のサー
ビスが義務づけられている。

　多くのサ高住は，介護サービスを必要な分だけ個別で契約利用する「一般
型」である。入居要件は「原則60歳以上，要介護者，要支援者の方，認知症高
齢者」としている。一般的な賃貸契約を結ぶため，連帯保証人が必要となり，
入居時には敷金が必要となる。賃貸契約行為への理解や，連帯保証人がいるこ
とが条件となるものの，安否確認，生活相談のサービスが受けられることは単
身高齢者にとって安心となる。居室での自炊も可能であり，水道，光熱費は入
居者が支払う。メリットとしては生活の自由度が高いことである。デメリット
として，看護・介護職員が常駐していないため，十分な介護を受けられない，
急激な容態変化に対応できないことが課題とされている。一方，設置数は非常
に少ないが「介護型」では看護・介護職員は日中に常駐しており，安心できる
環境にある。

## 8　養護老人ホーム

　養護老人ホームは，高齢者の生活を支えるセーフティネットとしての機能と
役割がある。身の周りの事が自分でできる方，少しの支援があれば自力で行え
る方を対象とし，原則として65歳以上，環境上の理由，在宅生活が困難となっ
た方が行政の支援（措置）により入所する。養護老人ホームの目的は入所者が

「自立した日常生活を営み，社会的活動に参加するために必要な指導及び訓練その他の援助を目的とする施設」（老人福祉法第20条の4）とされている。

## （1）入所要件

養護老人ホームの入所基準は，原則として「65歳以上で環境上の理由及び経済的理由により居宅において養護を受けることが困難」（第11条の1）という高齢者が入所する措置施設である。健康状態として，入院加療を要する状態にないこと，家族や住居の状況など，現在置かれている環境の下では在宅において生活することが困難であると認められることとされている。その他として経済的理由についても次のような要件がある。

① 本人のいる世帯が生活保護を受けていること。
② 本人及び，その方の生計を維持している方が非課税であること。
③ 災害，その他の事情により生活状況が困窮していると認められる世帯。
（上記のいずれかに経済的理由として該当することが要件となっている）

その他，入所基準に加味される状況は個々によりさまざまである。実際に措置入所となった高齢者のケースとして，アパートの更新ができない，家族はいるが虐待を受けており家族との分離が必要，万引きを繰り返し警察に保護され，一人暮らしが困難，家がなくホームレスのような生活となり，更生施設，保護施設，簡易宿泊所を転々としている，など，養護老人ホームには介護提供こそ必要ないが，生活課題を抱える高齢者は少なくない。

また，何らかの精神疾患を患っていたり，知的障害があることにより支援が必要な場合や，高齢という理由で賃貸契約ができず，住まいが奪われるなど，高齢者を取り巻く問題は多様化しており，養護老人ホームでは住まいと支援が提供されているといえる。

## （2）入所手続き

家族や本人からの入所相談については，自治体の窓口または福祉事務所に相

談後，自治体による調査が開始される。または地域包括支援センターや関連機関からの通報や，保護の相談により行政から該当施設に連絡が来ることとなる。入所の相談，保護の依頼後，自治体による本人調査が行われることとなる。調査の内容として，本人，その扶養義務者等に係る状況，本人の心身状況，主として本人とその家族構成員の生計状況について調査がある。調査および本人の健康診断結果等にもとづき，措置元と呼ばれる行政が措置の要否の判断を行う。その後行政と施設間で行われる入所検討会，手続きを経て養護老人ホームでの生活が開始となる。

　これまでは本人意思もしくは家族の意向により，介護保険制度を利用する契約をした上で利用できる施設であった。しかし，養護老人ホームは措置施設である。これまで述べてきた施設と入所までの流れが大きく異なっている。


### （3）経営実態

　措置施設の収入は，措置費用とサービス費用である。毎月1日の人員で当月収入が決まり，月の途中で入退所が発生しても収入の変化はない。施設利用料については，利用者の収入によりそれぞれ設定され，39階層と非常に細かく分かれている。基本的に食費，居住費，光熱水費についての利用者負担はない。定員により収入が左右される，いわば稼働率が重視されるのは他施設と同様当然である。

　しかし，全国の養護老人ホームでは稼働率，いわば収入に直結する深刻な問題を抱えている。措置施設であり，行政によりサービス利用が開始されるため，依頼がなければ入居者を受け入れることができず，つまり新規入所者がいないこととなる。

　近年，施設入所が適切と考えられる高齢者であっても他制度利用が優先され，行政からの依頼件数が減少しているという。いわゆる措置費用削減のための「措置控え」が深刻となっている。措置費用は自治体が全額負担する。自治体の負担軽減により，施設入所の措置の代替として生活保護受給を進める，無料定額宿泊所の利用を勧める等の対応がされている。それにより施設の機能が十分に活かされず，行き場のない高齢者が増えているのが現状である。最悪は孤

独死につながりかねない。「措置控え」は全国的に深刻な問題であり，喫緊の課題となっている。

## （4）生　活

　養護老人ホームには，生活相談員，介護職員，看護師，調理員が従事している。比較的自立度の高い利用者が多く生活しているため，「見守り」「声掛け」等の生活支援サービスを中心に提供されている。例えば不規則な生活になっている，引きこもりがちになっている高齢者に対する支援や入浴，衛生面における支援など，前述したような個々がかかえている生活課題に対する支援が大きい。見守り支援，生きがい支援，虐待からの保護による支援等，養護老人ホームの支援は多岐にわたっており，生活課題を抱える高齢者の支援施設として重要な役割を担っている。

　下記に挙げるような状況の場合，養護老人ホームでの生活継続は困難となる。

① 常時介護が必要になり施設での生活が困難になった場合。
② 施設では対応困難な医療行為が必要となった場合。
③ 危険行為を繰り返す場合。
④ 地域で自立した生活が送れるようになった場合。


# 9　軽費老人ホーム（A型・B型）・ケアハウス

　軽費老人ホームは，国や都の定める設置基準，人員配置等運営基準を満たし，社会福祉法人が設置，運営している施設が多く，公益性，健全性，持続性が高いとされている。経費老人ホームA型は1963年に制度化された施設である。家庭環境や住宅，経済的な事情により独立して日常生活を送るには不安のある高齢者が低額な料金で入居することができる。B型は1971年に制度化された施設であり，介護職員の配置はされていない。当時の住宅政策の一つとして位置づけられた施設である。（現在では新規の利用受付は行っていない）。

第3章　施設系サービス

　都市型軽費老人ホームは2011年に制度化された新しい種別の経費老人ホームである。地価の高い都市部で整備が進むよう，居室面積，職員数の基準が緩和された施設であり，東京都では武蔵野市，三鷹市の一部，23区に開設されており，少しずつ増えてはいるものの設置数としては十分ではない。都市型経費老人ホームの特徴として，入所定員が20名以下と小規模であり，利用料金も比較的低く抑えられている。

## （1）軽費老人ホーム・ケアハウスの機能と役割

　入所要件として「原則60歳以上，独立して日常生活を送るのに不安のある高齢者[8]」とされている。全室個室であり，自由に外出できること，就労している高齢者も生活している施設である。ケアハウスは，「一般型は個人または夫婦のどちらかが60歳以上であること，介護型は65歳以上で要介護度１〜２の高齢者が入所要件[9]」となっている。ケアハウスのメリットとして，費用が低額であることが挙げられる。デメリットとしては，入居までに期間を要することや要介護度が高くなると退去を求められる場合もある。ケアハウスは住宅面が整備されている「安心して生活を営める住まい」として，食事，その他日常生活上必要な便宜を提供する施設である。介護サービスが必要となった場合，外部サービスを利用することができる。

## （2）軽費老人ホーム・ケアハウスへの統一化

　これらの施設は介護保険制度上「居宅」，いわゆる住んでいる家として扱われる。そのため，介護保険サービスは外部と契約し，利用することとなる。そういったことからケアハウスは利用者の実情に即した施設であり，外部サービスを利用しながらの生活も可能であるため，ケアハウスの存在意義が社会的にも高くなっている。

　軽費老人ホーム，ケアハウスは高齢者の住宅として「住まい」と「生活支援」を中心として提供してきたが，軽費老人ホームは制度的に複雑化していることや，老朽化している施設も少なくない。そのため今後はケアハウスに転換することが決まっている。

55

## 10　施設系の処遇改善加算

　介護職員処遇改善加算とは，主に介護業界の従事者の賃金の改善や職場環境の見直し等を目的に創設された加算である。介護人材確保が急務と言われる介護業界において，優秀な人材確保，介護業界全体の人材不足解消のため導入された制度である。

　処遇改善加算は法人に入る費用，処遇改善手当は職員に支給される手当・費用のことをいう。当然「加算」であるため利用者負担が発生する。2024年8月にも見直しが行われた。

### （1）介護職員処遇改善加算のルール

　介護職員処遇改善加算は全額スタッフに支払わなければならないルールの下運用されなければならない。支給方法については事業所の判断に委ねられており，事業所は自治体に報告することが義務づけられている。当然支給要件を満たしていない場合も含め，全職員への説明責任が事業所に義務づけられている。

　介護保険施設で算定されている加算，とくに処遇改善加算は複雑化しており，書類も煩雑化しているため，これまで介護職員処遇改善加算の取得ができていなかった事業所は少なくない。そういった声を受けて2024年の介護報酬改定において，これまでの処遇改善加算が一本化され，新たに「介護職員等処遇改善加算」が創設された。これにより事業所の事務手続きも簡素化されている。本加算は介護予防事業では対象外となっている。

### （2）事業所に委ねられている対象者・配分

　新処遇改善加算ではこれまでの職種による配分ルールは撤廃され，「介護職員への配分を基本とし，特に経験，技能のある介護職員に重点的に配分することとし，事業所内での柔軟な配分を認める[10]」と規定された。また支給額は事業所ごとに異なり，法人内の配分となる。

　とくに介護施設の従業者は介護職員だけではなく，看護師や栄養士，生活相

談員などの職種も存在する。介護職員以外のその他職員に関しての支給についても事業所の判断となるため、職員格差が起きるのは否めない。また、法人内の支給対象外の施設への異動などにより、給与が大幅に減少する場合もある。しかし、本加算を取得することで、経験豊富なスタッフの定着につながること、介護職員のモチベーション維持、スキルアップにつながり、今後の人材確保の一端を担う政策として期待している。

## 注

(1) respite（休憩・息抜き）という意味で、主に在宅で介護をするご家族に対し介護者の負担軽減の目的で使用されるショートステイやレスパイト入院などがあり、介護者の負担軽減だけではなく、在宅環境を整備するなどの在宅サービスを継続するために必要なサービスとされ、活用されている。

(2) 介護保険法第8条第28項。

(3) 介護老人保健施設の人員、施設及び設備並びに運営に関する基準第1条の2。

(4) 社会保障審議会介護給付費分科会第194回「資料3　介護老人保健施設の報酬・基準について」2020年11月26日。

(5) 厚生労働省「介護医療院の開設状況について」2023年。

(6) 東京都監察医務院「性年齢階級別の自宅死亡単身世帯者数」2021年。

(7) 老人福祉法第11条第1項第1号。

(8) 東京都社会福祉協議会東京都高齢者福祉施設協議会軽費分科会「大都市東京の軽費老人ホーム・ケアハウス」リーフレット、2018年9月。

(9) 同前。

(10) 厚生労働省老健局老人保健課「『介護職員等処遇改善加算等に関するQ&A（第1版）』の送付について」2024年3月。

## 参考文献

伊藤建次郎・鈴木慶監修、永嶋信晴『ハッスル！「老健」──介護老人保健施設のすべてがわかる本』ゆまに書房、2004年。

京極高宣監修、井上由起子・高橋正・深澤典宏・宮島渡・山田尋志『サービス付き高齢者向け住宅の意義と展望』大成出版社、2013年。

厚生労働省・国土交通省「高齢者の居住の安定の確保に関する基本方針」2009年8月19日。

国土交通省「高齢者の住まいに関する現状と施策の動向」2022年2月22日。

社会保険研究所『令和6年4月版　介護報酬の解釈2　指定基準編』社会保険研究所、

2024年。

生活保護制度研究会編『生活保護の手引き　令和4年度版』第一法規，2022年。

全国老人福祉施設協議会「地域共生社会の実現に向けた軽費老人ホーム・ケアハウス活用ハンドブック」2021年。

中央法規「ケアマネージャー」編集部編『2024年図解でまるわかり介護保険改正ガイド』中央法規出版，2024年。

東京都社会福祉協議会　東京都高齢者福祉施設協議会　養護分科会「大都市東京の養護老人ホームパンフレット」2016年。

|第4章|介護保険制度の運営|
|---|---|
||——保険者である市町村の役割|

　本章では，介護保険制度の運営主体として保険者である市町村の役割，具体的には，介護保険事業計画，保険料，指導監督および事業者の指定等について，国や都道府県との関係も視野に入れながら概括していく。

## 1　保険者と国・都道府県の役割

### （1）介護保険の保険者は市町村

　介護保険における保険者とは，介護保険制度を運営する主体のことを指し，市町村および特別区（東京23区）（以下，「市町村」）が，保険者としてその役割を担っている。市町村が保険者である理由としては，介護サービスの地域性，高齢者福祉や高齢者保健における市町村のこれまでの実績を考慮し，また地方分権の流れも踏まえて，住民に最も身近な行政単位である市町村を，介護保険制度の中心的な運営主体と位置づけたためである。

　なお，人口規模の小さい市町村においては，事務の効率化，財政基盤の強化などの観点から，隣接する市町村が協力して広域的に対応するため，地方自治法にもとづく広域連合や一部事務組合を設立し，保険者となっているケースもある。

　その一方，介護保険における被保険者とは保険料を支払っている加入者であり，具体的には市町村の住民のうち40歳以上の者を指し，年齢によって第1号被保険者（65歳以上）と第2号被保険者（40歳以上65歳未満）に分けられる。

### （2）市町村の役割

　市町村は，上記の通り保険者として介護保険の制度運営を主体として行う。

59

**表 4-1　保険者（市町村）の主な事務**

| 事　務 | 主な内容 |
|---|---|
| 被保険者の資格管理 | 被保険者台帳の作成　被保険者証の発行更新等 |
| 要介護認定 | 要介護認定・要支援認定　介護認定審査会の設置等 |
| 保険給付 | 要介護等認定された被保険者への各種保険給付の実施等 |
| 地域支援事業 | 介護予防事業等の実施　地域包括支援センターの設置運営等 |
| 事業所・施設への対応 | 地域密着型サービス提供事業者等の指定と指導監督等 |
| 介護保険事業計画の策定 | 介護保険事業計画の策定，進捗管理等 |
| 保険料の賦課と徴収 | 第1号被保険者の保険料率の決定・賦課・徴収等 |
| 条例・規則 | 地域密着型サービスの指摘基準の制定等 |
| 会計等 | 特別会計の設置，管理，運営等 |

出所：結城康博・網中肇編著『押さえておきたい介護保険・高齢者福祉』（シリーズ今日から
　　　福祉職）ぎょうせい，2021年，33頁を一部改変。

　保険者としての市町村の主な事務は表4-1の通りである。

　具体的に市町村が実施する主な事務を挙げると，介護保険制度の被保険者と
しての要件を満たす住民を加入させ，被保険者の台帳作成や保険証の作成等の
被保険者の資格管理を行う。

　また，被保険者の要介護認定や要支援認定に係る事務を行い，介護サービス
を提供する事業者を指定し，保険給付を行うとともに，適切にサービスが提供
されるよう中長期的な観点から介護保険事業計画を策定する。

　そして，第1号被保険者の介護保険料の賦課・徴収等の事務を行うとともに，
介護保険に関する特別会計を設け，保険料収入や国や都道府県からの負担金等
を財源に保険財政の運営を行う。


### （3）国・都道府県の役割

　市町村は保険者として介護保険事業を運営する一方，国と都道府県は介護保
険事業が健全かつ円滑に行われるように，市町村を重層的に支える。介護保険
制度における国と都道府県の具体的な役割は以下の通りである。

#### 1）国の主な役割は介護保険制度の枠組の設定

　国は，介護保険事業の運営が健全かつ円滑に行われるよう保健医療サービス

および福祉サービスを提供する体制の確保に関する施策その他の必要な各種の措置を講ずることとされ，そのための主な役割は次の通りである。

① 介護保険制度の枠組設定
　法令の制定，要介護認定や保険給付の基準設定，介護報酬単価の設定等。
② サービス基盤整備の推進
　サービス基盤整備のための基本指針（市町村介護保険事業計画及び都道府県介護保険事業支援計画の策定におけるガイドライン）の作成，財政措置等。
③ 保険給付等に対する財政負担
　介護給付費への国庫負担，財政安定化基金（保険財政の赤字を一時的に補填するための資金の貸与・貸付を目的に都道府県に設置）への財政負担等。
④ 保険者，事業者や施設等に対する支援・指導監督
　保険者である市町村への支援・指導，事業者等への行政上の指導・監督・助言等。

**2）都道府県の主な役割は市町村への支援と広域的な調整**

　都道府県は，その圏域内の市町村を包括する広域の地方公共団体として，市町村の介護保険事業の運営が健全かつ円滑に行われるよう，必要な助言および適切な援助を行う。

　そして，その実施に当たっては，介護サービスを提供する事業所または施設における業務の効率化，介護サービスの質の向上その他の生産性の向上に資する取組が促進されるよう努めなければならないとされ，そのための主な役割は次の通りである。

① 市町村に対する支援
　市町村への必要な助言や適切な援助，介護認定審査会の共同設置等の支援等。
② 事業者，介護保険施設の指定・指導等
　介護保険サービス提供事業者や介護保険施設の指定，指導等。

③　保険給付等に対する財政支援

　　介護給付費への都道府県負担，財政安定化基金の設置・運営等。

④　人材育成

　　介護支援専門員の養成・研修・登録等。

⑤　その他広域的な調整

　　介護保険事業支援計画の策定，介護保険審査会（要介護等の認定など市町
　村保険者が行った行政処分に対する不服申立ての審査・採決を行う機関）の設
　置・運営等。


### （4）被保険者は2種類

　前出の通り，介護保険の被保険者は2つの種類に分かれる。1つは65歳以上
の「第1号被保険者」であり，もう一つは40歳以上65歳未満の「第2号被保険
者」である。この2種類の被保険者の違いは，保険料の徴収方法と，介護サー
ビスの利用方法である。

　第1号被保険者（65歳以上の者）の場合，保険料は保険者である市町村が直
に徴収することになっている。

　一方，第2号被保険者（40〜65歳未満）のうち，会社員や公務員の場合は，
各自が職場で加入している医療保険者から医療保険の保険料と併せて介護保険
料が給与天引きで徴収される。自営業者やフリーランスの場合は，それらが加
入している医療保険である国民健康保険料に介護保険料が上乗せされて徴収さ
れる。なお，会社員や公務員等の場合は，介護保険料も医療保険と同様に保険
料は労使折半となるため，事業主が保険料の半額を負担するが，自営業者やフ
リーランスの場合は全額自己負担となる。

　また，介護サービスの利用方法は，第1号被保険者であれば，心身の状況に
応じて直接市町村に要介護認定の申請をすることが可能であるが，第2号被保
険者の場合は，特定疾病に該当すると認められたケースのみ介護サービスが利
用できる（表4-2）。

第4章　介護保険制度の運営

**表4-2　特定疾病（16疾病）**

①がん（医師が一般に認められている医学的知見に基づき回復の見込
　みがない状態に至ったと判断したものに限る。）
②関節リウマチ
③筋萎縮性側索硬化症
④後縦靱帯骨化症
⑤骨折を伴う骨粗鬆症
⑥初老期における認知症
⑦進行性核上性麻痺，大脳皮質基底核変性症及びパーキンソン病※
⑧脊髄小脳変性症
⑨脊柱管狭窄症
⑩早老症
⑪多系統萎縮症※
⑫糖尿病性神経障害，糖尿病性腎症及び糖尿病性網膜症
⑬脳血管疾患
⑭閉塞性動脈硬化症
⑮慢性閉塞性肺疾患
⑯両側の膝関節又は股関節に著しい変形を伴う変形性関節症

注：※印は2006年4月に追加・見直しがなされたもの。
出所：介護保険法施行令第2条。


# 2　介護保険事業計画

## （1）介護保険事業計画とは

　保険者である市町村は，被保険者が要介護・要支援の状態に陥った際，介護サービスを適切に受けられるよう，必要となるサービスの量を見込み，体制を整備しておくことが求められる。とくに，高齢化が進展する状況においては，各地域において，サービス提供体制の確保・充実策を計画的に講ずることが必要となる。

　そこで介護保険法では，3年を1期として，市町村に「介護保険事業計画」の策定を義務づけ，市町村は計画期間の各年度の介護サービスの見込量とその確保方策等を定め，介護給付等に要する費用を算定することで第1号被保険者の保険料を設定する。

　同様に，都道府県には，市町村の介護保険事業を支援するため「介護保険事業支援計画」の策定を義務づけ，市町村域を越えて広域的な施設整備の調整を行い，適正な施設数を確保することとしている。

63

このように，市町村の介護保険事業計画および都道府県の介護保険事業支援計画の策定により，高齢者介護サービスの量的充足を可能とするサービス供給体制の構築や介護サービスの基盤整備の推進が図られることとなる。

## （2）国の基本指針

厚生労働大臣は，介護保険事業に係る保険給付の円滑な実施を確保するための基本的な指針（以下「基本指針」という）を定めるものとされ，基本指針においては，次に掲げる事項について定めるものとされている。

① 介護給付等対象サービスを提供する体制の確保及び地域支援事業の実施に関する基本的事項。

② 市町村介護保険事業計画において，介護給付等対象サービスの種類ごとの量の見込みを定めるに当たって参酌すべき標準その他当該市町村介護保険事業計画及び都道府県介護保険事業支援計画の作成に関する事項。

③ その他介護保険事業に係る保険給付の円滑な実施を確保するために必要な事項。

この基本指針に即して，市町村の介護保険事業計画および都道府県の介護保険事業支援計画が策定される。このため，基本方針は市町村や都道府県が策定するこれらの計画のガイドラインとしての機能を有している。

## （3）市町村介護保険事業計画

市町村は，上記の国の基本指針に即し，高齢者の日常生活圏域として，地域包括システムを構築する区域を念頭に置き，例えば中学校区単位など地域の実情に応じて区域を定め，その区域ごとに要介護者等の現状やサービスの個別需要の把握を行い，また被保険者の意見を反映させるための措置を講じた上で，以下の事項を内容として３年を１期とする市町村介護保険事業計画を策定するものとされている。そして，市町村長はこれらも踏まえて，第１号被保険者の保険料を設定する。

第4章　介護保険制度の運営

① 計画で定める事項

i　区域（日常生活圏域）の設定。

ii　各年度における種類ごとの介護サービス量の見込み（区域毎）。

iii　各年度における必要定員総数（区域毎）。

　・認知症対応型共同生活介護

　・地域密着型特定施設入居者生活介護

　・地域密着型介護老人福祉施設入所者生活介護

iv　各年度における地域支援事業の量の見込み。

v　介護予防・重度化防止等の取組内容及び目標。

vi　その他の事項。

② 計画で定めるよう努める事項

i　地域包括ケアシステムの深化・推進のため重点的に取り組むことが必要な事項。

　・在宅医療・介護連携の推進

　・高齢者の保健事業と介護予防の一体的実施

　・生活支援・介護予防サービスの基盤整備の推進

　・地域ケア会議の推進

　・高齢者の居住安定に係る施策との連携

ii　各年度における介護給付等対象サービスの種類ごとの見込量の確保のための方策。

iii　各年度における地域支援事業に要する費用の額及びその見込量の確保のための方策。

iv　地域包括ケアシステムを支える人材の確保及び介護現場の生産性の向上の推進等。

v　介護給付等対象サービス及び地域支援事業の円滑な提供を図るための事業等に関する事項。

vi　認知症施策の推進。

vii　特定施設入居者生活介護の指定を受けていない有料老人ホーム及びサービス付き高齢者向け住宅の入居定員総数。

65

viii 地域包括支援センター及び生活支援・介護予防サービスの情報公表に
関する事項。

ix 市町村独自事業に関する事項。

x 災害に対する備えの検討。

xi 感染症に対する備えの検討。


### （4）都道府県介護保険事業支援計画

都道府県も，上記の国の基本指針に即し，老人福祉圏域として，サービスの
種類ごとの量の見込みを定める単位となる区域，例えば二次保険医療圏（原則
として特殊な医療を除く一般の医療ニーズに対応するために設定する区域で，入院医療
を圏域内で基本的に確保するとともに，医療機関の機能連携にもとづく医療サービスと
広域的，専門的な保健サービスとの連携などにより，住民に包括的な保健医療サービス
を提供していく上での圏域であり，その整備を図るための地域的単位をいう。）などの
区域を定め，市町村の計画を踏まえ，介護サービス基盤整備の市町村間の調整
を行いながら，以下の事項を内容とする都道府県介護保険事業支援計画を策定
するものとされている。


① 計画で定める事項

i 区域（老人福祉圏域）の設定。

ii 市町村の計画を踏まえて，介護サービス量の見込み（区域毎）。

iii 各年度における必要定員総数（区域毎）。

・介護保険施設。

・介護専用型特定施設入居者生活介護。

・地域密着型特定施設入居者生活介護。

・地域密着型介護老人福祉施設入所者生活介護。

※混合型特定施設に係る必要定員総数を設定することもできる（任意）。

iv 市町村が行う介護予防・重度化防止等の支援内容及び目標。

v 老人福祉圏域を単位とする広域的調整。

vi 市町村介護保険事業計画との整合性の確保。

vii　その他の事項。

　②　計画で定めるよう努める事項

i　地域包括ケアシステムの深化・推進のための支援に関する事項。

　・在宅医療・介護連携の推進。

　・高齢者の保健事業と介護予防の一体的実施。

　・生活支援・介護予防サービスの基盤整備の推進。

　・地域ケア会議の推進。

　・介護予防の推進。

　・高齢者の居住安定に係る施策との連携。

ii　介護給付等対象サービスを提供するための施設における生活環境の改善を図るための事業に関する事項。

iii　地域包括ケアシステムを支える人材の確保及び介護現場の生産性の向上の推進等。

iv　介護給付等対象サービス及び地域支援事業の円滑な提供を図るための事業に関する事項。

v　認知症施策の推進。

vi　特定施設入居者生活介護の指定を受けていない有料老人ホーム及びサービス付き高齢者向け住宅の入居定員総数。

vii　介護サービス情報の公表に関する事項。

viii　介護サービス事業者経営情報の調査及び分析等。

ix　災害に対する備えの検討。

x　感染症に対する備えの検討。


## （5）老人福祉計画と一体のものとして作成

　介護保険法は，高齢者の保健福祉施策の総合的な推進を図るため，市町村介護保険事業計画は市町村老人福祉計画と，都道府県介護保険事業支援計画は都道府県老人福祉計画と，それぞれ一体のものとして作成しなければならないと規定している。

　老人福祉計画は，老人福祉法により作成が義務づけられている計画で，市町

村老人福祉計画では，確保すべき老人福祉事業の量の目標とその確保方策，従事者の確保と資質向上のための都道府県と連携した措置などについて定めている。

また，都道府県老人福祉計画では，老人福祉圏域ごとに，養護老人ホームおよび特別養護老人ホームの必要入所定員数その他老人福祉事業の量の目標を定めるとともに，その従事者の確保と資質向上のための措置などについて定めている。

# 3 保険料

## （1）保険給付費の負担

介護給付に必要となる費用は，50％を公費（税金）で，残りの50％を第1号被保険者と第2号被保険者の保険料で負担する。

公費で負担する50％の内訳は，居宅給付費（以下の施設等給付費以外の給付費）の場合，国が25％，都道府県が12.5％，市町村が12.5％であり，施設等給付費（都道府県知事が指定する介護老人福祉施設，介護老人保健施設，介護医療院，介護療養型医療施設，特定施設に係る給付費）は国が20％，都道府県が17.5％，市町村が12.5％である（図4-1）。

また，第1号被保険者と第2号被保険者で負担する50％の内訳は，3年間の計画期間ごとに全国ベースの人口比で定められ，2024〜2026年度の負担割合は，第1号被保険者23％と第2号被保険者27％となっている。

介護保険は介護を国民皆で支え合う制度であり，高齢者自身も被保険者となって保険料を負担することにより，現役世代とともに制度を支えていく担い手として位置づけられている。

## （2）第1号被保険者の保険料の算定

第1号被保険者の保険料は，市町村ごとに介護サービス量などに応じた保険料が設定される。保険料の水準は，3年ごとに策定される市町村介護保険事業計画において算出した給付費等の支出見込額から，国，都道府県および市町村

第4章 介護保険制度の運営

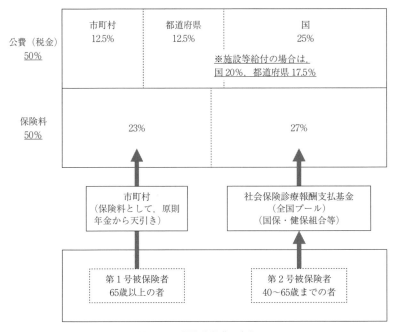

図4-1　保険給付費の負担

出所：厚生労働省社会保障審議会介護保険部会（第92回）資料1，『介護保険制度をめぐる最近の動向について』2022年3月24日，2頁を一部改変。

の負担分を収入として差し引き，その残額を保険料で賄うことにより，介護保険財政の均衡を保つことができるよう設定される。

　第1号被保険者の保険料は，被保険者の負担能力に応じて13段階に設定され，第5段階が市町村の平均的な保険料（基準額）として，所得が低い場合は基準額より低い段階に引き下げ，所得が高い場合は基準額より高い段階に引き上げられる。具体的には，表4-3の通り算定して得た保険料基準額をもとに，所得状況に応じ段階的に設定されている。

　また第1号被保険者の保険料の徴収は，多くの場合，保険者が年金と併せて特別徴収（天引き）し納付する。年金を受給していない者および年額18万円未満の低年金者等は，市町村から送付される納入通知書を利用して普通徴収（銀行等で納付）する。

69

表4-3 保険料基準額の算定

保険料基準額（年額）＝
　（（給付費等の見込額）－（国・都道府県・市町村の負担金等の見込額））
　÷予定保険料収納率
　÷補正第1号被保険者数※

注：第1号被保険者総数の見込数を，基準額を納める第1号被保険者数に換算した数。
出所：『平成3年度版介護保険制度の解説』社会保険研究所，2021年，470頁を一部改変。

## （3）第1号被保険者の保険料推移

介護保険利用者数の増加に伴い，介護保険に係る総費用も大きく伸びている。介護保険に係る総費用（実績）は，2000年度は3.6兆円が，2022年度では11.9兆円と3倍以上の伸びとなっている。これに伴い第1号被保険者の保険料も，第1期（2000～2002年度）の全国平均月額2,911円から，第9期（2024～2026年度）の全国平均月額6,225円と，2倍を超える伸びとなっている（表4-4）。

## （4）第2号被保険者の保険料

第2号被保険者の保険料は，第1号被保険者と同様に，3年ごとに策定される市町村介護保険事業計画において算出した給付費等の支出見込額のうち，第2号被保険者の負担割合である27％相当分を第2号被保険者数で除すことで第2号被保険者1人当たりの保険料額の算定し，それぞれ加入している国民健康保険や職場の健康保険などの医療保険の算定方法にもとづいて決定し，各医療保険者がそれぞれの医療保険料と一体的に徴収するものとされている。

そして，各医療保険者は，その徴収した介護保険料を報酬額に応じて介護納付金として社会保険診療報酬支払基金へ納付し，その後，同基金から各市町村に一定割合で交付される。

## （5）調整交付金・財政安定化基金

国が負担する25％のうち，5％分は市町村の責めによらない保険料収入不足と給付費増を調整する仕組みである調整交付金として，市町村に交付される（全額国庫負担）。

一般的には，75歳以上高齢者の人口構成割合が大きい市町村ほど，介護給付

第4章　介護保険制度の運営

**表4-4**　第1号被保険者1人当たりの月額保険料（全国平均）

|  | 月額保険料<br>（円） | 伸び率<br>（％） |
|---|---|---|
| 第1期（2000～2002年度） | 2,911 |  |
| 第2期（2003～2005年度） | 3,293 | 13.1 |
| 第3期（2006～2008年度） | 4,090 | 24.2 |
| 第4期（2009～2011年度） | 4,160 | 1.7 |
| 第5期（2012～2014年度） | 4,972 | 19.5 |
| 第6期（2015～2017年度） | 5,514 | 10.9 |
| 第7期（2018～2020年度） | 5,869 | 6.4 |
| 第8期（2021～2023年度） | 6,014 | 2.5 |
| 第9期（2024～2026年度） | 6,225 | 3.5 |

出所：第1～8期は『国民の福祉と介護の動向 70（10）2023/2024』一般社団法人厚生労働統計協会，2023年，197頁，第9期は厚生労働省資料より。

費が増大する。また，被保険者の所得水準が高い市町村と，所得水準が低い市町村があった場合，所得水準の低い市町村は保険料を高く設定しないと必要な保険料を確保できない。これら市町村間の格差を調整するのが調整交付金である。

　また，介護保険事業計画における見込みを上回る給付費の増額や保険料の収納不足によって，市町村の介護保険財政に不足が生じることとなった場合，都道府県に設置された財政安定化基金から，市町村に対して資金の交付・貸付を行う財政安定化基金も置かれる。

## 4　指導監督

### （1）目　　的

　都道府県および市町村は，介護保険制度の健全で適正な運営の確保を図るため，事業者等に指導監督を行う。

　その内容は，高齢者の尊厳を支えるよりよい介護サービスが提供されるよう，その質の確保・向上を図ることに主眼を置く「指導」と，指定基準違反や不正

請求等の確認のために必要があると認める場合に介護保険法で定められた権限を行使する「監査」を適切に組み合わせて，効果的な指導・監督を実施する。

いずれについても，厚生労働省から指針やマニュアル等が提示されており，これらを踏まえた対応が都道府県および市町村には求められる。

### （2）指導の種類は集団指導と運営指導[(1)]

指導の種類は，以下の通り集団指導と運営指導に分類される。

#### 1）集団指導

集団指導は，都道府県または市町村が指定，許可の権限をもつサービス事業者等に対し必要な指導の内容に応じ，一定の場所に集めて講習等の方法により行う。都道府県が集団指導を実施した場合には，管内の保険者に対し，当日使用した資料を送付するなど，その内容等について周知することが必要である。

また，市町村が集団指導を実施した場合には，都道府県に対し，当日使用した資料を送付するなど，情報提供を行うことが必要である。

① 指導通知

都道府県及び市町村は，指導対象となるサービス事業者等を決定したときは，あらかじめ集団指導の日時，場所，出席者，指導内容等を文書により当該サービス事業者等に通知する。

② 指導方法

集団指導は，介護給付等対象サービスの取扱い，介護報酬請求の内容，制度改正内容及び過去の指導事例等について講習等の方式で行われる。

なお，集団指導に欠席したサービス事業者等には，当日使用した必要書類を送付するなど，必要な情報提供に努めるものとされている。

#### 2）運営指導

運営指導は，厚生労働省，都道府県又は市町村が，指導の対象となるサービス事業者等の事業所において原則実地に行うものとされている。なお，一般指導とは，都道府県又は市町村が単独で行うものをいい，合同指導とは，厚生労

働省及び都道府県又は市町村が合同で行うものをいう。

① 指導通知

　都道府県および市町村は，指導対象となるサービス事業者等を決定した
ときは，あらかじめ次に掲げる事項を文書により当該サービス事業者等に
通知することが必要である。
　　・運営指導の根拠規定及び目的
　　・運営指導の日時及び場所
　　・指導担当者
　　・出席者
　　・準備すべき書類等

② 指導方法

　運営指導は，各都道府県等が業務の参考となるよう厚生労働省から示さ
れている介護保険施設等運営指導マニュアルや，各都道府県等が定める要
綱・マニュアル等に基づき，関係者から関係書類等を基に説明を求め面談
方式で行われる。

③ 指導結果の通知等

　実地指導の結果，改善を要すると認められた事項及び介護報酬について
過誤による調整を要すると認められた場合には，後日文書によってその旨
の通知を行う。

④ 報告書の提出

　都道府県又は市町村は，当該サービス事業者等に対して，文書で通知し
た事項について，文書により報告を求めるものとされている。

## （3）監　　査 [(2)]

　都道府県や市町村は，利用者からの情報等により著しい運営基準違反が確認
され利用者および入所者等の生命または身体の安全に危害を及ぼすおそれがあ
ると判断した場合，または報酬請求に誤りが確認され，その内容が著しく不正
な請求と認められる場合は，直ちに厚生労働省の定める介護保険施設等監査指

針や各都道府県等が定める要綱・マニュアル等にもとづいて監査を行う。

### 1）監査対象となるサービス事業者等の選定基準

監査は，下記に示す情報を踏まえて，指定基準違反等の確認について必要があると認める場合に行うものとされている。

① 要確認情報
- 通報・苦情・相談等に基づく情報
- 国民健康保険団体連合会（以下「連合会」という。），地域包括支援センター等へ寄せられる苦情
- 連合会・保険者からの通報情報
- 介護給付費適正化システムの分析から特異傾向を示す事業者
- 介護保険法に規定される報告の拒否等に関する情報

② 運営指導において確認した情報
- 保険給付，介護給付において指導を行った市町村等がサービス事業者等について確認した指定基準違反等

### 2）監査方法等

① 報 告 等

都道府県知事又は市町村長は，指定基準違反等の確認について必要があると認めるときは，サービス事業者等に対し，報告若しくは帳簿書類の提出若しくは提示を命じ，出頭を求め，又は当該職員に関係者に対して質問させ，若しくは当該サービス事業者等の当該指定に係る事業所に立ち入り，その設備若しくは帳簿書類その他の物件の検査（以下「実地検査等」という）を行う。

市町村長は，指定権限が都道府県にある指定居宅サービス事業者等，指定居宅介護支援事業者等，指定介護老人福祉施設開設者等，介護老人保健施設開設者等，指定介護療養型医療施設開設者及び指定介護予防サービス事業者等（以下「都道府県指定サービス事業者」という。）について，実地検査等を行う場合，事前に実施する旨の情報提供を都道府県知事に対し行う。なお，都道府県指定サービス事業者の介護給付対象サービスに関して，複

数の市町村に関係がある場合には，都道府県が総合的な調整を行う。

　また，市町村長は，指定基準違反と認めるときは，文書によって都道府県に通知を行うものとされている。なお，都道府県と市町村が同時に実地検査等を行っている場合には，省略することができる。都道府県知事は前項の通知があったときは，すみやかに以下の③～⑤に定める措置を取る。

② 監査結果の通知等

　**文書通知**　　監査の結果，改善勧告にいたらない軽微な改善を要すると認められた事項については，後日文書によってその旨の通知を行う。

　**報告書の提出**　　都道府県又は市町村は，当該サービス事業者等に対して，文書で通知した事項について，文書により報告を求める。

③ 行政上の措置

　指定基準違反等が認められた場合には，介護保険法の「勧告，命令等」「指定の取消し等」「業務運営の勧告，命令等」「許可の取消し等」の規定に基づき行政上の措置を機動的に行う。

　**勧　　告**　　サービス事業者等に指定基準違反の事実が確認された場合，当該サービス事業者等に対し，期限を定めて，文書により基準を遵守すべきことを勧告することができる。これに従わなかったときは，その旨を公表することができる。

　　勧告を受けた場合において当該サービス事業者等は，期限内に文書により報告を行うものとされている。

　**命　　令**　　サービス事業者等が正当な理由がなくその勧告に係る措置をとらなかったときは，当該サービス事業者等に対し，期限を定めて，その勧告に係る措置をとるべきことを命令することができる。なお，命令をした場合には，その旨を公示しなければならないとされている。

　　命令を受けた場合において，当該サービス事業者等は，期限内に文書により報告を行うものとされている。

　**指定の取消等**　　都道府県知事又は市町村長は，指定基準違反等の内

容等が，介護保険法の規定に該当する場合においては，当該サービス事業者等に係る指定・許可を取り消し，又は期間を定めてその指定・許可の全部若しくは一部の効力の停止をすることができる。なお指定の取消等をした場合には，その旨を公示しなければならない。

④　聴　聞　等

　監査の結果，当該サービス事業者等が命令又は指定の取消等の処分に該当すると認められる場合は，監査後，取消処分等の予定者に対して，行政手続法の規定に基づき聴聞又は弁明の機会の付与を行わなければならない。

⑤　経済上の措置

　勧告，命令，指定の取消等を行った場合に，保険給付の全部又は一部について当該保険給付に関係する保険者に対し，不正利得の徴収等（返還金）として徴収を行うよう指導するものとされている。

　また，命令又は指定の取消等を行った場合には，当該サービス事業者等に対し，原則として，介護保険法の規定により返還額に100分の40を乗じて得た額を支払わせるよう指導するものとされている。

## 5　指定権者——市町村・都道府県・中核市の違い

### （1）介護保険事業の指定

　介護保険制度が実施される以前の福祉サービスの提供は，非営利の社会福祉法人や社会福祉協議会などに限られていた。しかし，介護保険制度の実施にあたって，高齢者や家族に対しニーズに応じた多様で良質な介護サービスが十分に提供されるよう多様な事業主体の参加を求め，市場における適切な競争を通じて，サービスの供給量の拡大と質の向上が図られる必要があるとされ，民間事業者やNPO法人などによってサービスが提供されることとなった。

　こうした事業者が介護給付の対象となる介護サービスを提供するにあたり，都道府県知事や市町村長がその指定をする。以下で，介護保険の適用を受ける介護サービスを提供する事業者の指定について，居宅サービス，地域密着型サービスおよび施設サービスに分類して見ていく。

## （2）居宅サービス等

居宅サービス（介護予防サービス，表4-5）は，原則として都道府県知事の指定を受けた事業者が行う。事業所の所在地が政令指定都市または中核市である場合は，当該市長が指定を行う。このようなケースを大都市特例という。

指定をするためには，①原則として申請者が法人であること，②人員基準を満たしていること，③設備及び運営に関する基準に従って適正な事業の運営をすることができること，④各種欠格事由に該当しないことが要件とされている。

**表4-5　居宅サービス種類別一覧**

| |
|---|
| ①　訪問介護 |
| ②　訪問入浴介護 |
| ③　訪問看護 |
| ④　訪問リハビリ |
| ⑤　居宅療養管理指導 |
| ⑥　通所介護 |
| ⑦　通所リハビリ |
| ⑧　短期入所生活介護 |
| ⑨　短期入所療養介護 |
| ⑩　特定施設入居者生活介護 |
| ⑪　福祉用具貸与 |
| ⑫　特定福祉用具販売 |

出所：筆者作成。

**表4-6　地域密着型サービス種類別一覧**

| |
|---|
| ①　定期巡回・随時対応型訪問介護看護 |
| ②　夜間対応型訪問介護 |
| ③　地域密着型通所介護 |
| ④　認知症対応型通所介護 |
| ⑤　小規模多機能型居宅介護 |
| ⑥　看護小規模多機能型居宅介護 |
| ⑦　認知症対応型共同生活介護（グループホーム） |
| ⑧　地域密着型特定施設入居者生活介護 |
| ⑨　地域密着型介護老人福祉施設入所者生活介護 |

出所：筆者作成。

また，指定事業者は，6年ごとに指定の更新を受けなければ指定の効力を失う。

そして，都道府県知事等は当該介護サービスの提供に関して必要があると認めるときは，サービス事業者等に対して報告を求めたり，立入検査をすることができるとされている。また，指定の際に付した条件等に従わない事業者等に対し，是正勧告や命令をすることができる。

## （3）地域密着型サービス等

地域密着型サービス（地域密着型予防サービス，表4-6）は，市町村長の指定を受けた事業者が行う。市町村長はこの指定をしようとするときは，あらかじめその旨を都道府県知事に届け出なければならない。

なお，指定をするためには，①原則として申請者が法人であること，②人員

基準を満たしていること，③設備及び運営に関する基準に従って適正な事業の運営をすることができること，④事業所が市町村の区域外にある場合，その市町村長の同意を得ていること，⑤各種欠格事由に該当しないことが要件とされている。

また，認知症対応型共同生活介護事業，地域密着型特定施設入居者生活介護事業または地域密着型介護老人福祉施設入所者生活介護については，市町村ごとに必要整備量を介護保険事業計画に定め，これを超える等の場合には市町村は指定を拒否することができる。

市町村は，地域密着型サービスの適正な運営を確保するため，被保険者，利用者，事業者，学識経験者等で構成される地域密着型サービス運営委員会を原則として設置することとされており，事業者の指定等を行う時に市町村長に対して意見を述べることとされている。また，指定事業者は，6年ごとに指定の更新を受けなければ指定の効力を失う。

そして，市町村長は当該介護サービスの提供に関して必要があると認める時は，サービス事業者等に対して報告を求めたり，立入検査をすることができるとされている。また，指定の際に付した条件等に従わない事業者等に対し，是正勧告や命令をすることができる。

### （4）施設サービス等

施設サービスは介護保険施設で行われ，その種類として介護老人福祉施設，介護老人保健施設，介護療養型医療施設および介護医療院がある。

介護老人福祉施設は，老人福祉法に規定する特別養護老人ホームのうち，一定の規模および基準を満たして都道府県知事の指定を受けたものである。事業所の所在地が政令指定都市または中核市である場合は，当該市長が指定を行う。介護老人保健施設および介護医療院は，介護保険法上の開設許可を都道府県知事から受ける。事業所の所在地が政令指定都市または中核市である場合は，当該市長から許可を受ける。

指定基準及び開設基準ともに，施設ごとに①人員基準，②設備及び運営に関する基準等が厚生労働省令で定める基準をもとに条例等で定めることとされて

いる。また，指定事業者は，6年ごとに指定の更新を受けなければ指定の効力を失う。

そして，都道府県知事等は当該介護サービスの提供に関して必要があると認めるときは，サービス事業者等に対して報告を求めたり，立入検査をすることができるとされている。また，指定の際に付した条件等に従わない事業者等に対し，是正勧告や命令をすることができる。

**注**

(1) 本項は，厚生労働省老健局総務課介護保険指導室「介護保険施設等運営指導マニュアル」（2022年3月策定，2024年7月改訂）を基に執筆したものである。

(2) 同前。

**参考文献**

厚生労働省老健局総務課介護保険指導室「介護保険施設等運営指導マニュアル」（2022年3月策定，2024年7月改訂）。

厚生労働統計協会『国民の福祉と介護の動向2023/2024』70(10)，厚生労働統計協会，2023年。

増田雅暢『逐条解説介護保険法 2016改訂版』法研，2016年。

結城康博・網中肇編著『押さえておきたい介護保険・高齢者福祉』（シリーズ今日から福祉職）ぎょうせい，2021年。

『介護保険制度の解説 令和3年度版』社会保険研究所，2021年。

| 第5章 | 2024年改正介護保険制度と今後の課題 |
|---|---|

　本章では，高齢者介護に関して重要な介護報酬改定及び介護保険法改正の概要について論じていく。特に，直近の24年介護報酬改定について触れる。3年ごとに介護報酬及び法改正がなされるため，適宜，これらの動きについて把握する必要がある。

## 1　介護報酬改定

### （1）同時改定は6年に1度

　2024年4月「診療報酬改定」「介護報酬改定」「障害福祉サービス報酬改定」といった「トリプル報酬改定」が実施された。そのなかでも介護報酬改定は，改正介護保険制度と相まって大きな変革となっている。このような同時改定は6年に1度実施される。

　そもそも診療報酬は2年に1度改定され，介護報酬及び障害福祉サービス報酬改定は3年に1度改定されるため，必然的に6年に1度同時改定となるわけだ。

### （2）報酬改定と政策誘導

　各サービスにおける報酬（値段）改定は，「政策」誘導する意味で重要な仕組みとなっている。なぜなら，国がめざすべきサービス体系を導くには報酬体系を改定（値段を変える）すれば可能となるからだ。

　そもそも介護事業者や医療機関は，「利益」を考えてサービス提供体制を構築していく。そこで，例えば，国（厚生労働省）がデイサービス（通所介護）を増やしたいと考えたとしよう。その場合，デイサービスの報酬を高く設定すれ

81

ば，多くの介護事業所が介護「市場」に参入することになる。介護事業といっても「利益」を考えていくため，報酬が高く設定されれば参入へのインセンティブが働きデイサービス事業所が増えていく。逆に国（厚生労働省）がサービス供給を「過剰」と判断すれば，それらの報酬を低く設定すればよい。そうすれば「利益」が得られないと事業所は判断して，一部，撤退・閉鎖する動きがみられることとなる。

このように医療機関や介護事業者自ら報酬（値段）を決めることができないのが，報酬体系の特徴である。通常の「市場」であれば，売り手が商品の「値段」を自由に決めることができる点と大きく異なる。

### （3）2024年介護報酬改定率

2023年12月20日，2024年介護報酬改定率が決まり＋1.59％となった。[1]これらのうち「介護職員等処遇改善加算」の上乗せが含まれ，1人当たり月6,000円の賃上げ相当（＋0.98％）が実現された。介護職員等処遇改善加算とは，介護職員の賃金を引き上げるための財源措置で，直に介護事業所の収入とはならない。

なお，昨今の介護報酬改定率の推移をみると，18年＋0.54％，21年＋0.7％，22年＋1.13％（21年10月臨時改定：介護職員等ベースアップ等支援加算）となっている。そこで，同時改定は診療報酬本体の改定率と比較されやすく，24年改定では数字上初めて介護報酬改定率（＋1.59％）が，診療報酬本体（＋0.88％）を上回ったと認識された。

しかし，冷静に分析してみると「介護職員等処遇改善加算（＋0.98％）」分を差し引けば，介護事業所の収入となる原資は＋0.61％であった。これは2021年介護報酬改定率＋0.7％を下回る数値となっている。

約4年間のコロナ禍を通じて介護事業所としての体力は弱体化している。併せて物価高により，事業経営に不安を抱いている経営者も多い。そのため，実質＋0.61分では不十分といった声が多かった。

## （4）介護サービスへの財配分

なお，全体の介護報酬改定率と併せて，それらの財源が介護サービスにどのように配分されるかも介護事業所にとっては重要な問題となる。これらの財配分においては「2023年度介護事業実態調査（介護事業経営実態調査）[2]」を参考に決定されたのだが，介護施設系サービスを中心に「収支差」率が赤字傾向であった。

**表5-1** 24年介護報酬改定における訪問介護部門

|  | 改正後 | 改正前 |
|---|---|---|
| （身体介護）所要時間30分以上1時間未満の場合 | 387単位 | 396単位 |
| （生活援助）所要時間45分以上 | 220単位 | 225単位 |

出所：厚生労働省「介護報酬の算定構造（介護サービス）」2024年1月22日。

一方，在宅系介護サービスの「収支差」率は，それほど悪い結果ではなかった。そのため，+0.61％分の多くは介護施設系サービスに多く配分されることとなった。具体的には，「特養の基本報酬は+2.8％（地域密着型特養は3％）」「ショート・ステイの基本報酬は+1％」「デイサービスの基本報酬は+0.3〜0.5％」の引き上げであった。

## （5）在宅系も厳しい

しかし，在宅介護系サービスへの財配分は厳しかった（表5-1）。とくに，訪問介護（ヘルパー）サービスの基本報酬はマイナス改定となり，介護事業所への収入が減額された。以下は，24年訪問介護の報酬改定の単位数である。なお，1単位10円と換算する。

そもそも，訪問介護サービスは人件費比率が高い傾向で，先の介護事業経営実態調査結果からも介護施設系サービスと比べると明らかであった（表5-2）。そのため，厚生労働省は介護職員等処遇改善加算をプラス改定として，介護事業所の収入となる基本報酬を引き下げても，さほど問題とはならないと考えたのではないだろうか。

つまり，訪問介護部門では，ヘルパー自身の賃金アップはなされるのだから，基本報酬を引き下げても訪問介護事業所の努力で対応できると判断したと考えられる。しかし，社会保険を媒介とした「市場」では，介護事業者は効率的な経営を優先する。そのため，基本報酬が引き下げられたならば，新たに事業展

表5-2　収入に対する給与費の割合（令和4年度決算）

| 訪問介護 | 訪問看護 | 訪問リハビリテーション | 通所介護 | 介護老人福祉施設 | 介護老人保健施設 |
|---|---|---|---|---|---|
| 72.2% | 74.6% | 73.8% | 63.8% | 65.2% | 64.2% |

出所：厚生労働省「令和5年度介護事業経営実態調査結果の概要」2023年11月10日より筆者作成。

開することは躊躇するに違いない。

　とくに，いくら介護職員等の処遇改善加算を引き上げたとはいえ基本報酬が引き下がれば，訪問介護事業所の収支は悪化する。そのため，例えば人材確保といったリクルート活動は，一定の経費が必要であるため対策を講じることができにくくなる。また，物価高でガソリン代，事務経費，衛生用品も高騰しており，将来を見越した訪問介護事業経営を考えると「潮時」と思う経営者もいる。

### （6）訪問介護は2種類

　そもそも訪問介護といっても，①高齢者宅を一軒一軒回る地域密着型の訪問介護事業所と，②サ高住（サービス付き高齢者向け住宅）といった集合住宅系列の訪問介護事業所の2つに分けられる。

　②サ高住などの集合住宅系列の訪問介護事業所は，単に訪問介護事業収益を見込んでいるわけではないため，経営努力によって対処できるであろう。まして，一部，より訪問介護サービス利用量を促す「囲い込み」を強化すれば，基本報酬引き下げ分は挽回できる。

　また，集合住宅型の方が訪問するのに移動距離がなく，効率的（複数回サービス提供しやすい）に事業展開が可能である。しかし，地域型の訪問介護事業は利用者が広範囲に居住しているため厳しい状況だ。とくに，地域型の訪問介護事業所を中心にホームヘルパー（訪問介護員）の高齢化が深刻化しているため，事業継続には若い世代層を雇えるか否かが大きな課題である。今後，訪問介護事業経営においては，ますます集合住宅型と地域型とで状況が異なっていくと考える。

　2024年7月4日，（株）東京商工リサーチによる調査結果では，2024年上半期の「介護事業者」の倒産が最多81件となり，そのうち「訪問介護」が40件と，

これも最多となった。<sup>(3)</sup>改めて在宅介護の危機的状況が窺える。

## （7）訪問介護の現場

　筆者は，地域密着型のホームヘルパーに話を聞いたのだが，「私は，訪問介護事業に長く携わってきて，この仕事が好きだから役に立ちたいからという気持ちも，今回の報酬改定で正直もう無理では？と，うちのめされました。片道の移動時間が30分前後かかる利用者を，周りのヘルパー事業所が断る傾向になっています。この仕事が本当に好きで『天職』だと思っています。しかし，今回の基本報酬引き下げで社会的に評価されていないと感じます<sup>(4)</sup>」といった落胆の気持ちを語ってくれた。

　介護労働安定センター資料（「令和4年度『介護労働実態調査』結果の概要」）によれば，ホームヘルパーのうち65歳以上を占める割合が26.3％と，他の専門職を圧倒している。これは25年の介護保険の歴史を考えると，ホームヘルパーの後継・育成が疎かにされてきた表れであると考える。

　介護保険発足前後で多くのホームヘルパーが誕生したが，その世代層に訪問介護業界は支えられ続け，間もなく彼（女）らが引退の時期を迎えようとしている。現場では「老老介護」といわれ，高齢ホームヘルパーが要介護者をケアするといった状態が当たり前の光景だ。もちろん，75歳前後のホームヘルパーの中には「身体介護」など現役並みにこなす者もいるが少数派である。

## （8）2024年改正に疑問

　この先，団塊世代の要介護者が増えていく中で，「地域包括ケアシステムの深化」を志向するのであれば，在宅介護を支える訪問介護サービスを拡充すべきであった。しかし，今回，訪問介護の基本報酬の大幅に引き下げによって，新規参入事業所は少なくなるに違いない。いわば「国（厚労省）は在宅介護の推進を諦めた」と，世間で思われてもいた仕方がないのではないだろうか。

　一方，訪問看護，通所リハビリテーションなどの訪問系介護報酬部門は，そもそも処遇改善加算がないため，介護報酬は引き下げられていない。

　つまり，明らかに訪問介護だけが置き去りにされたといえるだろう。確かに，

表5-3　2024年介護報酬改定における居宅介護支援部門

|  | 年改後 | 改正前 |
|---|---|---|
| 居宅介護支援費（ⅰ）<br>要介護1又は要介護2 | 1,086単位 | 1,076単位 |
| 要介護3，要介護4又は要介護5 | 1,411単位 | 1,398単位 |

出所：厚生労働省「介護報酬の算定構造（介護サービス）」2024年1月22日。

厚生労働省は，いくつかの加算を取得していけば，介護事業所の収入が得られ問題ないと考えているようだ。しかし，新「加算」など取得するには，かなりの条件が課せられ限られた訪問介護事業所にとどまってしまうであろう。

## 2　ケアマネジャーの介護報酬

### （1）基本報酬引き上げ

　居宅介護支援費（ケアマネジャー）における介護報酬は，要介護1〜5までおおむね引き上げられた。限られた財源のなかでは，一定の評価ができる改定幅であったと考える。例えば，居宅介護支援費（ⅰ）においては，要介護1・2は改正前後で10単位引き上がった。また，要介護3・4・5においては13単位も引き上がっている。

　繰り返すが，2024年介護報酬改定率は介護職員等処遇改善加算を差し引くと＋0.61％にすぎなかった。とくに，施設系介護分野に重点配分されたことに鑑みれば，居宅介護支援費はそれなりに引き上がったと評価できる。まして「令和5年度介護事業経営実態調査」の結果において収支差率が悪い状況ではなかったものの，10単位以上も基本報酬が引き上がっているのだ。これは深刻なケアマネジャー不足が要因にあると考える。なお，1単位10円と換算する（表5-3）。

### （2）ケアマネジャー不足が深刻

　介護職員等の人材不足は社会的に認識されているが，ケアマネジャー不足も全国的に深刻化している。繰り返すが，要介護1〜5のケアプラン作成は，居宅介護支援事業所が受け持つこととなっている。要介護者らは認定結果を受けてケアマネジャーを探すことになるのだが，昨今，受けてくれる居宅介護支援事業所を見つけることに苦労しているようだ。

第5章　2024年改正介護保険制度と今後の課題

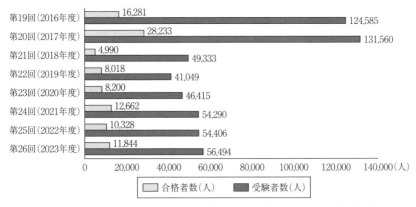

**図5-1**　介護支援専門員実務研修受講試験の受験者数及び合格者数の推移

出所：厚生労働省　ケアマネジメントに係る諸課題に関する検討会（第1回）「ケアマネジメントに係る現状・課題（参考資料）」2024年4月15日7頁より筆者作成。

　高齢者や家族が事業所へ依頼の問い合わせをしても，5～10カ所に問い合わせてようやく引き受け先が見つかることも珍しくない。どうしても探せない高齢者などは，地域包括支援センターへ相談に行くのだが，それでも見つかるまで時間がかかるという。実際，ケアマネジャーの有効求人倍率が高くなっており，2005年度1.51倍であったのが，2023年12月時には4.38倍となっている。その要因の一つとして，2000年介護保険発足前後に資格を取得したケアマネジャーが引退を迎える時期に来ているからだ。

　他にも要因は多々あるのだが，もう一つの要因としてはケアマネジャー受験資格の厳格化によって，受験者の門戸を狭めた施策も忘れてはならない。第21回（2018年度）の試験から「質」の担保を理由に受験資格が厳格化された（図5-1参照）。しかし，人口減少社会にあってケアマネジャーを志す人の門戸を狭めることは，ケアマネジャー不足を加速化させることとなり完全に時代に逆行している。質の担保は「試験」や「初回研修」でなされるべきであり，少なくとも受験資格の厳格化を見直して第20回（2017年度）時の仕組みに戻すべきである。

### （3）「加算」も引き上げ

　このようなケアマネジャー不足もあって，特定事業所加算（Ⅰ）（Ⅱ）（Ⅲ）

（A）においては，それぞれ14単位引き上げられた。「特定事業所加算」とは，主任ケアマネジャーなど専門性の高い人材を多く配置するなど，居宅介護支援事業所のレベルが高いと判断されると，より高い報酬が得られる仕組みである。

　また，ケアマネジャーと医療機関側とで「連携」を強化することで，新たな「加算」が取得でき介護事業所っては収入増が見込める措置が講じられた。具体的には「入院時情報連携加算」と呼ばれるもので，入院後3日以内または入院後7日以内を，入院当日中または入院後3日以内に，ケアマネジャーが医療機関に情報提供した場合に報酬が得られる。

　「入院時情報連携加算（Ⅰ）（Ⅱ）」が，それぞれ50単位，100単位と引き上げられている。医療機関も早い段階で情報を得た方が「連携」は効果的だ。筆者は，この改定は評価できると考える。在宅介護情報を早急に医療機関へ提示する意味でも，連携加算は重要なポイントとなった。繰り返すが，国（厚生労働省）は，誰もが住み慣れた地域で最期まで暮らしていける高齢者福祉・介護ビジョンを描いている。そこで，「医療機関への入退院」「リハビリテーションの必要性」「デイサービス（通所介護）の充実」といったように，高齢者は心身の状態に応じて医療・介護サービス等を利用していく。

　その際，それぞれサービス機関が異なっているため「連携」強化が重要となってくる。サービス事業所が異なれば，利用者の情報共有が不可欠となる。このような連携強化を推進させるため，高い報酬が得られる仕組みとなっている。これらの「加算」を取得できる居宅介護支援事業所は，かなり収入が増えている。とくに，居宅介護支援事業所のみで事業展開し，10名以上のケアマネジャーが雇用されている場合，かなりの増益が見込めるであろう。

## （4）ケアマネジャー不足は解消できるのか

　しかし，総じてケアマネジャー業界全体を考えた場合，これだけの改定幅ではケアマネジャー不足を解消することはできないと考える。そのため，さらにケアマネジャーの人手不足は加速化するであろう。なぜなら，この程度の増収では十分な賃上げに結びつかないからである。単純に1件10単位程度の基本報酬が引き上がっても，1人のケアマネジャーが40件担当していれば4,000円程

第5章　2024年改正介護保険制度と今後の課題

表5-4　想定される2割自己負担層のカットライン年収（単身高齢者）

| 1案 | 【上位30%】年収220万円　後期高齢者医療の2割負担と同水準 |
| 2案 | 【上位22%】年収240万円 |
| 3案 | 【上位26%】年収260万円 |
| 4案 | 【上位20%】年収280万円　現行水準 |

出所：厚生労働省社会保障審議会介護保険部会「資料1：給付と負担について」2023
年11月6日6頁から筆者作成。

表5-5　想定される2割自己負担層のカットライン年収（夫婦2人世帯）

| 1案 | 【上位30%】年収346万円　後期高齢者医療の2割負担と同水準 |
| 2案 | 【上位26%】年収326万円 |
| 3案 | 【上位22%】年収306万円 |
| 4案 | 【上位20%】年収286万円　現行水準 |

出所：厚生労働省社会保障審議会介護保険部会「資料1：給付と負担について」2023
年11月6日7頁から筆者作成。

度しか増収にはならない。それに「特定加算」が見込めたとしても，賃金が1
～2万円引き上がるか否かである。

　仮に，楽観的な見方で24年介護報酬引き上げによって，ケアマネジャーの賃
金が毎月2万円引き上がったとしよう。それによって他産業との労働市場に勝
てるだろうか？　もしくは，特養や老健の介護職員との賃金差で勝負ができる
だろうか？　毎月2万円程度の賃金が引き上がっても，ケアマネジャーに就き
たい人が増えるとは考えにくいであろう。


## 3　自己負担2割層の拡充は見送り


　24年改正介護保険制度において注目された点は，介護サービス利用時の2割
負担の対象拡大が実施されるか否かであった。結果として見送られることとな
り，「現状維持」という結論となったことは市民にとっては評価できる。

　そもそも，2023年11月6日社会保障審議会介護保険部会において4案が提示
されていた（表5-4・5参照）。もし，2割自己負担層の基準「年収280万円
（単身世帯の場合）」が拡充されていれば，ケアマネジメント業務等に影響を及

89

ぼしたに違いはない。周知のようにケアマネジメントは，アセスメントによっ
てサービスの方針を決めていくが，家計の動向で影響を受けることは理論上想
定されていない。しかも，対象拡大となっていれば「利用控え」も生じ，要介
護者にとってデメリットとなっていたであろう。

　しかし，2027年改正介護保険制度においても継続審議となっているため，あ
くまでも2024年改正では見送られたにすぎない。そのため，２割自己負担層の
拡充の動きには注視していく必要がある。

# 4　第１号被保険者の保険料水準

## （1）　9段階から13段階へ

　24年改正介護保険制度以前は，第１号被保険者の保険料は低所得者等に配慮
され市町村民税の課税状況等に応じて，国基準で９段階別に設定されていた。
しかし，必ずしも国基準に合わせる必要はなく，保険者（市町村）判断で細分
化することは可能であった。厚生労働省の資料によれば９段階方式を用いてい
た保険者は751カ所で全体の47.8％となっていた。<sup>(7)</sup>つまり，半数以上の保険者
は多かれ少なかれ保険料水準を細分化しており，再分配機能を強化している。

　いずれにしろ2024年改正介護保険制度によって，国基準が９段階から13段階
に細分化されることとなった。これによって最も低所得階層の毎月の介護保険
料は，基準額に0.3乗じた額であるが0.26乗じる程度となる。一方，最大の高
所得層の介護保険料は基準額に1.7乗じる額であるが2.6乗じる額まで引き上が
ることとなった。<sup>(8)</sup>

## （2）24年度の介護保険料は全国平均6,255円

　2024年５月14日，厚生労働省が公表した24年度からの65歳以上の介護保険料
の基準額は6,255円だった。保険料は３年おきに改定されるのだが，前回21年
度は6,014円であったため200円弱の引き上げとなった。しかし，最も高い大阪
市9,249円と，最も低い小笠原村3,374円と大きな地域格差が生じている。<sup>(9)</sup>

　ただし，単純に介護保険料が「高い or 安い」で，介護施策を評価すべきで

はない。高齢化率や介護予防施策の影響はあるものの，基本的に介護サービスが充実していれば給付費が伸び保険料は高くなり，逆に使いにくければ安くなる。今後も全国的に高齢化率は上昇し続けるため，保険料は引き上がるばかりで格差も拡大していく。介護保険料負担も高齢者家計にとっては重くなり，高所得者層でも厳しくなっていくはずだ。

65歳以上の介護保険料は年金から自動引き落としとなっている。しかも，75歳以上が加入している後期高齢者医療制度の保険料も同様で，2024年度全国平均7,082円となり，2025年度は7,192円と引き上がる見込みだ。つまり，定期的に年金給付額（可処分所得：手取り額）が目減りすることとなる。かといって年金給付額は，これら保険料上昇に見合って増えることはない。いわば年金給付額と医療と介護保険料は連動しているのだ。

2024年度から東京都は介護職員とケアマネジャーに，独自財源で毎月1〜2万円の「特別手当金」の施策を実施している。しかし，このような自治体独自の取り組みは，財政的余裕のある稀な地域に限られるため，介護報酬の引き上げが喫緊の課題である。

それには，現行では同時に介護保険料の上昇が必要条件となるのだが，これ以上，被保険者に負担を強いるのも限界であろう。

## 5 新サービス誕生は見送られる

### （1）幻となった複合型介護サービス

2024年改正介護保険制度の議論プロセスにおいて，久々に「新サービスが誕生」といった論点が注目された。いわゆる訪問介護や通所介護など複数の在宅サービスを組み合わせたもので，主に通所介護事業所が利用者に訪問サービスを提供したり，通所介護と訪問介護の事業所が相互に連携したりする形が想定されていた。しかし，結果的には新サービスの誕生は見送られた。[10]

### （2）地域密着型サービスで想定されていた

本来であれば，類型としては地域密着型サービスになることが見込まれ，訪

問介護と通所介護を組み合わせた展開を可能とすることで，事業者がより柔軟にサービスを提供できることが期待されていた。

　厚生労働省の資料からは，主に都市部を中心に介護ニーズが急増していくため，新サービス創設によって1つの対応策として期待されていることが窺えた。実際，ホームヘルパーの人材不足が深刻化し，この数年間は訪問介護事業所の推移は要介護者が増え続けているにもかかわらず横ばいであったため，一部，新サービス誕生に期待する声もあったのは事実であった。

　2024年改正では幻に終わった「複合型介護サービス」だが，2027年改正時に，再度，導入の議論がなされるかが注目される。

# 6　財務諸表の義務化

　2024年度から介護事業所は「財務諸表」の公開が義務づけられたことが，24年改正介護保険制度として大きなポイントだ。これによって，各事業所・施設に対して詳細な財務状況（損益計算書等の情報）の報告が義務づけられている[11]。

　とくに，法人全体の収支状況に限らず，各事業所単位で財務諸表を公表することとなった。いわば事業所単位で経営状況が公開されることで，サービスの「質」を見分ける尺度ともなる。しかも，これらの虚偽報告を行った際は，指定の取り消しも想定されている。また，国は小規模介護事業所の大規模化・協同化を推進しているため，財務諸表の公表化によって，M & A（Mergers and Acquisitions：企業の合併・買収）加速化の環境整備の一つとしても考えられる。

　しかし，職種別の給与（給料・賞与）は任意事項となっている点は残念といわざるを得ない。財務諸表を公表するのであれば，給与や賞与も公開されるべきであったと考える。それによって，介護職員は，「ブラック企業」ではない「良質な介護事業所」を選択するツールの1つとして活用できる可能性があったからだ。

第 5 章　2024年改正介護保険制度と今後の課題

表 5 - 6　地域包括支援センターにおける負担超過
　　　　　（過負担）業務（複数回答）

| 1 | 介護予防プラン（要支援 1 ・ 2 ） | 55.7% |
|---|---|---|
| 2 | 総合相談支援業務 | 38.2% |
| 3 | 地域ケア会議業務 | 29.0% |
| 4 | 権利擁護業務 | 28.4% |
| 5 | 認知症総合支援事 | 17.2% |
| 6 | 生活支援体制整備事業 | 16.3% |
| 7 | 一般介護予防事業 | 11.2% |
| 8 | その他業務 | 8.2% |

出所：厚生労働省社会保障審議会介護保険部会（第97回）
　　　（参考資料」）57頁，2022年 9 月12日。

## 7　地域包括支援センター業務の変革

### （1）疑問視する負担軽減策

　2024年改正において地域包括支援センターの業務負担軽減が目指され，一定
の施策が実施された。昨今，地域包括支援センターにおいて「介護予防支援」
の委託先が減少している実態から，かなりの負担が生じており抜本的な解決策
が求められていた（表 5 - 6 参照）。

　具体的にはセンターの総合相談支援業務を，一部，居宅介護支援事業所にブ
ランチやサブセンターとして活用することが可能となった。確かに，いくつか
の事例として居宅介護支援所等が地域住民の「相談窓口」機能を担っているこ
とは事実である。しかし，ケアマネジャー不足が深刻化している中で，ケアマ
ネジャーは要介護者ケアマネジメント以外の業務が担わされてしまう懸念も考
えられる。

### （2）介護予防支援の指定対象を包括以外にも

　また，地域包括支援センター以外にも介護予防支援（要支援 1 ・ 2 のケアプラ
ン事業所）の指定対象を，通常の居宅介護支援事業所にも拡大された。しかし，

93

直に居宅介護支援事業所が担当できたとしても，介護予防支援費の報酬単価が現行よりも引き上がらない限り，例えば，最低でも毎月6,500円以上とならなければ，その効果的は限定的であると考える。

実際，「介護予防支援（要支援1・2のケアプラン事業所）」の介護報酬は，「地域包括支援センターが行う場合（438単→442単位）」「直に指定居宅介護支援事業所が行う場合　472単位（新設）」と，大幅な引き上げではなかった。この改定率から考えて，居宅介護支援事業所は積極的に「介護予防支援」のケースを引き受ける見込みは薄いと考える。

# 8　ケアマネジメントにおける改正

## （1）訪問によるモニタリング緩和

既述のように「居宅介護支援費（ケアマネ）」の報酬単価は引き上がっているが，ケアマネジメントによる運用といった仕組みも変更されている。例えば，在宅ケアマネジメント業務（要介護1〜5）の変革の一つとして，毎月1回の訪問によるモニタリング（介護予防支援を3カ月に1回）を，2カ月に1回とする（予防支援6カ月に1回）。その代わり，テレビ電話等のモニタリングやサービス事業所との連携で代替する。つまり，現行の1回分の面談を，テレビ電話等で代替すれば，訪問の負担が軽減できるということだ。

ケアマネジャー不足も深刻化しており業務負担も厳しいことから，ICTなどを活用して生産性の向上を考えていくべきと推察できる。しかし，コロナ禍であれば理解はできるものの，現在，テレビ電話等で訪問を代替できる「案」は，慎重に考えるべきである。そもそも，訪問しなければ，利用者の状況を把握することは不可能である。画面による利用者の表情だけでモニタリングするには限界がある。また，部屋の状況，利用者本人の生活感など，毎月1回の訪問によって得られる情報は多くある。

仮に2カ月に1回の訪問となれば，それだけ利用者情報を得にくくなる。他のサービス事業所から情報を得るにも，ケアマネジャーの専門性の視点が軽視されるかもしれない。

第 5 章　2024年改正介護保険制度と今後の課題

## （2）逓減制適用の緩和は問題

　さらにケアマネジャー１人の担当件数に関して，現行40件から逓減制（報酬が減額される仕組み）が適用される仕組みを，45件から適用されるといった緩和措置がなされた。しかも，事務職員の配置に加え「ケアプランデータ連携システム」の活用による業務効率化を図った場合，逓減制適用を緩和し50件からとするとした緩和策も講じられた。

　確かに，一部，優秀なケアマネジャーであれば，担当件数が増えてもサービスの質を落とすことなく業務を遂行できるだろう。しかし，基本的には担当件数が増えれば１人の利用者に割く時間は限られるため，全体的には質の確保が難しくなるに違いない。いくらICT化や事務担当が配置されたとしても，逓減制緩和を50件までにすることは問題と考える。場合によっては，一部のケアマネジャーは手間のかからない利用者を「選別」する可能性も考えられる。件数が増えれば，手間のかからない利用者を担当した方が効率的だからだ。ケアマネジャーの需給バランスが崩れているため，利用者の「選別」に拍車がかかるのではないだろうか。

　もっとも，同一建物に居住するケアマネジメントに関しては，一定の「減算方式（報酬が減額される仕組み)」が導入された点は評価できる。すでに訪問介護においても「減算方式」が導入されているため，類似した報酬体系にすべきである。例えば，サ高住の一部では，通称「貧困ビジネス」といわれるような利益を得ている介護事業所もある。このような介護保険財政を逼迫させるようなビジネス体系を是正する意味でも，今回の改正は評価できる。

## 9　特定施設における人員配置の変更

　特定施設において一律の規制緩和ではないが，ケアの質の確保や職員の負担軽減が図られた等の一定の要件の下で，新たな人員配置基準が可能となった。特定施設とは，有料老人ホームなどを意味する。

　具体的には，一定の条件で利用者３名に対し常勤換算方法で0.9名（介護職員等）以上の配置基準となった。例えば，配置基準の運用については「3.2対１」

など，一定期間の試行的な運用を行った結果，指定権者に届け出ることで可能となる。いわば現行の３対１基準が，条件づけで緩和されることになったのである[12]。あくまでも対象は「特定施設」ではあるが，今後，実績が重なれば，遠くない将来，特養や老健などにも拡充していくことも考えられる。

しかし，計算上は ICT，介護ロボットなどを活用して効果が見られても，実際の現場では「人」がいなければシフトは組めない。仮に，条件づけで１人介護職員を削減されたならば，その１人分が欠員となる。しかし，実際は介護職員の「休日」が取得しにくくなり，かえってマイナスの労働環境となると考えられる。安易に DX を推進し ICT を活用していくと「専門性」を担保できにくくなり，介護サービスの本質を見失いかねない。その意味では，ICT 化などの導入は推進していくべきではあるが，サービスの質を低下させる可能性があり，そのあたりを踏まえながら慎重に考えていかなければならない。

## 10　高齢者介護を取り巻く課題

### （１）最低賃金の引き上げ

2024年７月25日，厚生労働省の中央最低賃金審議会で，最低賃金が50円引き上がり1,054円（全国平均）と過去最高となることが決定された[13]。これにより賃上げ気運が高まり，労働者にとっては歓迎すべきことである。実際，2024年10月から最も高い東京都の最低賃金は1,163円，最も低い岩手県は943円となった。

一般的な経営者の中には人件費の負担増を見込んで，価格転嫁といった商品価格の引き上げに踏み切る者もいるであろう。そのため，一部，消費者にとっては便乗値上げを懸念する人もいるかもしれないが，長い間デフレ化であった日本経済を考えればメリットの方が大きいと考える。しかし，単純に喜べないのが介護業界である。

東京都ハローワーク資料によれば，2024年６月時の常用パート平均時給は，職種全体で1,275円，福祉系専門職1,288円，看護師等1,761円だ[14]。つまり，最低賃金の引き上げに乗じて介護業界は現行賃金を引き上げない限り，職種全体平均との差が縮小してしまう。なぜなら，最低賃金が引き上がることで平均賃

金も引き上がる可能性が高いからである。

　しかし，短期的には多くの介護系専門職の賃金が引き上がる見込みは少ない。なぜなら，これらは介護報酬という「公定価格」であるため，サービスに価格転嫁できないからだ。確かに，これら公定価格は3年毎に見直されるため，いずれは賃上げの可能性も考えられる。しかし，一般的な労働市場とのタイムラグが生じてしまい，しばらく介護業界は労働市場では劣勢に立たされる。

　つまり，人手不足が深刻化している介護職員といった人材確保が，ますます厳しくなる。もっとも，看護師等といった医療系職種の賃金も診療報酬である「公定価格」に大きく影響を受けている。しかし，そもそも，それらの賃金体系は高いため現状維持でもさほど影響は少ない。このままだと介護系人材不足が加速化して，安定した介護サービス維持が危うくなる。できるだけ早く臨時の介護報酬改定を実施して「公定価格」を引き上げ，これらの賃金を引き上げていくべきと考える。


## （2）さらなる介護報酬引き上げ

　前述のように，現在の介護現場の問題点を考えると，さらなる介護報酬引き上げは必要不可欠であろう。介護人材不足対策やサービス水準の拡充など，新たな財源なしには課題を解決することは難しい。

　しかし，現行制度では介護報酬引き上げを実施すると，必ず介護保険料が引き上がるという課題が残る。立場によっては大幅なプラス改定を望まない意見もある。

　そのため，早期に抜本的な制度改革に取り組み，介護保険財源構成において公費負担割合を，現行の50％から55％，60％に増額する仕組みに改めるべきだ。そうなれば，大幅なプラス改定となっても介護保険料を上げる必要はない。その財源には，相続税，資産税，法人税など社会保障の「充実」を目的に考える余地があるだろう。介護の「充実」は，働きながら親を介護する人たちの不安を解消し，経済活性化策につながるからだ。

## （3）介護事業所合併の流れ

　現在，厚生労働省は小規模介護事業所の大規模化・協同化を推進している。各介護事業所は小規模法人が運営しているケースが多く，組織・経営の効率化が問題となっているからだ。また，これらの小規模法人では後継者問題が生じており事業継続においても課題だ。

　しかし，利用者にとっては，ある日突然，馴染みのデイサービスなどの経営母体が変わり，一部，介護職員の入れ替わりが生じるといったことも想定される。前述のようにＭ＆Ａにより経営母体が変わると事業理念に疑問を感じ，元から働いている介護職員の一部が退職する傾向にある。そうなると介護事業所の合併問題は，要介護者にとっても他人事ではなくなる。効率化といった「規模の経済」から考えれば，Ｍ＆Ａの加速化により介護業界を大規模法人化にしていくことは間違いではない。しかし，これらの傾向が進めば，いずれ合併後に採算の合わない地方の介護事業所は閉鎖される可能性がある。

　そのため，過疎地などを中心に小規模事業所でも運営が継続できる仕組みを考え，「規模の経済」の負の部分を考慮していくべきである。


## （4）高齢者定義70歳引き上げの議論

　2024年5月23日の経済財政諮問会議にて「高齢者の健康寿命が延びる中で，高齢者の定義を5歳延ばすことを検討すべき」と，70歳案が民間有識者から提起された[15]。この議論は年金支給開始年齢と関連するため，社会保障給付費抑制策への環境づくりでないかと憶測されがちだ。その意味では，65歳以上は年金給付額から介護保険料が天引きされているため，間接的に介護問題にも関連する。

　2024年度予算ベースで年金給付費は61.7兆円と社会保障給付費の44.8%を占め，対GDP比では10.0%となっている。今後の超少子化・高齢化社会において財源問題が大きな課題となっている。総務省資料によれば2023年高齢者の就業率は65～69歳は52.0%，70～74歳は34.0%と，年々上昇している[16]。そのため，支給開始年齢を65歳から70歳に引き上げる案が本格的に議論されるかもしれない。

しかし，国民の根強い抵抗は間違いないであろう。その背景には医療や介護といった社会保障サービスが不十分で，安心した老後を送るには貯蓄するしかないと考える人が多いからだろう。仮に，医療や介護サービスが充実され，何ら不安のない社会保障制度が構築されていれば，年金給付の動向に関心を寄せる人も一部になるのではないだろうか？　今後，遅かれ早かれ高齢者定義70歳の議論は，本格化される可能性も考えられるため，注視していく必要がある。

筆者の意見としては，十分に医療や介護サービスを充実させるのあれば，年金支給開始年齢を70歳に引き上げることも議論しても差し支えないと考える。むしろ，それらが充実するのであれば，多少，年金給付額が下がったとしても高齢者にとってのメリットは大きいと考える。

なぜなら，年金給付額を上げても多くは貯蓄に回ってしまう。しかし，医療や介護サービスが充実されれば，そこで働くマンパワーが増えていく。そして，賃上げが実現されれば，それらの消費活動によって内需刺激となる。いわば年金給付における「乗数」効果は望めないが，医療や介護には大いに期待できる。

70歳まで働く高齢者層が増えていく傾向であるから，今後も日本社会にとっては労働力確保にもつながる。しかし，何ら条件整備がなされず単に70歳に引き上がってしまうのであれば，非常に高齢者が住みにくい日本社会になってしまう。今，日本の社会のあり方が問われているのではないだろうか？

### （5）地域包括ケアシステムは実現できるか

将来，地域包括ケアシステムの評価を考えた場合，例えば，2024年介護報酬改定による訪問介護分野の基本報酬引き下げが，大きなターニングポイントとなって問題視されるのではないだろうか。今後，ケアマネジャーも，ますます訪問介護事業所（ホームヘルパー）探しに苦労する可能性が高いと考える。

いくら「地域包括ケアシステム」の理念自体が正しくとも，実現できるか否かとなると話は別である。つまり，地域包括ケアシステムは「理想」であり，現行の医療・介護施策ではきわめて実現性が難しいシステムと評価できる可能性も否定できない。

確かに，全国約1,700市町村のうち創意工夫を図り最大限の努力をなしえた

ならば，希望的観測として2割ぐらいの地域では実現できるかもしれない。しかし，8割は実現できずに終わる可能性もある。その最大の要因は「人口減少社会」の到来である。つまり，現在の施策が抜本的に変革されない限り，介護職員不足が解消されず在宅介護サービスが十分に受けられないはずだ。

とくに，繰り返しになるが，ホームヘルパーの人材不足は深刻化しており，数年後，高齢化しているホームヘルパーたちが引退すれば，それらの後継者が見つからず一部の地域を除いてサービスは枯渇するであろう。また，同じくケアマネジャー，訪問看護，介護職員といった専門職も人材不足が問題となっており，2035年には深刻な事態となる。

2024年改正介護保険制度は，「地域包括ケアシステムの深化・推進」といったコンセプトで実施されている。しかし，筆者は，かなり課題が山積しており実現は難しい考える。2035年団塊世代がすべて85歳以上となる時期を踏まえ，これから勝負の10年と考え，「地域包括ケアシステム」における抜本改革の必要性も考えていく議論が必要ではないだろうか。

注

(1) 厚生労働省「診療報酬・介護報酬・障害福祉サービス等報酬改定について」2023年12月20日。

(2) 厚生労働省社会保障審議会介護給付費分科会「資料1：令和5年度介護事業経営実態調査結果の概要（案）」2023年11月10日，14頁。

(3) 東京商工リサーチ『2024年上半期の「介護事業者」の倒産　最多の81件　訪問介護，デイサービス，有料老人ホームがそろって急増』2024年7月4日。

(4) 筆者によるインタビュー（2024年3月17日）。

(5) 全国社会福祉協議会中央福祉人材センター「福祉分野の求人求職動向福祉人材センター・バンク職業紹介実績報告」各年度版・月次版。

(6) 厚生労働省「大臣折衝事項」2023年12月20日。

(7) 厚生労働省社会保障審議会介護保険部会「資料1：給付と負担について」2023年11月6日，15頁。

(8) 厚生労働省社会保障審議会介護保険部会「資料1：給付と負担について」2023年11月6日，13頁。

(9) 厚生労働省「第9期介護保険事業計画期間における介護保険の第1号保険料及びサービス見込み量等について」2024年5月14日。

⑽　厚生労働省社会保障審議会介護給付費分科会「資料4：複合型サービス（訪問介護と通所介護の組合せ）」2023年12月4日，11頁。

⑾　厚生労働省社会保障審議会介護保険部会「資料3‒1：改正介護保険法の施行等について（報告）」2023年12月7日，4頁。

⑿　厚生労働省社会保障審議会介護給付費分科会「資料2：介護現場の生産性向上の推進（改定の方向性）」2023年11月30日，22頁。

⒀　厚生労働省「令和6年度地域別最低賃金額改定の目安について」2024年7月25日。

⒁　東京都ハローワーク「職種別賃金状況（一般常用）」2024年6月分。

⒂　内閣府「誰もが活躍できるウェルビーイングの高い社会の実現に向けて①」『令和6年第6回経済財政諮問会議』2024年5月23日。

⒃　総務省「Ⅱ　高齢者の就業」『統計からみた我が国の高齢者──「敬老の日」にちなんで』2023年9月17日。


**参考文献**

医学通信社編『介護報酬早見表 2024-26年版』医学通信社，2024年。

中央法規出版編『介護保険六法 令和6年版』中央法規出版，2024年。

内閣官房 新しい資本主義実現本部事務局「資料3 資産所得倍増に関する基礎資料集」2022年10月。

日本労働組合総連合会総合政策推進局「中堅・中小組合が健闘！高水準の回答が続く！──2024春季生活闘争第3回回答集計結果について」2024年4月4日。

『介護報酬　改正点の解説 令和6年4月版』社会保険研究所2024年。

| 第6章 | 高齢者虐待防止と認知症の高齢者<br>への対策 |
|---|---|

　本章では，高齢者虐待の現状と対策，高齢者の意思決定支援と権利擁護，認知症に対する施策と共生社会の実現，地域包括支援センターとの協働について概説する。これらはすべてつながっている。高齢者虐待にはイメージしやすい身体的虐待以外に，高齢者の意思や権利を無視する心理的虐待や介護・世話の放棄・放任などがあり，認知機能が低下した高齢者は虐待を受けやすい。そして高齢者虐待の予防，早期発見，対応のためには地域包括支援センターとの協働が必要である。そのため，本章では，高齢者虐待防止と認知症の高齢者への対策について学ぶ。

## 1　高齢者虐待の現状と対策

### （1）虐待をされている高齢者を発見したら？

　2006年に「高齢者虐待の防止，高齢者の養護者に対する支援等に関する法律」（以下，高齢者虐待防止法）が施行され，以後，厚生労働省は毎年全国の市町村および都道府県で行われた高齢者に対する虐待の相談・通報件数と虐待判断件数を報告している。相談・通報件数は年々増加をしているが，これは虐待を受けたと思われる高齢者を発見した者はすみやかに市町村に通報しなければならない（第7・21条），と高齢者虐待防止法で義務づけられている成果かもしれない。

　高齢者虐待防止法は，虐待をする者を「養介護施設従事者等」と「養護者」に分けている。「養介護施設従事者等」は，老人福祉法に規定する老人福祉施設，有料老人ホーム，老人居宅生活支援事業，介護保険法に規定する介護老人保健施設，介護医療院，地域密着型介護老人福祉施設，地域包括支援センター，居宅サービス事業，介護予防サービス事業，地域密着型介護予防サービス事業，

103

介護予防支援事業の業務に従事する者（第2条第5項第1号および第2号）としている。「養護者」は，高齢者を養護する者で養介護施設従事者等以外の者である（第2条第2項）。

　第5条では，「養介護施設，病院，保健所その他高齢者の福祉に業務上関係のある団体及び養介護施設従事者等，医師，保健師，弁護士その他高齢者の福祉に職務上関係のある者は，高齢者を発見しやすい立場にあることを自覚し，高齢者虐待の早期発見に努めなければならない」とされており，私たちには早期発見と市町村への通報の義務が課せられている。市町村は届出を受けたときは，速やかに高齢者の安全確認や事実確認の措置を講ずる必要がある。

### （2）誰が虐待をしているか？

　養介護施設従事者等による虐待が認められた施設・事業者の種別で最も多いのは特別養護老人ホーム（介護老人福祉施設）32.0％，次いで有料老人ホーム25.8％，認知症対応型共同生活介護（グループホーム）11.9％，介護老人保健施設10.5％と，施設における虐待が多くを占めた。虐待者の性別は男女比約1：1であるが，介護従事者全体に占める男性の割合は少ないため，虐待者は相対的に男性の割合が高い[1]。

　一方，養護者による虐待は続柄では息子が最も多く39.0％，次いで夫22.7％，その次に娘19.3％となり，養護者も男性の割合が高い[1]。家族介護者のセルフヘルプ・グループで夫・息子介護者に調査した結果では[2]，仕事と介護の両立が困難であること，家事を遂行することは経験不足が影響して困難・抵抗があること，下の世話や入浴介助など身体接触を伴う介護が男性ゆえの困難として語られ，介護や家事を女性が担うべきジェンダー化された役割として捉えていることが示された。したがって，介護者が男性の場合は，虐待のハイリスクであると認識する必要がある。

### （3）どのようなことが虐待になるのか

　高齢者虐待防止法では，虐待を5つの類型に分類している（表6-1）。最も多い虐待は，養介護施設従事者等，要介護者ともに，身体的虐待，次いで心理

第6章　高齢者虐待防止と認知症の高齢者への対策

**表6-1　養護者および養介護施設従事者等による高齢者虐待の分類**

| 身体的虐待 | 高齢者の身体に外傷が生じ，又は生じるおそれのある暴行を加えること |
|---|---|
| 介護・世話の放棄・放任 | 高齢者を衰弱させるような著しい減食，長時間の放置，養護者以外の同居人による虐待行為の放置など，養護を著しく怠ること |
| 心理的虐待 | 高齢者に対する著しい暴言又は著しく拒絶的な対応その他の高齢者に著しい心理的外傷を与える言動を行うこと |
| 性的虐待 | 高齢者にわいせつな行為をすること又は高齢者をしてわいせつな行為をさせること |
| 経済的虐待 | 養護者又は高齢者の親族が当該高齢者の財産を不当に処分することその他当該高齢者から不当に財産上の利益を得ること |

出所：厚生労働省「高齢者虐待防止の基本」(https://www.mhlw.go.jp/topics/kaigo/boushi/060424/dl/02.pdf) より筆者作成。

的虐待，介護・世話の放棄・放任である[1]。

## （4）どのような高齢者が虐待を受けやすいのか？

養介護施設従事者等では，女性が71.7％，要介護3以上が76.5％，認知症高齢者の日常生活自立度Ⅱ以上が80.4％，障害高齢者の日常生活自立度A以上が57.6％であった。養護者では，女性が75.8％，要介護3以上が38.2％，認知症高齢者の日常生活自立度Ⅱ以上が73.5％，障害高齢者の日常生活自立度A以上が69.4％と同じ傾向を示した。しかし，認知症の程度と虐待の程度（深刻度）の関係をみると，認知症日常生活自立度Ⅱを除き，Ⅰ（軽度）が最も虐待の程度（深刻度）が多くなっていた[1]。

## （5）どのような対策をとれば良いのか？

### 1）虐待の発生予防と早期発見

① 養介護施設従事者等による虐待の発生要因

教育・知識・介護技術等に関する問題（56.1％）が最も多く，次いで職員のストレスや感情コントロールの問題（23.0％），虐待を助長する組織風土や職員間の関係の悪さ，管理体制等（22.5％）の順であった[1]。そのため，組織として職員に対する教育とストレスマネジメント，そして相互チェックの文化が必要

105

である。施設における高齢者虐待は「不適切ケア」「不十分なケア」「不適切サービス」の連続線上に発生していると言われている。[3]認知症高齢者の日常生活自立度がⅡ以上の場合，虐待を受けやすい結果が報告されていたが，施設に入所する高齢者は認知症がある人が多い。

認知症の疾患とケア方法に対する理解が十分あれば，例えば「トイレに行くときは声をかけて下さいね」と伝えることは，短期記憶が不十分なため意味がないケアであることが理解できる。その高齢者の排尿パターンを把握しておき，トイレに行くタイミングで事前に声をかける，椅子から立ち上がったらトイレかもしれないと考え声をかける・トイレまでの移動を見守るなど，高齢者のプライドを保つ方法でケアを提供すれば，認知症があっても高齢者は穏やかに生活することができる。高齢者の皮膚が脆弱でありスキンテア（皮膚裂傷）が発生しやすいことを知っていれば，皮膚を保湿剤で保護する，車いすやベッド柵などぶつかりそうな場所をクッション等で保護する，介助や更衣の際に腕をつかんだり握ったりしない介助方法を実施できる。

このような知識や技術に関する組織としての教育活動が重要であると言われている。[4]また，職員のストレスや感情コントロールに関しては，組織として職員のストレスマネジメントを実施する風土が必要である。虐待を助長する組織風土等に関しては，相互チェックが有効であると言われている。[3]先のスキンテアについても，相互チェックによって早期発見ができれば，その原因が介護技術なのか，ストレスなのかアセスメントして対応することで虐待につながらない可能性がある。

② 養護者による虐待発生要因

虐待をされる高齢者の状態として認知症の症状（56.6%）が最も多く，虐待をする側の要因として介護疲れ・介護ストレス（54.2%），理解力の不足や低下（47.9%）であった。[1]養護者についても，認知症の高齢者が虐待されるケースが多い。全国で認知症サポーター養成講座が開催され，認知症に対する普及啓発活動はされているが，認知症の人にどのように対応をすべきかについてわが事となるまで知らない人が多いのではないだろうか。そのため，まずは認知症の本人がどのように感じているか情報を得るためには，認知症本人大使「希望大

使」である丹野智文氏の書籍や日本認知症本人ワーキンググループのホームページ(5)が有効である。(6)

　また，認知症の家族を介護する介護者の力を借りたい。介護者が集まるケアラーズカフェや，(7)認知症とともによりよく生きるための工夫が記載された『旅のことば』(8)が参考になる。早期発見のためには，東京都高齢者虐待対応マニュアルにあるチェックリストの活用も有効である。(9)チェックリストには，傷やあざの説明につじつまが合わない等の虐待を疑われる高齢者からのサイン，高齢者に対して無関心，過度に乱暴な口のきき方をする等の養護者からのサイン，自宅から怒鳴り声が聞こえる等の地域からのサイン，昼間でも雨戸が閉まっている等セルフネグレクトのサインを見逃さないようにすることで，早期発見につなげることが可能となる。

### 2）虐待通報後

#### ①　高齢者の安全確保

　発見者によって市町村もしくは地域包括支援センターが通報を受けると，まずは高齢者の安全の確認を行う。養護者による虐待で高齢者の生命又は身体に重大な危険が生じているおそれがあると認められる場合は，ショートステイを実施する施設に一時的に入所するなどの措置をとる。その場合，養護者の面会を制限することもできる。

#### ②　事実確認

　届出に関わる事実確認のために立入調査を実施するが，養護者による虐待の場合は必要に応じて警察署長に援助を要請することができる。訪問調査は，単独で実施せず地域包括支援センター，民生委員，ケアマネジャー等と協働する必要がある。虐待の事実を確認したら，複数の関係機関で情報を共有し方向性や支援方法を具体的に検討するケース会議を開催する。

　養介護施設従事者等による虐待の場合は，通報を受けた市町村は事業所がある都道府県に届出をしなければならない。市町村長または都道府県知事は，介護保険法，老人福祉法に基づく権限（報告・立入調査等）を行使する。施設等は，虐待の事実を高齢者本人と家族に伝え，虐待があった事実は公表される。

③　支援の実施

　養護者による虐待の場合，緊急性が高い場合は施設への入所や病院への入院，緊急性が低い場合は見守りの対応とする。なお，高齢者虐待防止法第14条では養護者の負担軽減措置をとることを定めているため，介護保険サービスや自立支援事業を利用することで養護者の介護負担を減らす，また認知症に対する理解や対応方法が不十分である場合に虐待がおこるケースが多いため養護者への相談や助言等を行い，介護ストレスを軽減する。経済的虐待を受けた高齢者に対しては成年後見制度の申立支援を行う。

　養介護施設従事者等による虐待の場合は，未然に防げなかった理由を明らかにし，再発防止のための改善計画を作成する。その後，改善計画に基づき実施した取り組みの評価会議を開催し，取り組みが十分であるか確認する。


## （6）医療機関でも身体的拘束ゼロをめざさなければならないのか

　身体拘束とは「本人の行動の自由を制限すること」である。以前，看護のテキストには身体拘束の方法が記載されていた。しかし，現在は「緊急やむを得ない」場合を除いて，高齢者虐待に該当する行為であると考えられている。「緊急やむを得ない場合」に該当する３要件は，①切迫性：利用者本人または他の利用者の生命または身体が危険にさらされる可能性が著しく高い場合，②非代替性：身体拘束以外に代替する介護方法がないこと，③一時性：身体拘束は一時的なものであること，ですべて満たすことが必要である。[10]

　介護保険では，2000年介護保険法の施行時から，介護保険施設サービスと居宅サービスのうち短期入所生活介護，短期入所療養介護，特定施設入居者生活介護では，入所者の生命または身体を保護するため緊急やむをえない場合を除き身体拘束を行ってはならないと原則禁止である。「身体拘束ゼロ作戦推進会議」による身体拘束の禁止11項目は表６-２の通りである。[11] 2006年には介護保険施設サービスに加えて地域密着型サービスである小規模多機能型居宅介護，認知症対応型共同生活介護，看護小規模多機能型居宅介護等で，2024年の介護報酬改定ではすべてのサービス，つまり訪問系サービス，通所系サービス，福祉用具貸与，特定福祉用具販売，居宅介護支援でも原則禁止が追加となってい

第6章　高齢者虐待防止と認知症の高齢者への対策

**表6-2**　「身体拘束ゼロ推進会議」による身体拘束の禁止11項目

| | |
|---|---|
| 1 | 徘徊しないように，車いすやいす，ベッドに体幹や四肢をひも等で縛る。 |
| 2 | 転落しないように，ベッドに体幹や四肢をひも等で縛る。 |
| 3 | 自分で降りられないように，ベッドを柵（サイドレール）で囲む。 |
| 4 | 点滴・経管栄養等のチューブを抜かないように，四肢をひも等で縛る。 |
| 5 | 点滴・経管栄養等のチューブを抜かないように，又は皮膚をかきむしらないように，手指の機能を制限するミトン型の手袋等をつける。 |
| 6 | 車いすやいすからずり落ちたり，立ち上がったりしないように，Y字型抑制帯や腰ベルト，車いすテーブルをつける。 |
| 7 | 立ち上がる能力のある人の立ち上がりを妨げるような椅子を使用する。 |
| 8 | 脱衣やおむつはずしを制限するために，介護衣（つなぎ服）を着せる。 |
| 9 | 他人への迷惑行為を防ぐために，ベッドなどに体幹や四肢をひも等で縛る。 |
| 10 | 行動を落ちつかせるために，向精神薬を過剰に服用させる。 |
| 11 | 自分の意思で開けることのできない居室等に隔離する。 |

出所：「身体拘束ゼロ推進会議」による身体拘束の禁止11項目（https://www.mhlw.go.jp/content/12300000/001248433.pdf）より筆者作成。

る。

　医療機関における高齢者虐待は，高齢者虐待防止法に規定される通法義務の適応対象外で医療法の適応となる。「緊急やむを得ない場合」に該当する3要件は医療機関でも適応されてきたが，急性期医療の現場では治療上の必要性があるとして，点滴やドレーンの抜去予防のため手にミトン[12]をつけベッドに縛り付ける，車いすからのずり落ち防止として抑制帯[13]をつけられている患者を多く見る。しかし，2024年の診療報酬改定では身体的拘束を最小化するための取り組みを強化すること，違反をすると厳しいペナルティが課されることとなった。これまで，急性期病院では難しいと言われてきたが，金沢大学附属病院や東京[14][15]大学医学部附属病院[16]の成功事例があるため，急性期病院でも実施は可能であると考えている。

109

## 2 高齢者の意思決定支援と権利擁護

### (1) 措置から利用者本位へ

　以前，高齢者福祉分野では利用者に対する福祉サービスの提供は市町村の責任とされ，市町村は福祉サービスが必要かどうかを認定して，施設への入所措置をとる措置制度であったため，利用者はサービス内容やサービス事業者を選択できなかった。しかし，2000年の「社会福祉の増進のための社会福祉事業法等の一部を改正する等の法律」が制定された時，趣旨は「本改革は，昭和26年の社会福祉事業法制定以来大きな改正の行われていない社会福祉事業，社会福祉法人，措置制度など社会福祉の共通基盤制度について，今後増大・多様化が見込まれる国民の福祉への要求に対応するため，見直しを行うものである」とされた。つまり，行政が行政処分によりサービス内容を決定する措置制度から，利用者が事業者と対等な関係に基づきサービスを選択する利用制度に変更することを明言したのである[17]。

　また，2000年に施行された介護保険制度の創設の目的は，介護に対する社会的支援，要介護者の自立支援，社会保険方式の導入であり，利用者本位とサービスの総合化も含まれていた。つまり，要介護状態になっても，利用者の選択に基づき，利用者の希望を尊重して，多様な事業者の中から利用者が必要なサービスを受けられる利用者本位の制度となった。

　利用者本位の考え方は岡村重夫の社会福祉的援助の原理として以前からあり，これは「社会性の原理」「全体性の原理」「主体性の原理」「現実性の原理」という4つにまとめられるものである[18]。「社会性の原理」は「個人の恣意的慈恵による問題の解決は，社会福祉的解決ではない。社会福祉は社会的承認（social sanction）を条件とするといわれるのは，その意味である。社会福祉のもつこの社会的人間像は，社会的存在ないし共同的存在としての人間であるから，生活問題の解決の援助は，問題の当事者による共同的解決ないしは問題当事者と援助者との共同的解決の援助でなくてはならない。このことから，社会福祉的援助においては，問題解決の結果と同時に，問題解決の過程を重視する

ことを指摘しておかねばならない」と述べている[18]。

「主体性の原理」では，「各種の生活関連施策の提供するサービスを，ただ受動的に受け取り権利が保障されていても，それだけのことでは社会福祉士に固有の視点は実現されたことにはならない。むしろこれらの生活関連施策のサービスが，サービス利用者の自己決定によって選択されることや，サービスの運営や基本方針の決定に対して生活主体者の参加が保証されなければ，社会関係の主体的側面の意味は，真実に貫徹されたということはできない」と述べている[18]。つまり，社会福祉的援助は利用者の意向や主体性を尊重し，一方的ではなく共に解決しなければならない。結城は「岡村の社会福祉（援助）は，自ら選択する，自己責任といった概念が根底にあると考える」[19]としている。

### （2）日常生活と社会生活における意思決定支援

岡村の社会福祉的援助の原理[18]では，利用者の選択・主体性を重視していたが，実際には措置制度として利用者の選択や主体性を無視してきた歴史がある。しかし，2000年以降は社会福祉基礎構造改革や介護保険では利用者本位に変化した。厚生労働省は2017年3月に「障害福祉サービスの利用等にあたっての意思決定支援ガイドラインについて」[20]，2018年6月に「認知症の人の日常生活・社会生活における意思決定支援ガイドライン」[21]を周知しており，具体的に明示されるようになった。

各ガイドラインにおける意思決定支援の定義をみると，「障害福祉サービスの利用等にあたっての意思決定支援ガイドラインについて」[20]では「自ら意思を決定することに困難を抱える障害者が，日常生活や社会生活に関して自らの意思が反映された生活を送ることができるように，可能な限り本人が自ら意思決定できるように支援し，本人の意思の確認や意思及び選好を推定し，支援を尽くしても本人の意思及び選好の推定が困難な場合には，最後の手段として本人の最善の利益を検討するために事業者の職員が行う支援の行為及び仕組みをいう」としている。

「認知症の人の日常生活・社会生活における意思決定支援ガイドライン」[21]では，「認知症の人であっても，その能力を最大限活かして，日常生活や社会生

活に関して自らの意思に基づいた生活を送ることができるようにするために行う，意思決定支援者による本人支援をいう。…（中略）…本ガイドラインでいう意思決定支援とは，認知症の意思決定をプロセスとして支援するもので，通常，そのプロセスは，本人が意思を形成することの支援と，本人が意思を表明することの支援を中心とし，本人が意思を実現するための支援を含む」とされている。

　学生に意思決定支援のイメージを聞くと，手術をするかしないか，死期が迫っているとわかった時に，どこで最期を迎えたいか，などを当人に確認すること，などの意見がみられる。しかし，「障害福祉サービスの利用等にあたっての意思決定支援ガイドラインについて」[20]も「認知症の人の日常生活・社会生活における意思決定支援ガイドライン」[21]も，意思決定が必要な場面として日常生活と社会生活を示しており，「日常生活の意思決定支援としては，例えば食事・入浴・被服の好み，外出，排せつ，整容などの基本的生活習慣や，日常提供されたプログラムへの参加を決める場合等が挙げられるが，これらに限るものではない」[21]と具体例が挙げられている。

　介護老人保健施設や特別養護老人ホームの実習に学生が行くと，職員の高齢者に対する声かけが一方的に「○○しましょう」ではなく「○○しませんか？○○と△△，どちらを飲みますか？」など，高齢者が選択できるように声かけをしている場面をみて，日常生活における意思決定支援の重要性を学んでいる。

### （3）権利擁護としての成年後見制度

　社会生活における意思決定場面では「自宅からグループホームや入所施設等に住まいの場を移す場面や，入所施設から地域移行してグループホームに住まいを替えたり，グループホームの生活から一人暮らしを選ぶ場面等が，意思決定支援の場面として考えられる。／体験の機会の活用を含め，本人の意思確認を最大限の努力で行うことを前提に，事業者，家族や，成年後見人等の他，必要に応じて関係者等が集まり，判断の根拠を明確にしながら，より制限の少ない生活への移行を原則として，意思決定支援を進める必要がある」[20]と示され，具体例に成年後見人が記載されている。

2000年に創設された成年後見制度は，認知症，知的障害，精神障害などによって判断能力が不十分な人を保護し，財産管理と身上監護（生活全般における契約行為の代行）を本人に代わって支援する制度である。2018年には成年後見制度利用促進法が施行され，認知症，知的障害のある人を社会全体で支える共生社会の実現において，制度利用は重要な手段としての位置づけである。

成年後見制度は，本人の判断能力が不十分になった後に家庭裁判所が選任する法定後見制度と，十分な判断能力がある時にあらかじめ任意後見人，委任内容を定めておく任意後見制度がある。法廷後見制度は判断能力の程度に応じ，後見（常に判断能力を欠く状態にある人），保佐（判断能力が著しく不十分である人），補助（判断能力が不十分である人）の３類型がある。手続きは，申立→調査等，審判→報告となる。

まずは本人の住所地を管轄する家庭裁判所に相談・申立を行う。書類審査後に，裁判所職員が申立人や本人等から事情を聞いたり，本人の親族や後見人候補者についての意見を照会したり，本人の判断能力について鑑定を行うこともある。次に，後見・保佐・補助の開始の審判をすると同時に，成年後見人等を選任する。そして，選任された成年後見人等は，選任後原則として１カ月以内に，本人の財産や生活の状況，収支について調査し書類を作成して，家庭裁判所へ提出する。財産管理と身上監護によって本人を保護・支援し，少なくとも年に１回は，本人の生活や財産の状況を家庭裁判所へ報告する。

## 3　認知症に対する施策と共生社会の実現

有吉佐和子が『恍惚の人』を出版したのは1972年である。「痴呆症」の老人と家族をテーマにした小説で大ベストセラーとなり，翌年の1973年に映画化された。当時は「痴呆症」「ボケ」と呼ばれていたが，言葉のもつ偏見やマイナスのイメージが適切なケアを阻害しているという意見がみられ，2004年に「痴呆症」から「認知症」に呼称を変更した。

## （1）オレンジプランと新オレンジプラン

　2012年に厚生労働省は「認知症になっても本人の意思が尊重され，できる限り住み慣れた地域のよい環境で暮らし続けることができる社会」の実現をめざす，「認知症施策推進5カ年計画」（以下，オレンジプラン）を策定し，以下の7つの視点を設定した。

　　① 標準的な認知症ケアパスの作成・普及。
　　② 早期診断・早期対応。
　　③ 地域での生活を支える医療サービスの構築。
　　④ 地域での生活を支える介護サービスの構築。
　　⑤ 地域での日常生活・家族の支援の強化。
　　⑥ 若年性認知症施策の強化。
　　⑦ 医療・介護サービスを担う人材の育成。

　しかしオレンジプランの策定から5年が経過する前の2015年に，『認知症施策推進総合戦略——認知症高齢者等にやさしい地域づくりに向けて』（以下，新オレンジプラン）が策定された。これは，2014年に開催された「認知症サミット日本後継イベント」の開会式で，当時の安倍内閣総理大臣が「我が国の認知症施策を加速するための新たな戦略を策定するよう，厚生労働大臣に指示をいたします」「新たな戦略は，厚生労働省だけでなく，政府一丸となって生活全体を支えるよう取り組むものとします」と宣言し，厚生労働大臣に対して，認知症施策を加速させるための戦略の策定について指示したためである。その指示を受け，厚生労働省が中心となって内閣府，総務省等11の関係省庁と共同して，オレンジプランを修正して策定したのが新オレンジプランである。[22]新オレンジプランでは，以下の7つの柱をもとにさまざまな施策を展開すること，とした。

　　① 認知症への理解を深めるための普及・啓発の推進。
　　② 認知症の容態に応じた適時・適切な医療・介護等の提供。

③　若年性認知症施策の強化。

④　認知症の人の介護者への支援。

⑤　認知症の人を含む高齢者にやさしい地域づくりの推進。

⑥　認知症の予防法，診断法，治療法，リハビリテーションモデル，介護
モデル等の研究開発及びその成果の普及の推進。

⑦　認知症の人やその家族の視点の重視。


　認知症サポーター養成は①に含まれており，地域における認知症がある高齢者の見守り体制を構築することにつながる。2024年6月時点で約1,500万人がサポーター養成講座を受けている[23]。

　オレンジプランで紹介された認知症カフェは，1997年にオランダでアルツハイマーカフェとして認知症の人とその家族，地域住民，専門職がオープンでリラックスした環境での認知症の情報共有，語りや学びの場の獲得により，社会的孤立が解消され，認知症の理解の輪が地域全体で広がることをめざして始まった活動を参考にしたものである。2021年度で全国に7,904カ所あり，88.6％の市町村自治体で実施されている[24]ため，皆さんの居住する自治体でも身近にあるのではないだろうか。認知症カフェは，認知症の人やその家族が，地域の人や専門家と相互に情報を共有し，お互いを理解し合う場であり，認知症でない人も身近に自分事として認知症について考えるきっかけの場でもある。認知症カフェは，新オレンジプランでは①④⑤に該当する。

　⑦には，認知症の人が必要と感じていることについて実態を把握する取り組みや支援体制の構築手法等を検討する「本人ミーティング」が含まれており，当事者の視点を重視している。


### （2）認知症施策推進大綱

　政府全体で認知症施策をさらに協力に推進するために，2019年に『認知症施策推進大綱』が策定された[25]。認知症の発症を遅らせ，認知症になっても希望をもって日常生活を過ごせる社会をめざし，認知症の人や家族の視点を重視しながら「共生」と「予防」を車の両輪として施策を推進することを基本的な考え

115

方としている。「共生」とは，認知症の人が尊厳と希望をもって認知症と共に生きる，また認知症があってもなくても同じ社会で共に生きるという意味である。「予防」とは，認知症にならない，という意味ではなく「認知症になるのを遅らせる」「認知症になっても進行を緩やかにする」という意味である。対象期間は，団塊の世代が後期高齢者になり，認知症の有病者が最大730万人に達すると見込まれる2025年までで，下記の5つの視点に分けて具体的な施策を実施している。

① 普及啓発・本人発信支援。
② 予防。
③ 医療・ケア・介護サービス・介護者への支援。
④ 認知症バリアフリーの推進・若年性認知症の人への支援・社会参加支援。
⑤ 研究開発・産業促進・国際展開。

　認知症施策推進大綱では，新オレンジプランの⑦認知症の人やその家族の視点の重視を一歩進めて，①で認知症がある当事者を「希望大使」として任命し，ホームページで動画を公開して，本人発信を支援している。7人からスタートした希望大使は，2024年8月時点で68人に増加したが，まだ全国の都道府県には広がっていない。本人発信支援は他にもあり，例えばNPO法人ディペックス・ジャパンは病気の診断を受けた人や家族の経験に関する語りをホームページに掲載しており，認知症は14名の当事者の語りがある。日本認知症本人ワーキンググループの共同代表である認知症の当事者である佐藤雅彦氏は「認知症になっても不便ではあるけれど不幸ではありません」とホームページに掲載している。希望大使の丹野氏は「当事者の話を聞き，認知症と診断された人の視点に立って，社会を見つめてください」と「はじめに」に記している。つまり，認知症と聞くと，何もできない，日常生活に多くの介助が必要な人だと認識しがちであるが，ケア提供者である私たちはステレオタイプな見方をせずに，当事者本人がどのような思いでいるのか，支援してほしいことは何か，どんな生

活を望んでいるのか等を聞かなければならないということである。

## （3）共生社会の実現を推進するための認知症基本法

2023年に「共生社会の実現を推進するための認知症基本法」（以下，認知症基本法）が制定され，2024年1月から施行されている。目的は，認知症の人が尊厳を保持しつつ希望をもって暮らすことができるよう，認知症施策を総合的かつ計画的に推進すること，である。共生社会とは，認知症の人を含めた国民一人ひとりがその個性と能力を十分に破棄し，相互に人格と個性を尊重しつつ支え合いながら共生する活力ある社会のことであり，共生社会の実現の推進という目的に向けて，認知症施策を国・地方が一体となって講じていくものである。基本理念は第3条のとおり以下の7つである。

① 全ての認知症の人が，基本的人権を享有する個人として，自らの意思によって日常生活及び社会生活を営むことができるようにすること。

② 国民が，共生社会の実現を推進するために必要な認知症に関する正しい知識及び認知症の人に関する正しい理解を深めることができるようにすること。

③ 認知症の人にとって日常生活又は社会生活を営む上で障壁となるものを除去することにより，全ての認知症の人が，社会の対等な構成員として，地域において安全にかつ安心して自立した日常生活を営むことができるようにするとともに，自己に直接関係する事項に関して意見を表明する機会及び社会のあらゆる分野における活動に参画する機会の確保を通じてその個性と能力を十分に発揮することができるようにすること。

④ 認知症の人の意向を十分に尊重しつつ，良質かつ適切な保健医療サービス及び福祉サービスが切れ目なく提供されること。

⑤ 認知症の人に対する支援のみならず，その家族その他認知症の人と日常生活において密接な関係を有する者（以下「家族等」という。）に対する支援が適切に行われることにより，認知症の人及び家族等が地域において安心して日常生活を営むことができるようにすること。

⑥　認知症に関する専門的，学際的又は総合的な研究その他の共生社会の実現に資する研究等を推進するとともに，認知症及び軽度の認知機能の障害に係る予防，診断及び治療並びにリハビリテーション及び介護方法，認知症の人が尊厳を保持しつつ希望を持って暮らすための社会参加の在り方及び認知症の人が他の人々と支え合いながら共生することができる社会環境の整備その他の事項に関する科学的知見に基づく研究等の成果を広く国民が享受できる環境を整備すること。

⑦　教育，地域づくり，雇用，保健，医療，福祉その他の各関連分野における総合的な取組として行われること。

新オレンジプランの本人ミーティング，認知症施策推進大綱の本人発信支援に加えて，認知症基本法では基本理念の③の当事者の社会への参画が位置づけられた。認知症があってもなくても国民として同じ社会で生きる共生社会の実現をするためには，認知症当事者の視点がますます重要になってきていることを認識しなければならない。

## 4　地域包括支援センターとの協働

高齢者虐待を発見したら，通報先は市町村もしくは地域包括支援センターであることは冒頭で述べた。地域包括支援センターは，2006年の介護保険制度改正で設置され，「市町村が設置主体となり，保健師・社会福祉士・主任介護支援専門員等を配置して，住民の健康の保持及び生活の安定のために必要な援助を行うことにより，地域の住民を包括的に支援することを目的とする施設」である。配置が必要な専門職は，保健師・社会福祉士・主任介護支援専門員等である。地域包括支援センターはすべての市町村に設置されており，全国で5,431カ所，ブランチとサブセンターを含むと7,397カ所である（2023年4月末）。千葉市では「あんしんケアセンター」という名称で市民に親しまれている。市町村が直営しているセンターは20％で，残る80％は委託である。委託先の法人は社会福祉法人が54％，社会福祉協議会が18％，医療法人等が18％である。

業務内容は高齢者虐待への対応，住民の各種相談を幅広く受け付ける「総合相談支援業務」，支援や介護が必要な人に対して要介護認定の手続きを行い，要支援1・2の認定を受けた場合は介護予防ケアプランの作成支援を行う等の「介護予防ケアマネジメント（第一号介護予防支援事業）」，成年後見制度の活用促進等を行う「権利擁護業務」，地域ケア会議等を通じた自立支援型ケアマネジメントの支援や支援困難事例への支援を行う「包括的・継続的ケアマネジメント支援業務」がある。

「総合相談支援業務」は，制度横断的に支援を展開するため，介護サービスのみでなく，虐待防止，成年後見制度，障害サービス，生活困窮者自立支援相談，ボランティアなど，行政機関，保健所，医療機関，児童相談所など必要なサービスにつなぐ役割を担っている。地域ケア会議は，医療，介護等の多職種（自治体職員，地域包括支援センター職員，ケアマネジャー，介護事業者，民生委員，理学療法士，作業療法士，言語聴覚士，医師，歯科医師，薬剤師，看護師，管理栄養士，歯科衛生士等）が協働して，高齢者個人に対する支援の充実と，それを支える社会基盤の整備とを同時に進めていく，地域包括ケアシステムの実現に向けた手法である[31]。

個別のケース検討から地域課題を検討することで，自助，互助，共助，公助を組み合わせた地域のケア体制を整備し，最期まで住み慣れた地域で生活することをめざす地域包括ケアシステムの実現を目指している。これまで高齢者虐待，高齢者の意思決定支援と権利擁護，認知症に対する施策と共生社会の実現について述べてきたが，すべて地域包括支援センターの業務内容と重複しており，多職種連携チームとしての協働が必要である。


**注**

(1) 厚生労働省「令和4年度『高齢者虐待の防止，高齢者の養護者に対する支援等に関する法律』に基づく対応状況等に関する調査結果 資料1」2023年12月22日（https://www.mhlw.go.jp/content/12304250/001224157.pdf）。

(2) 松井由香「男性介護者の語りにみる『男性ゆえの困難』——セルフヘルプ・グループに集う夫・息子介護者の事例から」『家族研究年報』39，2014年，55-74頁。

(3) 柴尾慶次「施設内における高齢者虐待の実態と対応」『老年精神医学雑誌』19

(12)，2008年，1325-1332頁。

(4) 吉川悠貴「施設・事業所における高齢者虐待の実態と防止のための教育」『日本認知症ケア学会誌』9（3），2010年，472-478頁。

(5) 丹野智文『認知症の私から見える社会』講談社＋α新書，2021年。

(6) 日本認知症本人ワーキンググループ「認知症とともに生きる希望宣言」n.d.（http://www.jdwg.org/）。

(7) ケアラーズ＆オレンジカフェみちくさ亭「プロフィール」n.d.（https://michikusa-net.com/profile.html）。

(8) 井庭崇・岡田誠編著『旅のことば──認知症とともによりよく生きるためのヒント』丸善出版，2015年。

(9) 東京都福祉保健局高齢社会対策部在宅支援課編『高齢者虐待防止に向けた体制構築のために──東京都高齢者虐待対応マニュアル』東京都福祉保健局高齢社会対策部在宅支援課，2006年（https://www.fukushi.metro.tokyo.lg.jp/zaishien/gyakutai/torikumi/doc/gyakutai_manual.pdf）。

(10) 身体拘束廃止・防止の取組推進に向けた検討委員会「介護施設・事業所等で働く方々への身体拘束廃止・防止の手引き」（令和5年度老人保健健康増進等事業介護施設・事業所等における身体拘束廃止・防止の取組推進に向けた調査研究事業）2024年（https://www.mhlw.go.jp/content/12300000/001248430.pdf）。

(11) 全日本病院協会「身体拘束ゼロの実践に向けて介護施設・事業所における取組・手引き」2024年（https://www.mhlw.go.jp/content/12300000/001248433.pdf）。

(12) 体内に貯留した血液などの液体を体外に排出する医療行為がドレナージで，それに使用する管のことをドレーンという。

(13) 認知機能が低下している，意識障害があるなどの理由により点滴やドレーンを抜いてしまう危険行為を防止するためのミトン型の手袋のことで，自分では取り外せないようになっている。

(14) 小藤幹恵『急性期病院で実現した身体抑制のない看護──金沢大学附属病院で続く挑戦』日本看護協会出版会，2018年。

(15) 小藤幹恵「高度急性期医療の場での抑制しない看護へのチャレンジ」『日本看護評価学会誌』9（1），2019年，9-16頁。

(16) エキスパートナース編集部「身体的拘束最小化を看護の質向上につなげる」『Expert Nurse』40（8），2024年，18-39頁。

(17) 厚生省「社会福祉の増進のための社会福祉事業法等の一部を改正する等の法律の概要」2000年（https://www.mhlw.go.jp/www1/topics/sfukushi/tp0307-1_16.html）。

(18) 岡村重夫『社会福祉原論』全国社会福祉協議会，1983年，95-103頁。

(19) 結城康博『社会福祉学原論──人口減少社会を見据えて』淑徳大学長谷川仏教文化研究所，2021年，88頁。

⑳　厚生労働省「障害福祉サービスの利用等にあたっての意思決定支援ガイドラインについて」2017年（https://www.mhlw.go.jp/file/06-Seisakujouhou-12200000-Shakaiengokyokushougaihokenfukushibu/0000159854.pdf）。

㉑　厚生労働省「認知症の人の日常生活・社会生活における意思決定支援ガイドライン」2018年（https://www.mhlw.go.jp/file/06-Seisakujouhou-12300000-Roukenkyoku/0000212396.pdf）。

㉒　福祉医療機構「認知症施策推進総合戦略（新オレンジプラン）制定までの経緯と概要について」n.d.（https://www.wam.go.jp/content/wamnet/pcpub/top/appContents/wamnet_orangeplan_explain.html）。

㉓　地域共生政策自治体連携機構「サポーターの養成状況」2024年（https://www.caravanmate.com/result/）。

㉔　認知症介護研究・研修仙台センター「認知症カフェの類型と効果に関する調査研究報告書」2023年（https://www.mhlw.go.jp/content/12300000/001128627.pdf）。

㉕　認知症施策推進関係閣僚会議「認知症施策推進大綱」2020年（https://www.mhlw.go.jp/content/000522832.pdf）。

㉖　厚生労働省「認知症本人大使『希望大使』」n.d.（https://www.mhlw.go.jp/stf/seisakunitsuite/bunya/hukushi_kaigo/kaigo_koureisha/ninchi/kibou.html）。

㉗　健康と病いの語り　ディペックス・ジャパン「認知症の語り」2021年（https://www.dipex-j.org/dementia/）。

㉘　佐藤雅彦「認知症になった私から伝えたいこと」n.d.（https://www.sato-masahiko.com/）。

㉙　介護保険法第115条の46第1項。

㉚　厚生労働省「地域包括支援センターについて」n.d.（https://www.mhlw.go.jp/content/12300000/001236442.pdf）。

㉛　厚生労働省「地域ケア会議について」n.d.（https://www.mhlw.go.jp/content/12300000/001236582.pdf）。

**参考文献**

厚生労働省『令和6年版　厚生労働白書』（https://www.mhlw.go.jp/wp/hakusyo/kousei/23/dl/zentai.pdf，2024年12月26日アクセス）。

坂野悠己・駒場苑の仲間たち『駒場苑がつくった介護百首──みるみるわかる生活リハビリ』七七舎，2023年。

佐藤雅彦『認知症になった私が伝えたいこと』大月書店，2014年。

鈴木みずえ・黒川美知代編『認知症plus身体拘束予防──ケアをみつめ直し，抑制に頼らない看護の実現へ』（[認知症plus]シリーズ）日本看護協会出版会，2020年。

たっつん『認知症の人、その本当の気持ち』KADOKAWA，2024年。

内閣府『令和6年版 高齢者社会白書』（https://www8.cao.go.jp/kourei/whitepaper/ w-2024/zenbun/06pdf_index.html，2024年12月26日アクセス）。

<table>
<tr><td>第7章</td><td>低所得高齢者・単身高齢者等への支援</td></tr>
</table>

　今後の日本では高齢者間の格差拡大に伴う低所得高齢者の増加と，家族の形が変わりつつある中で単身高齢者の増加が見込まれている。本章では，低所得の高齢者，単身高齢者等の生活を支援する国の制度や仕組みについて述べる。

# 1　低所得者と高齢者福祉

## （1）高齢者間の生活格差

### 1）高齢者の所得の現状

　「格差社会」が叫ばれて久しい。元々，資本主義社会とは人々に生活格差が存在することを是認する社会ではあるが，2000年頃より非正規雇用が拡大し，働いても貧困状態から抜け出せない「ワーキングプア」という言葉が登場した一方で，大企業の役員であれば年収1億円超も珍しくない。もちろん，日本では社会保障制度による再分配の仕組みがある程度機能している。しかし，それでも「子どもの貧困」「女性の貧困」「若者の貧困」などといった言葉が度々話題になるなど，低所得者層と高所得者層の格差は大きいのが現状である。

　以上は格差や貧困に関する一般論であるが，高齢者に対象を絞った場合はどうだろうか。高齢者をめぐっては近年，「振り込め詐欺」や「アポ電強盗」などの犯罪被害が後を絶たず，多額の金品を盗まれてしまったという報道も各地で聞かれる。このような報道を聞くと，高齢者には比較的裕福な人が多いような印象を受けるかもしれない。しかし，実際には高齢者もまた国民全体の傾向と同様に，というよりも現役世代以上に，大きな生活格差が生じており，厳しい生活を強いられている人も数多くいるのが現状である。

123

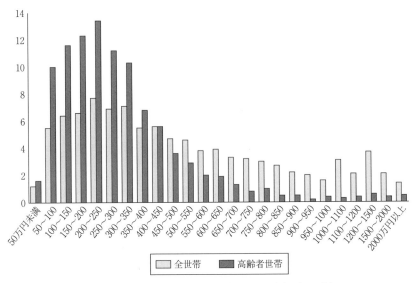

図7-1　全世帯と高齢者世帯の所得階層別分布（2022年）
出所：内閣府『高齢社会白書』令和6年版「第1章第2節1　就業・所得」(https://www8.cao.go.jp/kourei/whitepaper/w-2024/html/zenbun/s1_2_1.html)を基に筆者作成。

図7-1は，日本の全世帯と，世帯主が65歳以上の高齢者世帯における，1年間の所得階層別の分布を示したものである。

これを見ると，「全世帯」に比べ，「高齢者世帯」では1年間の所得が「50万～100万円」「100万～150万円」「150～200万円」といった比較的低所得の層に集中していることがわかる。一方で年間所得1,000万円超の世帯も割合としては少ないが，一定数存在する。

2）高齢者の収入の内訳

次に図7-2は，高齢者の収入の多くを占めると考えられる「公的年金・恩給」が，高齢者の1年間の収入に占める割合の分布を示している。「公的年金」とは国民年金（老齢基礎年金），厚生年金の2種類を指す。「恩給」とは1923年成立の恩給法にもとづく年金制度で，「共済年金制度移行前に退職した一般文官」および「旧軍人」ならびに「その遺族」を対象として支給される。2023年3月末現在における恩給受給者のうち，98.4％は旧軍人関係である。[1] 図7-2

第7章　低所得高齢者・単身高齢者等への支援

を見ると，総所得に占める公的年金・恩給の割合が「100％」という高齢者世帯が44％と半数近くを占める。さらに「80～100％未満」の世帯が16％あり，合わせて約6割の高齢者世帯が所得の大半を公的年金・恩給に頼っていることがわかる。2024年度における標準的な年金額は国民年金（満額）で1人月額6万8,000円，厚生年金（夫婦2人分）は月額23万483円である。近年の物価上昇の流れを受けて年金支給額は徐々に上がっているが，夫婦2人分の厚生年金だと年額約277万円の計算である。単身世帯で国民年金のみの場合は満額受給でも年額81万6,000円と，これのみでは生活が成り立たない水準にある。

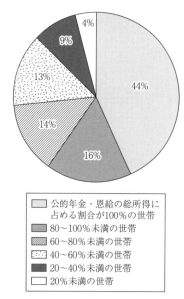

図7-2　高齢者世帯の総所得に占める公的年金・恩給の割合の分布

出所：図7-1と同じ。

### 3）高齢者の貯蓄の状況

次に，図7-3を見てみる。図7-1は1年間に得た所得（収入）の分布を示すものであったが，図7-3は高齢者世帯を含む「2人世帯」の「貯蓄額」の分布を示している。

この図を見ると，貯蓄額が「4,000万円以上」という2人以上の高齢者世帯が17.7％である一方，「100万円未満」というほとんど蓄えのない世帯も8.3％となっている。2019年6月に金融庁のワーキンググループが発表した報告書では「老後20～30年間の生活で約1,300万円～2,000万円が不足する」との試算がなされ，「老後2,000万円問題」として話題になった。これは高齢夫婦無職世帯の場合，毎月の収入と支出を見ると平均で約5万円の赤字となっているため，不足分については貯蓄を取り崩して生活している現状があることから，老後に必要な貯蓄額を算出したものである。図7-3で2,000万円超の貯蓄がある高齢者世帯は約42.5％であるが，現在十分な貯蓄がある世帯でも，今後の生活のな

125

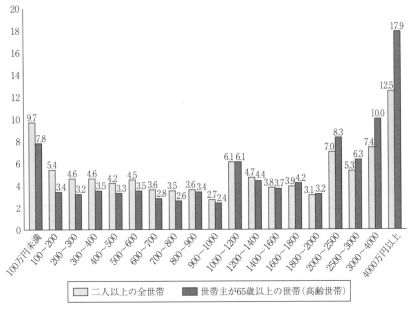

図7-3 貯蓄額の階級別世帯分布（2人以上の世帯）

出所：図7-1と同じ。

かで貯蓄額は徐々に目減りすることが予測される。とくに高齢者の場合は急な病気や介護などで突発的に多額の支出が発生する可能性があり，ある程度の貯蓄があっても経済的な不安がぬぐえない側面もある。

さらに注意が必要なのは，図7-3は「2人以上の世帯」のみを分析したものであり，単身世帯の貯蓄額が反映されていない点である。後述するが高齢単身世帯には生活保護を受給している世帯が多いほか，金融資産を保有していない(4)（貯蓄がない）世帯も多く，一般的に2人世帯よりも貯蓄額は少ない傾向にあることが予測される。

以上のように，高齢者世帯の所得や貯蓄額には大きな開きがあり，その生活格差は大きい。介護人材不足を背景に，将来要介護状態になった時，介護サービスを必要十分に受けられる人と，思うように受けられない人が出てきてしまう「介護格差」が社会問題となっている(5)。この介護格差に経済的格差も少なからず影響を与えることが指摘されており，所得の低い人や十分な貯蓄を有して

第 7 章　低所得高齢者・単身高齢者等への支援

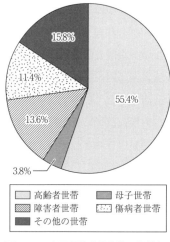
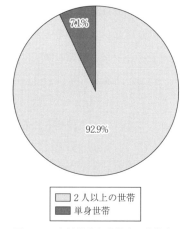

図7-4　生活保護受給世帯の世帯類型別割合（2024年5月）

出所：厚生労働省「被保護者調査（令和6年5月分概数）」（https://www.mhlw.go.jp/toukei/saikin/hw/hihogosya/m2024/05.html）を基に筆者作成。

図7-5　生活保護を受給する高齢者世帯における単身世帯の割合（2024年5月）

出所：図7-4と同じ。

いない人が，安心して介護サービスを受けられる環境をどのように整備していくかが課題となる。

### （2）低所得高齢者への費用負担軽減の仕組み

#### 1）生活保護と高齢者の関係

　経済的に困窮して，最低限度の生活を維持するのも難しくなった時の最後のセーフティネットとして生活保護制度がある。厚生労働省では毎月の生活保護受給世帯の状況を「被保護者調査」で把握している。[6] 図7-4は，この調査で公表されたある月の世帯類型別割合を示したものである。これを見ると，全体の55.4％と半数以上を「高齢者世帯」が占めていることがわかる。

　次に，図7-5は生活保護を受給している高齢者世帯のうち，単身世帯と2人以上世帯の割合を見たものである。9割以上を単身世帯が占めていることがわかる。これを図7-4の数値に当てはめると，生活保護受給世帯全体を見て

127

も，高齢単身世帯が51.5％と半数以上を占めていることになる。

　ここで引用したのはある1カ月の結果であるが，これまでの推移を見ても，ここ30年ほどおおむねこの傾向は変わっていない。[7]高齢者に生活保護受給世帯が多いのは，前述した年金額との関係がある。とくに国民年金制度は親族による扶養（とくに子どもからの仕送りや同居）がある前提で，足りない分を補助するという考え方のもと設計されている。そのため現役時代に真面目にコツコツと年金を収めた者が，引退後に国民年金を満額受給できたとしても，2024年度実績で月額6万8,000円であり，この金額のみで生活を成り立たせることは非常に困難である。しかし昨今，社会が激変して子どもと同居せず，経済的支援を得られない高齢者が増えており，またそもそも未婚などの理由で子どもがいない高齢者も少なくない。国民年金のみでは家賃の支払いなどを行えず，日々の生活に足りない分を，生活保護を受給して何とかしのぐ高齢者が多いという現状がある。

　このように，高齢単身世帯を中心に生活保護を受給している高齢者は他の世代と比べても多く，高齢者福祉を考える上で生活保護との関わりは避けて通れないものとなっている。

### 2）応能負担と応益負担

　「応能負担」と「応益負担」という考え方がある。「応能負担」とはサービスの利用にあたり，その負担能力（具体的には収入など）に応じて支払いをする仕組みである。サービスの利用頻度にかかわらず，その人の負担能力に応じて課された利用料を支払うことになる。現在の日本では，例えば公的な保育サービスにおける保育料の支払いがこの応能負担の考え方に則って運用されている。保育を週に5日利用しても，月に1日だけしか利用しなくても，支払う利用料は同じである。また，同じように週5日保育サービスを利用していても，所得が高い家庭と低い家庭では，支払額が異なってくる。

　一方，「応益負担」とは基本的にその人の負担能力ではなく，サービスを利用した分だけ支払い負担が生じる仕組みである。介護保険制度は基本的に，この応益負担の考え方に則って制度が運営されている（ただし，後述するように応能負担の考え方も一部併用されている）。そのため，例えば訪問介護やデイサービ

スなどの介護保険サービスを利用すればするほど，利用料金が高くなる仕組みとなっている。こうなると，収入が十分ではなく，今後の生活に不安がある人にとっては，必要な介護サービスを利用せず我慢してしまう，いわゆる「利用控え」が生じてしまいかねない。加齢や疾病が原因でさまざまな障害を抱えた高齢者にとって，介護サービスは生活の基盤である。これを無理に我慢して利用を控えるようなことがあれば，ますます心身の機能が悪化したり，不衛生な環境に置かれてしまったり，最悪の場合は生命の危険につながってしまう。

### 3）生活保護と介護扶助

そこで，介護保険制度を補足するような形で，低所得者を対象とした各種の減免措置が準備されている。まず，生活保護を受給している高齢者が介護保険サービスを利用する際の負担については，生活保護制度の中の「介護扶助」という形で，全額が現物支給される。現物支給とは，現金支給に対する用語で，金銭ではなくサービスそのものを支給することである。つまり，生活保護受給者に金銭を給付してその分を介護サービスの支払いに充ててもらうのではなく，受給者には自己負担なしで介護サービスを利用してもらい，その分の支払いは国から直接介護サービス事業者に支払う形をとっている。なお，生活保護制度において同じく現物支給がされる扶助の種類として医療扶助がある。なお，生活保護受給者が介護保険施設に入居した際の居住費や食費の支払いに充てられる住宅扶助や生活扶助は現金支給である。

### 4）特定入所者介護（予防）サービス費（補足給付）

特定入所者介護（予防）サービス費（補足給付）とは，介護保険施設に入所した際にかかる「食費」「居住費」の部分について，低所得者の負担を軽減する仕組みである。特別養護老人ホーム等の介護保険施設に入所した際は，表7-1のような費用がかかる。

「施設サービス費」とは施設の介護サービスを受けるのにかかる基本費用であり，介護報酬にもとづいて要介護度別に単位（費用）が設定されている。介護保険の枠内での運用となるため利用者の自己負担は原則1割，一定以上の所得がある人については2割または3割である。生活保護受給者の場合は施設サービス費の分について介護扶助が支出される。

表7-1 特別養護老人ホームの1カ月の自己負担の目安（1割負担の場合）

○要介護5の人が多床室を利用した場合

| 施設サービス費の1割 | 2万6,130円（847単位×30日） |
| 居住費 | 2万7,450円（915円×30日） |
| 食　費 | 4万3,350円（1,445円×30日） |
| 日常生活費 | 約1万円<br>（施設により設定される） |
| 合　計 | 約10万6,930円 |

○要介護5の人がユニット型個室を利用した場合

| 施設サービス費の1割 | 2万6,130円（847単位×30日） |
| 居住費 | 6万1,980円（2,066円×30日） |
| 食　費 | 4万3,350円（1,445円×30日） |
| 日常生活費 | 約1万円<br>（施設により設定される） |
| 合　計 | 約14万1,460円 |

注：このほか，施設が算定している介護サービス加算に応じて利用者の自己負担が追加で生じる。
出所：厚生労働省「介護報酬の算定構造」（https://www.mhlw.go.jp/content/12300000/001195509.pdf）お
　　　よび厚生労働省介護サービス情報公表システム「介護保険の解説 サービスにかかる利用料」
　　　（https://www.kaigokensaku.mhlw.go.jp/commentary/fee.html）を基に筆者作成。

　これとは別に，「食費」や「居住費」が，介護保険外でかかる。これらは介護保険制度開始当初は「施設サービス費」の中に含まれていたが，在宅で療養して介護保険制度を利用している人との公平性を図る観点から，2005年の介護保険法改正で保険の対象外となり，全額自己負担となった経緯がある。そのほか「日常生活費」については施設でのレクリエーションや理美容費，嗜好品にかかる費用として各施設が自由に金額を設定して徴収するものである。

　このなかで，とくに利用者の負担が大きいのが食費と居住費である。そこで，表7-2に示したような基準をもとに，低所得者の食費や居住費の負担を軽減する仕組みが補足給付である。

　補足給付は年金収入を含む1年間の所得金額と，預貯金額をもとに給付の対象となるかどうかが判定される。給付の対象となった場合は，利用者負担段階に応じて食費と居住費の負担限度額が設定され，これを超える分については介護保険の財源による補足給付が行われる。例えば，食費の基準費用額は1日1,445円であるが，第1段階と判定された人は1日300円の負担で済み，残りの1,145円は補足給付が行われるといった具合である。

　なお，短期入所生活介護（ショートステイ）を利用する場合にも食費の部分について補足給付が利用できる。要介護者のみならず，要支援者が「介護予防短期入所生活介護」を利用する場合であっても対象となる。

第7章　低所得高齢者・単身高齢者等への支援

表7-2　補足給付の主な対象者と負担限度額

<table>
<tr><td rowspan="2">利用者<br>負担段階</td><td colspan="2">主な対象者</td><td rowspan="2"></td></tr>
<tr><td colspan="2">預貯金額（夫婦の場合）</td></tr>
<tr><td rowspan="8">補足給付の対象</td><td rowspan="2">第1段階</td><td colspan="2">・生活保護受給者</td><td>要件なし</td></tr>
<tr><td colspan="2">・世帯全員が市町村民税非課税である年金受給者</td><td>1,000万円（2,000万円）以下</td></tr>
<tr><td>第2段階</td><td rowspan="3">世帯全員が<br>市町村民税<br>非課税</td><td>年金収入＋合計所得金額80万円以下</td><td>650万円（1,650万円）以下</td></tr>
<tr><td>第3段階①</td><td>年金収入＋合計所得金額80万円超〜120万円以下</td><td>550万円（1,650万円）以下</td></tr>
<tr><td>第3段階②</td><td>年金収入＋合計所得金額120万円超</td><td>500万円（1,500万円）以下</td></tr>
<tr><td>第4段階</td><td colspan="2">・世帯に課税者がいる者　　・市町村民税本人課税者</td><td></td></tr>
</table>

<table>
<tr><td colspan="2" rowspan="2"></td><td rowspan="2">基準費用額<br>（日額（月額））</td><td colspan="4">負担限度額（日額（月額））　※食費の【 】はショートステイ</td></tr>
<tr><td>第1段階</td><td>第2段階</td><td>第3段階①</td><td>第3段階②</td></tr>
<tr><td colspan="2">食　費</td><td>1,445円（4.4万円）</td><td>300円（0.9万円）<br>【300円（0.9万円）】</td><td>390円（1.2万円）<br>【600円（1.8万円）】</td><td>650円（2.0万円）<br>【1,000円（3.0万円）】</td><td>1,360円（4.1万円）<br>【1,300円（4.0万円）】</td></tr>
<tr><td rowspan="6">居住費</td><td rowspan="2">多床室</td><td>特養等</td><td>915円（2.8万円）</td><td>0円（0万円）</td><td>430円（1.3万円）</td><td>430円（1.3万円）</td><td>430円（1.3万円）</td></tr>
<tr><td>老健・医療院等</td><td>437円（1.3万円）</td><td>0円（0万円）</td><td>430円（1.3万円）</td><td>430円（1.3万円）</td><td>430円（1.3万円）</td></tr>
<tr><td rowspan="2">従来型個室</td><td>特養等</td><td>1,231円（3.7万円）</td><td>380円（1.2万円）</td><td>480円（1.5万円）</td><td>880円（2.7万円）</td><td>880円（2.7万円）</td></tr>
<tr><td>老健・医療院等</td><td>1,728円（5.3万円）</td><td>550円（1.7万円）</td><td>550円（1.7万円）</td><td>1,370円（4.2万円）</td><td>1,370円（4.2万円）</td></tr>
<tr><td colspan="2">ユニット型個室<br>的多床室</td><td>1,728円（5.3万円）</td><td>550円（1.7万円）</td><td>550円（1.7万円）</td><td>1,370円（4.2万円）</td><td>1,370円（4.2万円）</td></tr>
<tr><td colspan="2">ユニット型個室</td><td>2,066円（6.3万円）</td><td>880円（2.6万円）</td><td>880円（2.6万円）</td><td>1,370円（4.2万円）</td><td>1,370円（4.2万円）</td></tr>
</table>

出所：厚生労働省「令和6年度介護報酬改定における改定事項について」（https://www.mhlw.go.jp/content/12300000/001213182.pdf）を基に筆者作成。

## 5）自己負担割合と高額介護サービス費

　前述のように介護保険制度は基本的に応益負担の考え方に則って設計・運用されている。しかし，一部応能負担の考え方も併せて導入されており，それが「自己負担割合」と「高額介護サービス費」，前述の「補足給付」などに表れている。

　自己負担割合については，介護保険制度開始当初は一律1割の利用者負担となっていたが，近年の介護保険法改正により所得による違いが見られるようになった。具体的には，2014年の介護保険法改正で年間所得280万円以上（単身世帯の場合。2人以上世帯の場合は346万円以上）の人は自己負担割合が2割となった。さらに2017年の介護保険法改正で年間所得340万円以上（2人以上世帯の場合は463万円以上）の人について3割負担が導入されている。ただし，3割負担

表7-3 高額介護サービス費の負担限度額

| 区分 | | 負担の上限額 |
|------|------|------|
| 課税所得690万円（年収約1,160万円）以上 | | 14万100円（世帯） |
| 課税所得380万円（年収約770万円）～<br>同690万円（年収約1,160万円）未満 | | 9万3,000円（世帯） |
| 市町村民税課税～<br>課税所得380万円（年収約770万円）未満 | | 4万4,000円（世帯） |
| 世帯の全員が市町村民税非課税 | | 2万4,600円（世帯） |
| | 前年の合計所得金額（年金収入を含む）が80万円以下 | 2万4,600円（世帯） |
| | | 1万5,000円（個人） |
| 生活保護を受給している方 | | 1万5,000円（世帯） |

出所：厚生労働省「高額介護サービス費 リーフレット」（https://www.mhlw.go.jp/content/000334526.pdf）を基に筆者作成。

であっても際限なく介護費用がかかるわけではなく，所得に応じた支払い上限額が設定されている。それが「高額介護サービス費」の仕組みである。

　高額介護サービス費とは，1カ月に支払った利用者負担の合計が負担限度額を超えた場合に，超えた分が払い戻される仕組みである。各所得金額に応じた負担限度額は表7-3の通りである。

### 6）高額医療・高額介護合算療養費（高額医療合算介護サービス費）

　高齢者は介護に費用がかかるだけでなく，内科，眼科，整形外科などさまざまな科に通院し，医療費も多くかかってしまうことがある。高額介護サービス費に加え，医療費との兼ね合いで負担軽減を図る「高額医療・高額介護合算療養費（高額医療合算介護サービス費）」という仕組みもある。

　高額医療合算介護サービス費は，毎年8月1日～7月31日までの1年間にかかった医療保険と介護保険の自己負担合算額が高額となった場合に，自己負担を軽減する制度である。ただし，同制度の適用には所得に応じて設定されている上限額を超えていることに加え，同じ世帯のなかで加入している医療保険が同じでなければならないという条件がある。例えば，夫が75歳以上で後期高齢者医療保険の加入者であり，妻が70歳で国民健康保険の加入者である場合などは，夫婦それぞれの医療費を合算して計算することができないため，注意が必要である。

第7章　低所得高齢者・単身高齢者等への支援

## 2　単身世帯と高齢者福祉

### （1）単身高齢者の増加と諸問題

　日本の高齢者が属する世帯の構成は，ここ数十年で様変わりした。1980年頃は，高齢者が属する世帯の半数以上が「祖父母，親，子（孫）」の3世代同居であったが，現在3世代同居の世帯は10％に満たず，代わりに高齢者の単独世帯と夫婦のみ世帯があわせて半数以上を占めている[8]。そして，とくに今後増加することが見込まれているのが単身高齢世帯である。

　国立社会保障・人口問題研究所の推計によれば，2020年時点ですでに高齢者が属する世帯全体の約35％を単独世帯が占めているが，この割合は2050年には約45％まで上昇する見込みであるという。高齢のひとり暮らしであっても，子どもや親族が近居しており，日常的にさまざまなサポートを受けられるケースもある。しかし，未婚率の上昇や兄弟姉妹数の減少を受けて，30年後の高齢単独世帯では近親者がまったくいない者が急増する可能性が指摘されている[9]。

　単身高齢者については，住まいの問題や災害時の避難支援，認知症等の影響により判断能力が衰えた時の金銭管理など，他の年代・世帯にはない問題が生じやすい。こうした支援は同居または近居の家族が主に担ってきたが，徐々に福祉業界を中心とした社会的支援の必要性が増している。以下では，こうした課題に対応するための現在の福祉制度や社会資源について述べる。

### （2）住まいの確保──住宅確保要配慮者・居住支援協議会・居住支援法人

#### 1）住宅確保要配慮者とは

　日本では高齢者や低所得者を含むすべての人が安心して住居を得ることができる社会環境の整備をめざし，2006年に住生活基本法が制定された。しかし，実際には民間アパートなどの賃貸住宅への入居を希望しても，入居を拒まれてしまうケースがある。とくに単身高齢者や収入の少ない人は，孤独死や家賃滞納などが生じることを恐れ，貸主（大家）が契約に後ろ向きなことも多いようである。このように，住宅の確保に困難を抱える恐れがある人たちは住宅確保

要配慮者と呼ばれている。

　住宅確保要配慮者の範囲は，2007年に制定された住宅セーフティネット法（正式名称：住宅確保要配慮者に対する賃貸住宅の供給の促進に関する法律）によって，低所得者，被災者，高齢者，障害者，子育て世帯などと定められている。また，国土交通省の省令によって外国人等も住宅確保要配慮者として定められているほか，各自治体の計画によって新婚世帯や原爆被爆者，児童養護施設退所者，LGBTなども配慮者に指定することができる。このなかで最も多くの割合を占めるのが単身高齢者を中心とする高齢世帯である。

　住宅セーフティネット法では，こうした住宅の確保に配慮が必要な人が円滑に住まいを探すことができるような各種施策を定めている。とくに2017年の同法改正により，住宅セーフティネット制度は強化され，①住宅確保要配慮者の入居を拒まない賃貸住宅の登録制度，②登録住宅の改修費補助や入居者への経済的支援，③住宅確保要配慮者のマッチング・入居支援を三本柱として，施策を進めることが規定されている。[10]

### ２）居住支援協議会とは

　住宅確保要配慮者のサポートをするため，市町村や都道府県に設立されるのが居住支援協議会である。不動産関係団体と地方公共団体，居住支援を行うNPO法人や社会福祉法人がネットワークを作り，住宅確保要配慮者と，貸主（大家）の双方に必要な支援を検討・実施している。

　具体的には高齢者の受け入れを積極的に進めている賃貸住宅の情報をまとめることや，住まいに関する相談窓口の整備，家賃債務保証業者等に関する情報提供等を行っている。[11]

　家賃債務保証とは，アパートなどの賃貸契約の際に必要となることが多かった「連帯保証人」に近い役割を保証業者が果たす仕組みである。借主があらかじめ一定の保証料を業者に支払うことにより，家賃滞納が万一発生した場合に，保証業者が立替を実施することで貸主（大家）の負担を軽減する。家賃債務保証を行う業者は国に登録を行っており，こうした制度があることで親族などのサポートを得られない人でも住宅を借りやすくなるメリットがある。なお，近年は家賃債務保証を必須としない賃貸住宅も増えており，このような住宅に関

する情報提供も居住支援協議会が行っている。

　住宅確保要配慮者に関する支援は不動産業界と福祉業界という異なる業界が連携を図る必要があり，自治体が中心となって居住支援協議会というプラットフォームを構築することの意義は大きい。2024年6月30日時点で，全国の都道府県および市区町村に144の居住支援協議会が組織されている。[12]

### 3）居住支援法人とは

　居住支援法人とは，住宅確保要配慮者の賃貸住宅への入居支援（家賃債務保証を含む）や，入居後の生活相談，見守り等を実施する法人である。住宅セーフティネット法にもとづいて都道府県が指定を行っており，NPO法人や社会福祉法人，一般社団法人，一般財団法人，居住支援を目的とする株式会社などが指定されている。

　一例として，2022年に東京都の居住支援法人に指定されたR65不動産という株式会社では，65歳以上の高齢者向けの賃貸住宅に関する物件情報を集めたポータルサイトを運営するなど，高齢者の住まい探しに一貫して取り組んでいる。代表の山本遼氏によれば，高齢者が入居を断られる理由として入居者の孤独死への不安や，身寄りがない高齢者が亡くなった後の残置物処理に関する不安が貸し手からよく聞かれるという。そこで貸し手の不安を解消するための見守りサービスや残置物処理の方法に関する提案を行うなどして，入居者だけでなく貸し手側にもアプローチをすることで，高齢者が賃貸住宅に入居しやすい環境づくりを進めている。[13]また，東京都町田市で高齢者福祉事業を展開している社会福祉法人悠々会では，住宅確保要配慮者から相談を受けて一緒に部屋を探すだけでなく，法人として部屋を借り上げて低廉な家賃で貸し出し，入居後も見守りや生活相談等の支援を行う「あんしん住宅事業」を実施している。[14]

　居住支援法人は2024年3月末時点で全国822法人が指定されており，年間100法人のペースで増えている。

### 4）2024年の住宅セーフティネット法改正

　住宅セーフティネット法は2024年の通常国会でも改正され，以下の3点を施策の柱として，住宅確保要配慮者の住まいに関する環境整備をさらに推進していくこととなった。[15]

第1に，大家が賃貸住宅を提供しやすく，要配慮者が円滑に入居できる市場環境の整備がある。具体的には入居者死亡時の残置物処理をスムーズに行うため，居住支援法人の業務に入居者からの委託にもとづく残置物処理を追加することや，要配慮者が利用しやすい家賃債務保証業者の認定制度の創設を行う。

　第2に，居住支援法人等が入居中のサポートを行う賃貸住宅の供給促進である。通称「居住サポート住宅」（法律上の名称は「居住安定援助賃貸住宅」）の認定制度を創設し，居住支援法人等が安否確認や見守り，適切な福祉サービスへのつなぎを行う住宅を増やす。また，生活保護受給者に支給される住宅扶助について，現在は家賃相当額の現金支給を行い，受給者本人が家賃支払いを行う形が原則となっているが，新たに認定する居住サポート住宅においてはこの手続きを変更する。具体的には保護の実施機関が貸主（大家）に直接家賃を支払う代理納付を原則化する（いわゆる現物支給の方式をとる）。これにより貸主の家賃滞納に対する不安の軽減を図る。

　第3に，住宅施策と福祉施策が連携した地域の居住支援体制の強化がある。具体的には，市町村による居住支援協議会の設置を努力義務化し，住まいに関する相談窓口の整備や，入居前・入居中・退去時の支援まで地域における不動産関係者と福祉関係者の連携を促進する。空き家や空き室が増えている現状も踏まえ，こうした地域資源の有効活用を推進することをめざしている。

## （3）災害への対応——避難行動要支援者と個別避難計画・BCP

### 1）避難行動要支援者名簿

　単身高齢者が増える中で，住宅の確保とともに不安視されているのが災害時の避難体制の確保である。大きな災害の際，高齢者や障害者など自力での避難に困難を抱えやすい方の死亡率は，健常者に比べてかなり高い割合に上るなど，災害の被害は社会的弱者に集中することが知られている。

　災害時の避難体制づくりなど，防災に関する事項を定めた法律に災害対策基本法がある。国は2013年の同法改正で，避難行動要支援者名簿の作成を基礎自治体（市町村）に義務づけた。避難行動要支援者名簿とは，高齢者や障害者，乳幼児など，自力での避難が困難な人・世帯が自治体（市役所など）に登録す

第7章　低所得高齢者・単身高齢者等への支援

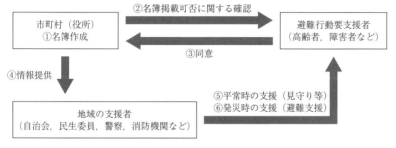

**図7-6**　避難行動要支援者名簿 活用の流れ
出所：内閣府リーフレット「災害時に備えて今できること」（https://www.bousai.go.jp/taisaku/hisaisyagyousei/pdf/panf.pdf）を基に筆者作成。

ることで，災害時に避難の助けを得られるよう体制を整えておくための名簿のことである。

　避難行動要支援者名簿活用の流れは，図7-6の通りである。まず，市町村が住民情報をもとに氏名，生年月日，住所，電話番号その他の連絡先等を記載した避難行動要支援者名簿を作成する（①）。次に，名簿に掲載した要支援者に対して，地域の関係者に名簿情報を提供して良いかどうか確認する（②）。これに対して本人からの同意（③）を得られた場合のみ，自治会（消防団などの自主防災組織）や民生児童委員など地域の支援者に名簿情報を提供する（④）。情報を受けた支援者は平常時から避難行動要支援者を訪問して声かけ・見守りを行うなどして顔の見える関係を作っておき（⑤），いざ災害が発生した際は速やかに安否確認や避難行動の支援を行う（⑥）。

　このような手続きを経て，避難行動要支援者名簿には自治体が災害時の避難に支援が必要であると判断する人全員をピックアップした「対象者名簿（全体名簿）」と，地域への情報提供に同意した人のみを掲載している「登録者名簿（同意者名簿）」と呼ぶべき2種類が作成されることになる[16]。名簿情報を提供する「登録者名簿」への掲載は，プライバシーや個人情報保護を理由に同意しない世帯も多く，着実に制度を運用していく上での課題となっている。ただし，大きな災害が発生して市町村長が必要だと判断した場合には，本人の同意の有無に関係なく名簿情報を地域の支援者に提供できることが，災害対策基本法で

規定されている（第49条の11第3項）。

### 2）個別避難計画

　個別避難計画とは，高齢者や障害者など自力での避難が難しい避難行動要支援者一人ひとりについて，災害が発生した時に「誰が避難行動を支援するか」「どこに避難するか」「避難した後にどのような配慮が必要か」「緊急時の連絡先」などをあらかじめ記載しておく書類である。本人と家族の同意を得て作成し，かかりつけの医療機関などを記載しておくこともある。実際に支援にあたる地域の関係者を決めておき，その名前を明記しておくことで，災害時の避難行動支援に実効性をもたせていることが特徴である。

　市町村による個別避難計画の作成については，2021年の災害対策基本法改正で努力義務化された。それ以降，個別避難計画の作成に着手し始めた自治体は増えており，2024年4月1日時点で91.8％が着手済みと回答している。しかし，裏を返せば法改正により市町村の努力義務となって3年近くが経過しても，約8％の自治体で作成に取りかかれていないという事でもある。さらに，「着手済み」と回答した自治体の中で対象者（避難行動要支援者）の8割以上を策定済であるのは13.9％であり，一方で51.3％は対象者の2割以下しか策定できていない状況にとどまっている[17]。個別避難計画の作成には本人・家族の同意を得ることや支援者の確保など一定の手間がかかり，進みづらいことが指摘されている。

　大分県別府市では，ケアマネジャーや相談支援専門員などの福祉専門職と連携して個別避難計画の作成を進めており，「別府モデル」として知られる[18]。日頃から要支援・要介護高齢者や障害者の生活をサポートし，相談支援に取り組んでいる福祉専門職が個別避難計画づくりに関わることで，計画作成がスムーズに進むことが期待されており，今後の展開が注目される。

### 3）業務継続計画（Business Continuity Plan：BCP）

　災害への備えとして，利用者目線で重要性を増しているのが個別避難計画であるが，福祉施設等の事業者視点で重要なのが業務継続計画（Business Continuity Plan：BCP）である。BCPとは，感染症や災害時などの緊急事態においても，事業を継続させるためにあらかじめ立てておく計画のことであり，福

祉関係の事業所に限らず，一般企業においても策定しておくことが推奨されている（「事業継続計画」と記載されることもある）。

　介護施設・事業所においてはとくに，サービス提供の相手が社会的に弱い人たちであることから，有事においても施設のライフラインや人員体制を整え，事業を継続することは非常に重要である。このことから，2021年の介護報酬改定において，すべてに介護施設・事業所について業務継続計画（BCP）の策定が義務化され，2024年4月以降に未策定の場合は報酬の減算措置が適用されることとなった。

　業務継続計画（BCP）は単に策定するだけでなく，その内容について全従業員に周知しておくことが必要である。BCPに記載し，従業員に周知すべき内容としては，例えば以下のようなものがある。

　　①　緊急時の責任者や連絡網の整備。
　　②　食料や物資の備蓄。
　　③　非常用電源の準備。
　　④　外部の応援人員確保の約束，等。

　厚生労働省老健局は，2024年に「介護施設・事業所における自然災害発生時の業務継続ガイドライン」を公表している[19]。ここでは介護サービス事業者に求められる役割として，①サービスの継続，②利用者の安全確保，③職員の安全確保，④地域への貢献の4点があげられている。また，業務継続計画（BCP）では災害が発生した際の緊急時の対応だけでなく，あらかじめ建物の安全基準等を確認することや必要品の備蓄などの「平常時の対応」，外部からの応援を依頼するための連携先との協議など「他施設との連携」，福祉避難所に指定された場合の運営方法など「地域との連携」等も検討事項として示されている。

## （4）成年後見制度と日常生活自立支援事業

### 1）成年後見制度

　日常的に頼れる親族のいない単身世帯の高齢者が認知症等により，さまざま

な契約手続きや金銭管理を自身で行うことができなくなった場合，社会生活に困難が生じる。このような人たちを社会的に支える仕組みの一つに成年後見制度がある（第6章参照）。

　成年後見制度の利用者数は2023年12月末時点で約25万人となっている。制度の対象となるのは認知症高齢者のほか，知的障害者や精神障害者などであるが，現在，被申立人（後見人による支援を受ける人）のうち男性では71.7％は，女性では86.1％が65歳以上の高齢者である。また，後見を受けるきっかけとなった原因疾患の62.6％が認知症である[20]。

　成年後見制度をめぐっては，制度の利用が必要と見込まれる認知症高齢者等の数に対して，実際の利用数が低い水準にとどまっていることが課題となっている。2016年に成年後見制度の利用の促進に関する法律（成年後見利用促進法）が施行されたが，その後もなかなか状況が改善しないことから，制度の大幅な見直しに向けた検討が2024年2月に法制審議会に諮問された[21]。現在の制度の課題として「利用を開始すると，基本的には本人の判断能力が回復しない限り制度の利用が継続する」「本人の自己決定が必要以上に制限される場合がある」「本人がそのニーズに合った保護を受けることができない」「適切な時期に任意後見監督人の選任申立てがされない」などが指摘されており，今度の制度改正の動向が注目される。

### 2）日常生活自立支援事業

　成年後見制度の利用を検討するほどではないが，一定の判断能力の低下が見られ，介護サービスの契約締結や金銭管理等を1人で行うことに不安を抱えている人を対象としたサービスとして，日常生活自立支援事業がある。

　日常生活自立支援事業では，利用者との契約にもとづいて，①福祉サービスの利用援助，②日常的な金銭管理の手伝い，③書類・印鑑の預かりサービス等を行っている。1人で介護サービス等の利用契約を結ぶことが困難な人や，訪問介護員等に依頼することができない預貯金の引き出し等，日常的な金銭管理のサポートが必要な人にとって有用なサービスである。サービスの利用料は訪問1回あたり平均1,200円程度である[22]。

　これらのサービスは各都道府県の社会福祉協議会が所管し，実際のサービス

提供は市町村社会福祉協議会に委託して実施されている。サービスを利用したい場合は，市町村社会福祉協議会の窓口で申し込む必要がある。

## 注

(1) 総務省「恩給制度の概要」（https://www.soumu.go.jp/main_sosiki/onkyu_toukatsu/onkyu.htm）。

(2) 日本年金機構「令和6年4月分からの年金額等について」（https://www.nenkin.go.jp/oshirase/taisetu/2024/202404/0401.html）。

(3) 金融審議会 市場ワーキング・グループ報告書「高齢社会における資産形成・管理」2019年（https://www.fsa.go.jp/singi/singi_kinyu/tosin/20190603/01.pdf）。

(4) 金融広報中央委員会「家計の金融行動に関する世論調査［単身世帯調査］令和5年調査結果」2024年（https://www.shiruporuto.jp/public/document/container/yoron/tanshin/2023/）。

(5) 結城康博『介護格差』岩波書店，2024年，8頁。

(6) 厚生労働省「被保護者調査」（https://www.mhlw.go.jp/toukei/list/74-16.html）。

(7) 厚生労働省「令和2年版厚生労働白書 図表1-8-16」（https://www.mhlw.go.jp/stf/wp/hakusyo/kousei/19/backdata/01-01-08-16.html）。

(8) 内閣府「令和6年版高齢社会白書（全体版）第1章第1節3 家族と世帯」（https://www8.cao.go.jp/kourei/whitepaper/w-2024/zenbun/pdf/1s1s_03.pdf）

(9) 国立社会保障・人口問題研究所「日本の世帯数の将来推計（全国推計）（令和6（2024）年推計）——令和2（2020）～32（2050）年」2024年（https://www.ipss.go.jp/pp-ajsetai/j/HPRJ2024/hprj2024_gaiyo_20240412.pdf）。

(10) 国土交通省「住宅セーフティネット制度」（https://www.mlit.go.jp/jutakukentiku/house/jutakukentiku_house_tk3_000055.html）。

(11) 国土交通省「住宅セーフティネットのための居住支援協議会について」（https://www.mlit.go.jp/common/000116315.pdf）。

(12) 国土交通省「居住支援協議会一覧」（https://www.mlit.go.jp/jutakukentiku/house/content/001600260.pdf）。

(13) 東京都社会福祉協議会ふくし実践事例ポータル「一人ひとりが安心して暮らし続けるために——住宅確保要配慮者に対する取組みのいま」2023年（http://fukushi-portal.tokyo/archives/705/）。

(14) 同前。

(15) 国土交通省「住宅セーフティネット制度見直しの背景・必要性」（https://www.mlit.go.jp/jutakukentiku/house/content/001760404.pdf）。

(16) 目黒区「避難行動要支援者名簿の作成と活用」（https://www.city.meguro.tokyo.

jp/kenkoufukushi/bousaianzen/bousai/hinankoudouyousiensyameibo.html）。

⒄　内閣府・消防庁「避難行動要支援者名簿及び個別避難計画の作成等に係る取組状況の調査結果」（https://www.bousai.go.jp/taisaku/hisaisyagyousei/pdf/r6chosa1.pdf），2024年。

⒅　RISTEX社会技術開発センター「福祉専門職と共に進める『誰一人取り残さない防災』の展開」2022年（https://www.jst.go.jp/ristex/output/example/needs/02/solve_tatsuki.html）。

⒆　厚生労働省老健局「介護施設・事業所における自然災害発生時の業務継続ガイドライン」2024年（https://www.mhlw.go.jp/content/000749543.pdf）。

⒇　最高裁判所事務総局家庭局「成年後見関係事件の概況――令和5年1月～12月」2024年（https://www.courts.go.jp/vc-files/courts/2024/20240315koukengaikyou-r5.pdf）。

㉑　法務省法制審議会第199回会議資料「成年後見制度の見直しについて」2024年（https://www.moj.go.jp/content/001413272.pdf）。

㉒　厚生労働省「日常生活自立支援事業」（https://www.mhlw.go.jp/stf/seisakunitsuite/bunya/hukushi_kaigo/seikatsuhogo/chiiki-fukusi-yougo/index.html）。

**参考文献**

厚生労働統計協会『国民の福祉と介護の動向2023/2024』，2023年。

『社会福祉学習双書』編集委員会編『高齢者福祉』（社会福祉学習双書2024③）全国社会福祉協議会，2024年。

杉山想子・結城康博『ポケット介護――見てわかる介護保険＆サービス 2024年度改訂対応版』技術評論社，2024年。

山崎栄一・岡本正・板倉陽一郎『個別避難計画作成とチェックの8 Step――災害対策で押さえておきたい個人情報の活用と保護のポイント』ぎょうせい，2023年。

結城康博『介護格差』岩波書店，2024年。

| | |
|---|---|
| 第8章 | 地域包括ケアシステムと地域福祉 |

　本章では，日本の社会福祉・社会保障の領域における重要キーワードである地域
包括ケアシステムの基本的な考え方について紹介する。また，地域包括ケアシステ
ムとも関連の深い地域福祉の考え方についても述べる。同じ地域という言葉を冠す
るこの2つの言葉は，両方とも幅広い内容を含んでいることや，その定義が論者に
よって一様ではないことから，初学者にとっては非常に「わかりにくい」用語とい
える。しかしこれらの考え方とその特徴を知ることで，近年の社会福祉・社会保障
政策の展開過程やそこで重視される事柄についての理解を深めることができると思
われる。

## 1　変化しつつある地域包括ケアシステム

### （1）言葉の意味

　地域包括ケアシステムについて説明するにあたって，まずはこの用語を構成
している言葉の意味を一つひとつ確認してみたい。

　まず「地域」は一定の地理的範囲を示す言葉である。ただし，この言葉が指
し示す範囲は使われる文脈によって，あるいは使う人によっても異なる。隣近
所くらいの範囲をイメージする人もいれば，小学校や中学校の学区，または自
分の住んでいる市町村の範囲を「地域」と考える人もいるだろう。ここではい
ったん「その人が住み慣れた地域」といったイメージで理解しておこう。

　次に「包括」について考えてみよう。これは「様々なものをひっくるめる，
一つにまとめる」という意味の言葉である。例えば，バラバラになっているい
くつかのビー玉を一つのハンカチで包んでまとめるようなイメージが「包括
（する）」ということであるといえる。

143

「ケア」は医療，看護，福祉等の領域では頻繁に使われるカタカナ言葉だが，その意味は非常に幅広い。英和辞書を見ると「気遣い」や「心配（する）」「注意（する）」「関心（を持つ）」「世話（する）」といった訳語が見つかる。また日本の辞書には「介護，世話」「手入れ」といった意味が掲載されている。ここではひとまず保健，医療，福祉等における介護や看護をはじめとしたさまざまなケアやサービスといったイメージで捉えておこう。

最後に「システム」である。これも「制度」や「組織」「体制」「系統」等，さまざまな意味をもつ言葉だが，ここではケアやサービスを提供する「仕組み」や「体制」のことだと考えておこう。

以上のような言葉の意味をつなげてみると，地域包括ケアシステムという用語は「一定の地域において，様々なケアやサービスをひとまとめにして提供する仕組み」ということになる。このなかで押さえておきたいのは「地域において」という地域性の視点，および「ひとまとめにして」という包括性の視点である。

日本では長らく医療や福祉は「施設ケア」，すなわち「病院や福祉施設におけるケア」を中心として提供されてきた。これに対して何らかのケアを必要とする状態になっても，その人が住み慣れた家や地域においてケアを提供していくことを志向するのが「地域ケア（または在宅ケア）」である。地域包括ケアシステムの発想の元になっているのは，一つにはこの「地域ケア」の考え方がある。また，従来，保健，医療，福祉等のケアやサービスは，各制度ごとに「バラバラ」に提供されてきており，各制度間や提供主体間の連携の弱さが課題となっていた。さまざまなケアやサービスを「バラバラ」に提供するのではなく総合的・一体的に提供していくことを志向するのが「包括ケア」の意味である。このように従来のケアやサービスのあり方を見直し，「地域ケア」と「包括ケア」の考えを「ドッキング」させたのが地域包括ケアシステムという言葉の意味と考えることができる。

## （2）地域包括ケアシステムの概念

地域包括ケアシステムという言葉の基本的な意味は，上に見た通りである。

次に，地域包括ケアシステムの概念（地域包括ケアシステムとは何かについての説明）についてより詳しくみていこう。

### 1）厚生労働省 HP における説明

まず厚生労働省 HP では，地域包括ケアシステムについて以下のように記述されている。

> 「団塊の世代が75歳以上となる2025年を目途に，重度な要介護状態となっても住み慣れた地域で自分らしい暮らしを人生の最後まで続けることができるよう，住まい・医療・介護・予防・生活支援が一体的に提供される地域包括ケアシステムの構築を実現していきます。」

（厚生労働省 HP『地域包括ケアシステム』）

ここでは地域包括ケアシステムが「住まい・医療・介護・予防・生活支援が一体的に提供される」ものとして説明されているとともに，その構築の目的が「重度な要介護状態となっても住み慣れた地域で自分らしい暮らしを人生の最後まで続けることができる」ようにすることであることが示されている。また，団塊の世代（1947〜1949年に生まれた世代。その他の世代に比べ人口が多い）が後期高齢者である75歳以上になる2025年をシステム構築の大まかな期限としている点も重要である。ここからは，地域包括ケアシステムが，急速な高齢化を背景に主として「高齢者介護」を念頭においた考え方であることが読み取れる。

### 2）法律上の定義

次に，地域包括ケアシステムについての法律上の定義を見てみよう。「持続可能な社会保障制度の確立を図るための改革の推進に関する法律」第4条4項では，地域包括ケアシステムについて，「地域の実情に応じて，高齢者が，可能な限り，住み慣れた地域でその有する能力に応じ自立した日常生活を営むことができるよう，医療，介護，介護予防（要介護状態若しくは要支援状態となることの予防又は要介護状態若しくは要支援状態の軽減若しくは悪化の防止をいう。…（中略）…），住まい及び自立した日常生活の支援が包括的に確保される体制」と規定している。[(1)] 高齢者が住み慣れた地域で自立生活を営むことができるような

145

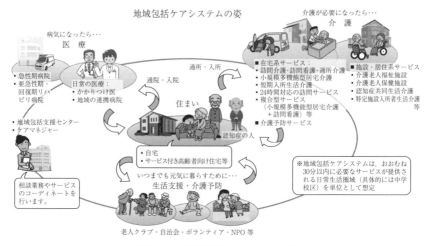

**図 8-1　地域包括ケアシステムの姿**
出所：厚生労働省 HP「地域包括ケアシステム」。

支援が包括的に確保される体制が地域包括ケアシステムであり，その具体的な内容として，①医療，②介護，③介護予防，④住まい，⑤日常生活の支援という 5 つの柱が規定されていることがわかる（図 8-1）。また，地域包括ケアシステムにおける「地域」の範域（「地域包括ケア圏域」）については，「おおむね30分以内に駆けつけられる圏域」として定義し，具体的には中学校区が基本とされている。

### （3）対象を高齢者に限定しない「包括的支援体制」への発展

　地域包括ケアシステムの概念は，その登場以来，さまざまな形で説明されてきておりその意味が変化し続けている。近年，地域包括ケアの概念をめぐる最も重要な変化は，その対象の拡大である。すなわち，これまで対象を高齢者に限定してきた地域包括ケアシステムを，分野を問わない幅広い包括的支援体制として捉えなおそうとする動きである。これはとくに2015年以降に進められた「地域共生社会」をスローガンとした社会福祉・社会保障政策の展開のなかで見られるようになった変化である。

　例えば，2015年に厚生労働省のプロジェクトチームは，対象を高齢者に限定

第8章　地域包括ケアシステムと地域福祉

してきた地域包括ケアシステムの考え方を「全世代・全対象に発展・拡大させ，各制度とも連携して，新しい地域包括支援体制の確立を目指す」と述べ「全世代・全対象型地域包括支援」という考え方を提起した。[(2)]

　また地域包括ケア研究会の2016年度報告書では，「地域包括ケアシステムは，本来的に高齢者や介護保険に限定されたものではなく，障害者福祉，子育て，健康増進，生涯教育，公共交通，都市計画，住宅政策など行政が関わる広範囲なテーマを含む『地域づくり』である」[(3)]と述べられている。ここでは，元々高齢者介護を念頭に議論されてきた地域包括ケアシステムの考え方やその対象を，今後は高齢者介護以外のさまざまな行政分野に拡大していくという方向性が示された。

　さらに2017年の「地域力強化検討会最終とりまとめ──地域共生社会の実現に向けた新しいステージへ」においても，地域包括ケアシステムにおける「必要な支援を包括的に提供する」という考え方を「障害のある人，子ども等への支援にも普遍化すること，高齢の親と働いていない独身の50代の子が同居している世帯（いわゆる「8050」），介護と育児に同時に直面する世帯（いわゆる「ダブルケア」）など，課題が複合化していて，高齢者に対する地域包括ケアシステムだけでは適切な解決策を講じることが難しいケースにも対応できる体制をつくることは，地域共生社会の実現に向けた包括的な支援体制の構築につながっていくものである」（5頁）と述べ，分野を問わない包括的支援体制の構築を打ち出した。

　こうした流れのなかで，2017年以降，厚生労働省は精神障害者福祉の領域において「精神障害にも対応した地域包括ケアシステム（通称：にも包括）」の構築を新たな政策理念として掲げ，その具体化を進めている（図8-2）。

　このように，近年の社会福祉・社会保障の方向性に関する議論のなかで，地域包括ケアシステムは，その対象を高齢者に限定しない全世代・全分野に対応する新たな包括的支援体制へと変化しつつある。

147

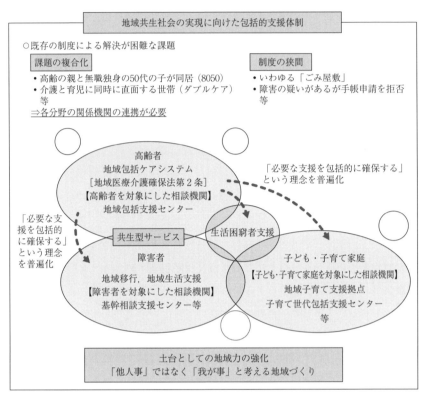

**図8-2** 地域共生社会の実現に向けた包括的支援体制
出所：厚生労働省HP「『地域共生社会』の実現に向けて」。

## 2 地域包括ケアシステムの展開とその背景

### (1) 地域包括ケアの源流

　制度ごとに分断されてきた保健，医療，福祉等の統合化・総合化という，地域包括ケアシステムの中核的なアイデアの源流には大きく「保健医療系」と「(地域)福祉系」の2つの流れがあるとされる。前者はいわゆる「地域包括医療」の理念と実践が，次第に介護や福祉サービスを統合していく流れである。例えば，岩手県沢内村（現・西和賀町）や，広島県御調町（現・尾道市）は，こ

第8章　地域包括ケアシステムと地域福祉

うした地域包括医療の先進地域として名高い[5]。

　後者の「（地域）福祉系」の源流としては，各地の社会福祉協議会や医療ソーシャルワーカーなどによって，福祉サイドからの医療や保健活動との連携・統合の視点にもとづいた取り組みが行われてきた[6]。しかしこういった先駆的な実践は，各地の医療や保健，福祉関係者や行政関係者の個人的な才覚や努力に負う部分も大きく，ごく一部の地域における取り組みにとどまっていたといえる。

### （2）日本における地域包括ケアに関する政策展開

#### 1）保健，医療，福祉の統合化の流れ

　日本で保健，医療，福祉の統合化が政策課題として浮上してきたのはおおむね1990年前後からである。まず1987年に都道府県・指定都市に高齢者サービス総合推進会議が，市町村には高齢者サービス調整チームが設置され，保健医療分野と福祉分野の実務者間，および組織間連携の試みが始まった。次いで1989年には福祉関係3審議会合同企画分科会が意見具申「今後の社会福祉のあり方について」を発表し，そのなかで社会福祉の新たな展開を図るための方策として「福祉と保健・医療の連携強化・統合化」を明記した。これを受けて同年，「高齢者保健福祉推進十か年戦略（ゴールドプラン）」が策定された。

　このゴールドプランで登場してきたのが，在宅介護支援体制の要としての在宅介護支援センターであった。在宅介護支援センターは，地域における福祉サービスと保健サービスについての利用啓発と相談，および個別的なサービス利用調整などを行う機関として位置づけられ，全国1万カ所の整備目標が掲げられた。在宅介護支援センターの登場によって，地域における保健・福祉サービスの連携による総合的相談・支援の仕組みが生まれたことの意味は大きかったといえよう。

　1990年の福祉関係八法改正では都道府県と市町村に老人保健福祉計画の策定が義務づけられ，地域レベルで保健と福祉を一体的に計画化していく方向が示される。また1994年の老人福祉法の改正によって在宅介護支援センター（法律上は老人介護支援センター）が要介護高齢者とその家族に対する総合援助機関と

149

して法定化された。また同年，地域保健法では「社会福祉等の関連施策との有機的な連携」（第2条）が法の趣旨として明記されている。

さらに1999年には介護保険法の施行を前に，基幹型在宅介護支援センターに地域ケア会議を設置（高齢者サービス調整チームを改組）することが提示され，2000年には介護保険制度が施行となった。これによって高齢者分野では介護サービスと保健サービスの一体的供給の枠組みが本格的に動き出すこととなる。

### 2）「地域包括ケアシステム」の用語の登場

2003年6月に高齢者介護研究会報告書「2015年の高齢者介護――高齢者の尊厳を支えるケアの確立に向けて」が公表された。この報告書のなかで初めて「地域包括ケア」という用語が登場している。この報告書では「要介護高齢者の生活をできる限り継続して支えるためには，個々の高齢者の状況やその変化に応じて，介護サービスを中核に，医療サービスをはじめとする様々な支援が継続的かつ包括的に提供される仕組みが必要」であることが述べられた。また「介護以外の問題にも対処しながら，介護サービスを提供するには，介護保険のサービスを中核としつつ，保健・福祉・医療の専門職相互の連携，さらにはボランティアなどの住民活動も含めた連携によって，地域の様々な資源を統合した包括的なケア（地域包括ケア）を提供することが必要である」として，地域包括ケアシステム確立の必要性を提言した。

その上で「地域包括ケアが有効に機能するためには，各種のサービスや住民が連携してケアを提供するよう，関係者の連絡調整を行い，サービスのコーディネートを行う」機関が必要として，「地域包括ケアの中核機関」の構想が示された。

こうした構想を踏まえ，2004年7月には「介護保険制度の見直しに関する意見」（厚生労働省・社会保醸談会介護保険部会）のなかで，高齢者の地域生活を支える総合的マネジメント機関として地域包括支援センターの設置が提言された。その後，2005年の制度改正において，改正の目玉の一つとして，地域包括支援センターの創設が盛り込まれ，2006年4月に施行された。

2014年6月に成立した「地域における医療及び介護の総合的な確保を推進するための関係法律の整備等に関する法律」は，地域域介護施設整備促進法，医

療法，介護保険法等の関連19法の一括改正を伴う大規模な改革であった。この法律においても，基本方針として「地域包括ケアシステムの構築」が明記された。こうして，主として介護分野で先行して政策的スローガンとされてきた地域包括ケアシステムの構築は，日本の保健・医療・介護政策全体を貫く基本理念として定着したといえる。

### 3）「地域共生社会」政策と包括的支援体制づくりへの展開

2017年には「地域包括ケアシステムの強化のための介護保険法等の一部を改正する法律」が成立し，2018年に施行となった。介護保険法とともに改正された社会福祉法において，市町村には，「地域共生社会」の実現に向けた包括的な相談支援体制づくりの努力義務が規定された。

このような過程を経て，前述の通り，地域包括ケアの概念は，高齢者分野にとどまらず，障害者，子ども・子育て，生活困者等の多分野を横断する全世代・全対象型地域包括支援に向けた総合的な政策ビジョンとして展開され，現在に至っている。

## （3）地域包括ケアシステムの背景

上で見たような日本における，地域包括ケアシステムの展開の背景には，急速に進展する少子高齢化とそれに伴う医療・介護費用の増大という問題がある。地域包括ケアの源流で紹介したような先進的な取り組みが重視したのは，高齢者のQOLを高めるために保健，医療だけでなく福祉も含めた総合的なサービス提供の仕組みを地域ベースで構築することであった。しかし2000年代以降，政策的に推進された地域包括ケアシステムは，社会的入院[7]の増加による医療費の高騰への対応として登場してきた側面ももっている。すなわち医療ニーズの低い高齢者の「退院先の受け皿」としての地域・在宅に，医療，保健，介護サービスの一体的な提供システムを構築しようという発想である[8]。しかし，実際には地域・在宅ケアは施設ケアと比較して必ずしも安価ではないことも各種の研究から明らかになってきている[9]。今後ますます高齢化が進行し，医療や介護サービス財政が逼迫するなかで，「持続可能な社会保障」のあり方が模索されることになるが，いまや全世代・全分野型へと拡大されつつある地域包括ケ

アシステムの考え方が今後どのように展開していくかを注視する必要がある。

## 3　地域包括ケアシステムと「自助」「互助」「共助」「公助」

　地域包括ケアシステムに関する議論において強調されるのが，いわゆるケアにおける4つの「助」，すなわち「自助」「互助」「共助」「公助」（以下，四助論）である。これは多くの場合，何か困ったことがあった時に適用される「援助主体の種別・順序」の意味で使われる。「自助」は「自助努力」という言葉もある通り，「自分で何とかする」ことである。「互助」は家族親族・あるいは地域社会といったインフォーマルな関係性を通じた「支え合い」や「助け合い」の意味である。「共助」は「互助」と似ているが，近年の政府文書等では「介護保険等に代表される社会保険及びサービス」と説明されている。介護保険や健康保険に代表される社会保険を，国民が保険料を拠出し合ってリスクに備えるものであり，広い意味での「助け合い」の仕組み（制度）と捉えるのである。とくに2000年代半ば以降，こうした社会保険制度を通じた援助を「共助」と呼ぶことが多くなっている。最後の「公助」は公的な援助，具体的には生活保護に代表される税金を財源とした公的責任にもとづく支援のことである。

　近年，社会保障，社会福祉，あるいは防災など，社会のさまざまな場面でこの四助論（または「互助」を除いた三助論）が頻繁に用いられるようになっている。行政や社会福祉協議会職員が住民に対して「高齢者が増加する一方で，介護福祉財政は厳しくなっている。制度（公助）にも限界があるので，地域での支え合い（互助または共助）を強化していきましょう」などと話す場面も少なくない。要するに，「公助の限界→公助の補完としての互助・共助の強化＝地域福祉の推進」というストーリーである。

　こうした四助論に対してはすでにさまざまな問題点が指摘されている。例えば，里見は，2000年代以前は，「自助・共助・公助」の3つで，「公助＝社会保障」「共助＝地域の支え合い」「自助＝自助努力」という意味で用いられていたものが，2000年代半ば以降「公助＝生活保護，社会福祉」「共助＝社会保険」という「公助の切り分け」がなされたことを指摘している。つまりそれまで

「公助」とされてきたものの大部分が「共助（社会保険）」として切り出された結果，「公助」の守備範囲を大幅に縮小させることにつながるロジックであることを批判している。また奥田は，「『助の序列化』は，一見わかりやすいが実は『空論』だ。…（中略）…『最後のセーフティーネット』では遅いのだ。そもそも『公助』が，その前に存在する『自助』や『共助』というダムが『決壊すること』を前提に想定されていること自体が問題なのだ。…（中略）…本当に『自助』を尊重したいのなら，『自助』と『共助』，特に『公助』が並行的に機能しなければならない」と述べて，適用される「援助の順序」という考え方自体を批判している。さらに二木は，四助や三助の定義が人や組織によって異なっており，こうした「用語が概念が厳密ではないため学問的には正しくないことはもちろん，一般社会，社会運動などでも混乱をもたらすため，適切ではない」としてその安易な使用に警鐘を鳴らしている。

　「四つの助」の考え方は，地方自治体が策定する各種の福祉計画等においても，いまだに目にすることが多い。しかし地域包括ケアシステムの問題に限らず，社会福祉・社会保障の文脈においては否定されつつある考え方であることに留意する必要があるだろう。

## 4　地域包括ケアシステムと地域福祉との関連

　これまで述べてきた地域包括ケアシステムと関連の深い用語として，地域福祉がある。地域福祉は現在の日本の社会福祉政策のなかで強調される概念であり，とくに2000年以降，日本の社会福祉においては地域福祉が「主流化」したともいわれている。もちろん地域包括ケアと地域福祉はそれぞれ別の概念であるが，共に2000年以降に政策的な基調とされたことを含め共通点も少なくない。そして，2015年以降の「地域共生社会の実現」を掲げた一連の政策動向のなかで，この2つの概念はさらに接近している状況にある。

　以下では，まず地域福祉の考え方についてみていくことにしたい。

## （1）地域福祉の法律上の規定

　日本の法律上に「地域福祉」という用語が初めて登場したのは，2000年の社会福祉法の制定（社会福祉事業法の改正・改称）の時である。社会福祉法は分野別の福祉関係法に共通する基本原則を定めた日本における「社会福祉の基本法」という性格をもっている。その社会福祉法第1条において，「地域における社会福祉（以下「地域福祉」という。）の推進を図る」ことが明記されている。すなわち，日本の社会福祉は地域福祉の推進をその目的の一つとすることが法的に明確化されているのである。また，同法第4条では，地域住民や福祉関係者が「福祉サービスを必要とする地域住民が地域社会を構成する一員として日常生活を営み，社会，経済，文化その他あらゆる分野の活動に参加する機会が確保されるように」地域福祉の推進に努めるものと規定されている。つまり要介護や生活困窮をはじめ何らかの福祉的な課題をもつ住民も，地域を構成するメンバーとして一般の住民と同じように社会参加できるようにすること，そしてそうした地域社会をつくることが，法律上に規定された地域福祉推進の目的ということになる。

## （2）地域福祉の定義

　地域福祉の定義については，辞書的なものや学術的なものも含めてさまざまなものがある。

　例えば，『広辞苑 第7版』の「地域福祉」の項では「自治体や地域住民・民間団体が連携しながら，地域を単位として行なう福祉活動」（857頁）と説明されている。また社会福祉学の専門辞典である『エンサイクロペディア社会福祉学』には「地域福祉とは自立支援が困難な個人や家族が，地域において自立生活ができるよう必要なサービスを提供することであり，そのために必要な物理的・精神的環境醸成を図るとともに，社会資源の活用，社会福祉制度の確立，福祉教育の展開を総合的に行う活動」（25頁）と説明されている。さらに社会福祉の専門職養成課程で用いられる教科書には，「困難な状況に置かれている地域住民の生活上の課題解決（ニーズ充足）に向けて支援を展開することに加えて，『新たな質の地域を形成していく内発性』（住民の主体性）を基本要件と

して，地域を舞台に（＝地域性），そこで暮らす住民自身が私的な利害を超えて共同して公共的な課題に取り組むことで（＝共同性～公共性），より暮らしやすいような地域社会にしていくこと，あるいはそのような地域に舞台としての地域そのものを変えていくこと（改革性）」といった定義が掲載されている。[15]

　これらの定義を眺めると，①一定の地域を単位とした，②福祉課題の解決（ニーズ充足）を図る制度・政策，③福祉課題解決をサービス，④住民による主体的・共同的な活動，それらを通じた，⑤誰もが暮らしやすい地域社会づくり，といった特徴が見えてくる。

## （3）「制度的福祉」と「自発的福祉」

　地域福祉の考え方を理解する上で重要なのが，「制度的福祉」と「自発的福祉」という枠組みである。「制度的福祉」とは，法制度にもとづく社会福祉のことをいう。例えば，介護保険制度や障害者総合支援法，生活困窮者自立支援法などに規定された事業やサービスの多くは，今日，地域を基盤として実施・提供されている。そうした法制度にもとづく地域を基盤とした社会福祉が「制度的福祉としての地域福祉」である。一方，「自発的福祉」とは，法制度に拠らない，市民・住民の自発性にもとづいた社会福祉のことである。近隣住民による助け合いや見守りといった住民福祉活動，あるいはボランティアグループやNPO等による制度外のサービスなどは「自発的福祉としての地域福祉」ということになる。

　永田は「大まかにいえば，地域福祉の概念は『自発的社会福祉』を基盤としつつ『法律による社会福祉と自発的社会福祉の協働』によって成立する概念だといえる」と述べている。[16]つまり地域福祉には〈制度的な地域福祉〉と〈自発的な地域福祉〉があり，地域福祉は，この2つの〈地域福祉〉から構成される，あるいはその協働によって成立するというのが近年の地域福祉の基本的な理解といえる。

## （4）「地域における福祉」と「地域による福祉」

　もう一つ，地域福祉を理解するために重要になるのが，「地域における福祉

(care in the community)」と「地域による福祉（care by the community)」という考え方である。これは元々イギリスのコミュニティケア政策をめぐる議論のなかで提起されたもの[17]であるが，日本における地域福祉のあり方を考える上でも有用である。具体的には地域福祉を，①「地域のなかで福祉課題を解決する＝地域における福祉」と，②「地域住民の主体的な共同の力によって福祉課題を解決する＝地域による福祉」という2つの視点から理解しようとするものである。以下，一つずつ見ていこう。

### 1)「地域における福祉」の視点

　かつて，日本に限らず，欧米諸国においても障害者や要介護高齢者などが，元々暮らしていた家や地域から切り離され，人里離れた入所施設に収容してケアを提供する（care out of the community）ことが福祉サービスの基本だった時代があった。しかし1950年代後半，デンマークの知的障害者の親たちが中心となって，障害があっても地域外の施設に収容するのではなく，地域で「普通の(normal) 暮らし」ができるようにすべきとする「ノーマライゼーション」運動が起こった。そしてその影響も受けながら，イギリスで住み慣れた地域におけるケアを基本とする「コミュニティケア」の考え方が発展してきた。日本でも1970年代を前後してこの「コミュニティケア」の考え方が紹介されるようになり，1980～90年代を通じて，「在宅福祉サービス」の制度化，法定化という形で政策的にも具体化していった。90年代半ばからの，いわゆる「社会福祉基礎構造改革」のなかでも「施設から在宅へ」がスローガンの一つとされた。その後，地方自治体による福祉関連計画（老人保健福祉計画や障害福祉関連計画，子育て関連計画等）の策定や介護保険法の登場などによって国の社会福祉制度全体が地域を基盤としたサービスにつくりかえられて現在に至っている。現在では，施設ケアにおいてもできるだけ「地域」や「在宅」に近い暮らしを実現しようとすることがスタンダードになっている。

　地域福祉を，上のような「地域で発生した福祉課題やニーズを地域の外ではなく，地域の中で解決・充足することを志向する福祉」として捉えるのが「地域における福祉」という視点である。

第8章　地域包括ケアシステムと地域福祉

## 2)「地域による福祉」の視点

　一方で，地域福祉の領域では，福祉サービスやその供給システムが地域を基盤とするものに変化しただけでは，「地域福祉」と呼ぶことはできないと考えられている。地域福祉の地域福祉たるゆえん，その最も重要な要素とされるのが「住民主体」あるいは「住民自治」である。つまり，地域住民が主体的に自分たちの地域の福祉課題と資源（つよみ）を知り，協議し，解決のため共同行動に取り組むことを地域福祉の基盤的な要素として捉える視点である。これが「地域住民の共同の力による福祉課題の解決＝地域による福祉」である。上で説明した「自発的福祉」はこの「地域による福祉」と同じ意味である。

　日本で社会福祉制度が成立したのは第2次世界大戦後のことであるが，それ以前，つまり今日でいうところの「制度的福祉」が無かった頃は，生活上の困りごとを抱えた場合，まずは家族・親族内で解決することが基本であった。そして家族では対応しきれない問題については，地域社会の助け合い（隣保相扶）の仕組みによって解決が図られていた。また，とくに明治後期から大正期にかけて活発化したセツルメントをはじめとする民間福祉活動の多くも一定地域を単位とした生活改善運動や地域コミュニティづくりとして取り組まれていた。地域福祉の源流には住民主体，あるいは民間福祉活動としての「地域による福祉」があったということになる。

　また戦後整備された「制度的福祉」においても，その中心は生活保護と施設ケアであり，在宅福祉や地域福祉といった視点は欠如していた。日本の社会福祉政策において地域が意識されるようになったのは，高度経済成長によって社会経済に大きな変化が生じた1970年代以降のことである。そして本格的に「制度的福祉」が地域福祉を志向するようになったのは2000年以降のこととされている[18]。要するに，日本において，地域福祉は住民の主体的な活動や，社協をはじめとした民間団体による活動の方が歴史が長く，制度的な地域福祉が登場してきたのはごく最近の話ともいえるのである。

　以上の通り，地域福祉の起源は元々地域住民や民間福祉団体による「自発的福祉」にある。しかし1970年代以降，「制度的福祉」においてもその視点が取り込まれていき，現在は日本の「制度的福祉」全体が地域を志向したもの（地

157

域における福祉）となっている。結果として，日本における地域福祉は住民福祉活動をはじめとした〈自発的（非制度的）な地域福祉〉と行政や専門機関による〈制度的な地域福祉〉を統合したものとして捉えられるようになっているのである。

### （5）地域包括ケアシステムと地域福祉をめぐる論点

すでに見た通り，地域包括ケアシステムは高齢者を対象として，できる限り住み慣れた地域で生活できるよう，介護サービスを中核に，医療サービスをはじめとするさまざまな支援が継続的かつ包括的に提供される仕組みを指す。これは上で見た「地域における福祉」に近い考えであることがわかる。一方で，地域包括ケアシステムの構成要素は，医療・介護・介護予防・住まい・自立生活支援の5つであり，地域福祉のもう一つの側面である「地域による福祉」の要素は，地域包括ケアの概念には元々含まれていなかった。

しかし，最近では地域包括ケアの概念に「地域づくり」が含まれるようになってきている。例えば，2015年の介護保険改正において，地域包括ケアシステムの構築の一環として生活支援体制整備事業が創設された。これは，一定の地域圏域ごとに「生活支援コーディネーター（地域支え合い推進員）」と「協議体」を配置して，地域住民による助け合い活動を推進することで，地域全体で高齢者の生活を支える体制づくりを進めるための事業とされている。すなわち，地域包括ケアシステムの中に「地域による福祉」に向けた「地域づくり」が位置づけられたことを意味する。

また地域包括ケア研究会の2016年度報告書において，「『共助』『公助』を求める声は小さくないが，少子高齢化や財政状況を考慮すれば，大幅な拡充を期待することは難しいだろう。その意味でも，今後は，「自助」「互助」の果たす役割が大きくなっていくことを意識して，それぞれの主体が取組を進めていくことが必要である」と述べ，地域住民による支え合いのポテンシャルに大きな期待を寄せている。[19]

高齢者介護における「地域における福祉（care in the community）」という側面を重視して始まった地域包括ケアシステムが，さまざまな情勢変化のなかで

第8章　地域包括ケアシステムと地域福祉

「地域による福祉（care by the community）」の要素もその概念の中に取り込むようになった今日，地域包括ケアと地域福祉はいよいよその境目があいまいになりつつある。そしてそれは，見方を変えれば，地域福祉の起源である「自発的な地域福祉」を，地域包括ケアシステムという「制度的な地域福祉」の末端に組み込もうとする動きともいえる。こうした動きは伝統的な地域福祉が重視してきた住民主体や住民自治といった理念の空洞化にもつながりかねない危険性も孕んでいる。今後の地域包括ケアシステムをどう展開していくかの議論は，地域福祉のあり方にとっても重要な意味を持つといえる。

**注**

(1)　なお，「地域における医療及び介護の総合的な確保の促進に関する法律」第2条においてもこれと同じ内容が規定されている。

(2)　厚生労働省 新たな福祉サービスのシステム等のあり方検討プロジェクトチーム「誰もが支え合う地域の構築に向けた福祉サービスの実現──新たな時代に対応した福祉の提供ビジョン」2015年，3頁。

(3)　地域包括ケア研究会「地域包括ケアシステムと地域マネジメント」（地域包括ケアシステム構築に向けた制度及びサービスのあり方に関する研究事業報告書）三菱UFJコンサルティング＆リサーチ，2016年，35頁。

(4)　二木立『地域包括ケアと福祉改革』勁草書房，2017年，20頁。

(5)　「地域包括ケアシステム」という用語自体は，もともと1980年代半ば頃，広島県御調町（現・尾道市）における医療，保健，福祉の連携によるケアの仕組みづくりのなかで，地域包括医療の理念を発展させたものとして，医師の山口昇が提唱し，全国に広がったといわれる。また，岩手県沢内村（現・西和賀町）は，「豪雪，多病，貧困」という厳しい生活環境のなかで，1950年代から村ぐるみの地域保健活動と住民の健康教育に取り組み，全国一だった乳児死亡率は1960（昭和35）年にはゼロを達成，同年には全国初の高齢者の医療費無料化（翌年には乳児にも対象を拡大）を実現させ，地域包括医療の先進地として名高い。それぞれの実践については，山口昇「医療・保健・福祉活動と家族──広島県御調町」『地域開発』319，1991年，39-48頁，大田祖電ほか『沢内村奮戦記──住民の生命を守る村』あけび書房，1983年，などに詳しい。

(6)　「（地域）福祉系」の地域包括ケアの源流となる実践については，鈴木五郎「社会福祉と住民運動（1）──市区町村社会福祉協議会・活動実績調査報告-1」全国社会福祉協議会，1967年，児島美都子・大野勇夫編『地域医療と福祉──医療ソー

159

シャルワーカーの動き』勁草書房，1982年，などに詳しい。

(7) 医学的観点からは治療や看護継続の必要性が低いにもかかわらず，患者や家族の事情（在宅で介護できる家族がいない等）によって，主として介護のニーズが高い患者が介護サービスの代替として，病院に入院することをいう。

(8) 馬場園明「急増する老人医療費，『地域包括ケアシステム』で費用削減を」日本経済研究センターHP，2019年（2024年8月30日アクセス）。

(9) 二木立『地域包括ケアと医療・ソーシャルワーク』勁草書房，2019年，22-24頁。

(10) 地域包括ケア研究会，前掲(3)。

(11) 里見賢治「厚生労働省の『自助・共助・公助』の特異な新解釈——問われる研究者の理論的・政策的感度」『社会政策』5（2），2013年，1-4頁。

(12) 奥田知志「菅さん。『まずは自分でやってみる』からではないですよ——社会をミスリードしかねない『自助，共助，公助』。必要なのは『社会』を取り戻すこと」『論座』朝日新聞社，2020年（2020年9月29日アクセス）。

(13) 二木立『2020年代初頭の医療・社会保障 コロナ禍・全世代型保障・高額新薬』勁草書房，2022年，132頁。

(14) 武川正吾『地域福祉の主流化——福祉国家と市民社会Ⅲ』法律文化社，2006年。

(15) 松端克文「地域福祉の概念と理論」社会福祉学習双書編集委員会編『地域福祉と包括的支援体制』（社会福祉学習双書2021⑧）全国社会福祉協議会，2021，131-132頁。

(16) 永田祐『包括的な支援体制のガバナンス——実践と政策をつなぐ市町村福祉行政の展開』有斐閣，2021年，18頁。永田は，法律による福祉を「制度福祉」，自発性にもとづく福祉を「自発的社会福祉」として整理しているが，本章ではわかりやすさを優先して，前者を「制度的福祉」，後者を「自発的福祉」として説明している。

(17) 中野いく子「地域福祉の理論的枠組に関する一考察」国立社会保障 人口問題研究所『季刊社会保障研究』15（4）。

(18) 武川，前掲(14)。

(19) 地域包括ケア研究会，前掲(3)，51頁。


**参考文献**

小川栄二「介護保険改定と地域包括ケアシステム」荒井康友ほか編『検証「社会保障改革」——住民の暮らしと地域の実態から』自治体研究社，2014年。

奥田知志「菅さん。『まずは自分でやってみる』からではないですよ——社会をミスリードしかねない『自助，共助，公序』。必要なのは『社会』を取り戻すこと」『論座』朝日新聞社，2020年（2020年9月29日アクセス）。

大田祖電ほか『沢内村奮戦記——住民の生命を守る村』あけび書房，1983年。

児島美都子・大野勇夫編『地域医療と福祉——医療ソーシャルワーカーの動き』勁草

書房，1982年。

里見賢治「厚生労働省の『自助・共助・公助』の特異な新解釈——問われる研究者の理論的・政策的感度」『社会政策』5（2），2013年，1-4頁。

鈴木五郎「社会福祉と住民運動（1）——市区町村社会福祉協議会・活動実績調査報告-1」全国社会福祉協議会，1967年。

鈴木亘・岩本康志・湯田道生・両角良子「高齢者医療における社会的入院の規模——福井県国保レセプトデータによる医療費からの推計」『医療経済研究』24（2），2012年，108-127頁。

武川正吾『地域福祉の主流化——福祉国家と市民社会Ⅲ』法律文化社，2006年。

地域包括ケア研究会「地域包括ケアシステムと地域マネジメント」（地域包括ケアシステム構築に向けた制度及びサービスのあり方に関する研究事業報告書）三菱UFJコンサルティング＆リサーチ，2016年。

二木立『地域包括ケアと福祉改革』勁草書房，2017年。

二木立『2020年代初頭の医療・社会保障——コロナ禍・全世代型社会保障・高額新薬』勁草書房，2020年。

馬場園明「急増する老人医療費，『地域包括ケアシステム』で費用削減を」日本経済研究センターHP，2019年（2024年8月30日アクセス）。

松端克文「地域福祉の概念と理論」社会福祉学習双書編集委員会編『地域福祉と包括的支援体制』（社会福祉学習双書2021⑧）全国社会福祉協議会，2021年，118-132頁。

山口昇「医療・保健・福祉活動と家族——広島県御調町」『地域開発』319，1991年，39-48頁。

<table>
<tr><td>第9章</td><td>医療・介護連携</td></tr>
</table>

本章では，医療・介護連携について概説する。急速に進行する高齢化社会において，医療の需要は増加し続けている。持続可能なシステムの構築を目指していく上で，地域医療構想，医療・介護の連携の必要性とともに，生活に直結している具体的な内容や，現状と課題を学んでいく。

# 1　地域医療構想

## （1）地域医療構想の概要と背景

### 1）必要な医療サービスを持続させたい！

　地域医療構想は，日本政府が2015年に策定した構想で，地域の医療資源を最適化し，住民に必要な医療サービスを持続的に提供することを目的とした取り組みである。これは，急速に進行する高齢化社会に対応し，限られた医療資源を効率的に配分するために策定されたものである。厚生労働省が中心となり，日本全国の都道府県が「医療介護総合確保推進法」にもとづいてそれぞれの地域特性に応じた医療提供体制を構築するために2015年から2025年までの間に，具体的な計画を策定し実行することが求められている。

### 2）包括的にカバーできる体制を

　日本において高齢者人口の増加するなか，医療の需要は増加し続けており，医療費の増大，医療従事者の不足，地域間の医療サービスの格差の深刻化など医療提供体制に大きな影響を与えている。加えて高齢化社会においては，入院医療だけでなく在宅医療や介護のニーズも高まっている。このようなことを背景に医療資源の効率的な配分が求められており，地域医療構想はこれらの課題

に対処するため，病床の再編成や医療機能の分化・連携を通じて，急性期医療から回復期，慢性期医療までを包括的にカバーする体制を整えることをめざしている。

## （2）地域医療構想の具体的な内容

### 1）主要な目標

地域医療構想の主要な目標は，次の3つである。

### ① 効率的で不足のない医療提供体制の構築

病床の再編成で，急性期，回復期，慢性期などの医療機能に応じて病床を適切に配分し，各地域において必要な医療サービスを確保することをめざしている。これにより，病院の役割分担が明確化され，医療資源の無駄をなくすこと求められる。

### ② 医療機関の機能分化・連携

医療機能の分化と連携で，地域内の医療機関がそれぞれの役割を担い，患者の状態に応じた適切な医療が提供されるよう，医療機関同士の連携を強化して，患者が必要な医療を迅速に受けることができる体制を整備することが急務となっている。

### ③ 地域の医療ニーズの変化を見据える

地域ごとに異なる医療ニーズを考慮し，それぞれの地域に適した医療提供体制を構築することである。とくに，都市部と過疎地では医療資源の状況が異なるため，各地域の実情に応じた対応が求められている。

### 2）役割の明確化

地域医療構想を進めることによって，急性期病床，回復期病床，慢性期病床，そして在宅医療や介護施設との連携を強化し，患者の状態に応じた適切な医療を提供することが可能となる。とくに，病床の再編成は，医療機関が自らの役割を明確にし，地域全体での医療機能を効率的に活用するための重要な施策で，地域医療構想では，医療機関ごとに果たすべき役割が明確化されている。例えば，急性期医療を提供する総合病院は，専門的な治療を担う一方で，回復期リハビリテーションや在宅医療は地域の中小規模の病院や診療所が担うなど，医

第9章　医療・介護連携

療機関が協力しながら地域全体で包括的な医療サービスを提供することをめざしている。このような役割分担により，無駄のない医療提供が可能となり，患者の転院や在宅復帰がスムーズに行われるようになる。地域医療構想の実施状況は，地域ごとに異なっている。

　このように地域医療構想は，高齢化社会における持続可能な医療提供体制を実現するための重要な政策であり，医療資源の効率的な配分や医療の質の向上，地域間の医療格差の是正に寄与することが期待されている。

### 3）生活の質の向上をめざして

　この構想が実現すれば，住民は必要な医療サービスを身近な地域で受けられるようになり，医療の質の向上とともに，患者の生活の質も向上すると考えられる。しかしながら，解決するべき課題もあり，前述したように都市部では比較的進展している一方で，過疎地や離島などの医療資源が限られた地域では，病床の再編成や医療機関間の連携が十分に進んでいない場合がある。また，医療機関間の競合や財政的な制約も，構想の実現を妨げる要因となっている。これらの課題に対処するためには，行政と医療機関が連携し，地域ごとの特性に応じた柔軟な対応が求められている。

### （3）地域医療構想の課題と展望

　地域医療構想における主要な課題の一つは，医療資源の再配分である。急性期病床の削減や病院の統廃合に対する抵抗感，そして患者の受け入れ先が見つからない問題など，再配分に伴う困難が多く存在している。とくに，既存の医療機関が構造改革に適応するための時間やリソースが不足していることが，課題解決を難しくしている。地域医療構想のもう一つの大きな課題は，地域間格差の存在である。医療資源が集中する都市部と，医療機関が不足する過疎地との間で，医療サービスの質やアクセスに大きな差がある。これを解消するためには，地域ごとの医療ニーズを的確に把握し，それにもとづいた資源配分や医療機関の役割分担を強化する必要がある。また，遠隔医療の導入や地域包括ケアシステムの強化も，格差解消に向けた重要な施策となる。

　地域医療構想が今後さらに進展するためには，地域ごとの医療資源の最適化

165

と，医療機関間の連携強化が不可欠である。また，住民の医療に対する理解と協力も重要な要素となる。さらに，技術革新を活用した効率的な医療提供体制の構築や，医療従事者の確保・育成を進めることが，地域医療構想の実現に向けた鍵となるであろう。これらの取り組みにより，持続可能で質の高い地域医療が実現されることとなる。

## 2 医療・介護連携の重要性

### （1）高齢者の在宅医療・介護の必要性の増加

　日本の高齢化が進展するなかで，高齢者の在宅医療や介護の必要性は年々高まっている。従来の入院中心の医療から在宅での療養支援へと移行することで，高齢者が住み慣れた環境で生活を続けられるようにすることが求められている。このような背景から，医療と介護の連携がきわめて重要な課題となっている。医療と介護の連携は，高齢者の QOL（生活の質）を向上させるために不可欠である。例えば，医療機関と介護施設，在宅サービスが一体となって高齢者の健康管理や生活支援を行うことで，疾患の重篤化を防ぎ，介護負担を軽減することが可能となる。また医療と介護のシームレスな連携により，転院や退院後のケアの質を向上させることができる。このような連携体制は，地域包括ケアシステムの実現に向けた重要な要素である。

### （2）介護報酬制度

　介護報酬制度は，日本が直面していた急速な高齢化とそれに伴う介護ニーズの増大に対応するため，2000年4月に介護保険制度の導入に伴い制定された制度で，厚生労働省がその設計と管理を担っている。介護保険制度の中核的な部分を構成し，介護サービスを提供する事業者に対して支払われる報酬の仕組みを定めており，介護サービスの質を確保しつつ，持続可能な介護提供体制を維持するために必要不可欠な制度として制定された経緯がある。介護報酬制度は高齢化の進展や介護サービスのニーズに応じて，定期的に見直しが行われ，とくに3年ごとに実施される介護報酬改定によって，制度の柔軟な運用と介護

第9章　医療・介護連携

サービスの質の維持・向上が図られている。

　介護報酬は定期的に改定されており，近年の改定では，高齢者の在宅生活を支援するためのサービスや医療と介護の連携を強化する施策に重点が置かれている。具体的には，医療・介護連携の質を高めることを目的に在宅医療と介護の連携を促進するための報酬加算や，介護職員の処遇改善を図るための報酬増額が行われている。介護報酬改定は，報酬加算により連携を促進されるため，医療機関と介護施設が協力して高齢者を支援する意欲が強化される。また，報酬改定は在宅医療や訪問介護の推進を促進し，高齢者が慣れ親しんだ環境で生活を継続するための支援が一層強化される。こうした改定は，医療と介護の連携をさらに深化させるための重要な政策手段である。

### （3）医療・介護連携の現状と課題

#### 1）曖昧な役割分担

　医療と介護の連携体制は，各地域で進展しているが，依然として課題が多い。現状では，医療機関と介護施設，在宅サービス事業者間の連携が不十分な場合があり，情報共有の不足やケアの質にばらつきが見られる。とくに，医療と介護の役割分担が明確でないことや，連携のための制度的支援が不十分である点が指摘されている。医療機関と介護施設間の連携における主要な問題点は，第1に情報共有の不足が大きな問題となっており，患者の病歴や治療計画，介護計画などが適切に共有されないこと，第2に医療と介護の役割分担が曖昧であり，どのようなケアを誰が担うべきかが不明確な場合があることがあげられ，これらの問題によりケアの重複や抜け漏れが生じるリスクが高まることが懸念される。

#### 2）必要とされる進化

　このような問題を解決し，医療と介護の連携を深化させるためには，いくつかの課題に取り組む必要がある。まず，情報共有のための電子システムの整備や，統一された記録フォーマットの導入が求められる。また，医療と介護の専門職が共同で研修を受ける機会を増やし，相互理解を深めることも重要である。さらに，地域包括ケアシステムのなかで医療と介護が円滑に連携できるよう，

行政による支援体制の強化も必要である。これらの取り組みにより，医療・介護連携の質を向上させ，高齢者が安心して暮らせる社会を実現することが可能となる。

### （4）令和6年度の介護報酬改定の概要

　本改定では，とくに認知症患者や独居高齢者，高度な医療ニーズをもつ人々に対して，質の高いケアマネジメントを継続的に提供する必要性が強調され，各地域のニーズに応じた柔軟かつ効率的な対応策が示されている。また，介護保険制度の持続可能性を確保し，すべての世代にとって安心できる制度とするための施策が述べられた。そして，高齢化による需要の増加に対応するため，安定した制度運営の重要性が指摘されている。質の高い介護サービスについてもその提供を可能にする職場環境の整備が重要視されており，規制の見直しや介護職員の労働条件の改善，生産性向上のための先進的な取り組みが促進されている。

　高齢者施設における医療ニーズへの対応も強化することがめざされており，とくに医療機関と介護施設の連携を強化し，緊急時や入居者の急変に対応できる体制の整備が求められている。報酬の評価については必要なケアを効果的に提供するために，報酬の適切な評価と簡素化が提案されており，介護サービス提供者が管理しやすい報酬制度の確立が図られている。具体的な数値の改定は以下の通りである。

　　① 訪問介護における特定事業所加算
　　　　特定事業所加算（Ⅰ）：505単位→519単位
　　　　特定事業所加算（Ⅱ）：407単位→421単位
　　　　特定事業所加算（Ⅲ）：309単位→323単位
　　　　特定事業所加算（A）：100単位→114単位
　　② 総合マネジメント体制強化加算
　　　　加算（Ⅰ）：1,200単位（月）（新設）
　　　　加算（Ⅱ）：800単位（月）→1,000単位（月）

第9章　医療・介護連携

③　専門管理加算

新設：250単位／月

④　短期入所療養介護における総合医学管理加算

改定後：275単位／日→変更なし

⑤　看取りへの対応強化

死亡日前々日，前日：820単位／日→910単位／日

死亡日：1,650単位／日→1,900単位／日

⑥　その他の加算と見直し

認知症チームケア推進加算（Ⅰ）：150単位／月（新設）

認知症チームケア推進加算（Ⅱ）：120単位／月（新設）

リハビリテーションマネジメント加算（ハ）：同意日の属する月から6

月以内：793単位／月，6月超：473単位／月（新設）


2024年の介護報酬改定は，介護業界の人材不足問題に対応し，介護サービスの質を確保するための重要な一歩と位置づけられており，日本の高齢化社会に対応し，効率的で質の高い介護を提供するための重要な要素となっている。また，2024年の改定では，医療費も同時に見直されており，医療と介護のより一層の連携強化が求められている。


## 3　地域ケア会議


### （1）地域ケア会議の役割

地域ケア会議は，地域の高齢者や介護が必要な住民に対して，包括的で継続的なケアを提供するために，地域の医療・介護・福祉・行政の関係者が一堂に会し，情報を共有し，具体的な支援策を検討・決定するための会議体である。主に自治体（市町村）が主催し，この会議を通じて地域住民のケアプランを調整・決定する。

医療機関（病院やクリニック），介護施設（特別養護老人ホーム，デイサービスなど），行政（市役所や保健所），福祉サービス提供者（居宅介護支援事業者など），そ

して地域住民（ケアマネージャー・家族・本人など）が参加し，多様な視点からケアを検討する。地域ごとのニーズやケア対象者の状況に応じて，定期的に開催され，会議の頻度は地域や個別のケースにより異なるが，1〜2カ月に1度などの定期開催が一般的である。

地域ケア会議の管理は，自治体の福祉部門や地域包括支援センターが担当し，会議の調整，進行，記録管理を行い，会議で決定されたケアプランの実施状況をモニタリングする。この会議は，地域包括ケアシステムの中核的な役割を果たしており，すなわち地域ケア会議は地域住民のニーズに即したケアプランの作成や，各サービス提供者間の連携強化を主要な目的として働く，個々の住民に対するケアの質を向上させるためのプラットフォームであるといえよう。

### （2）住民参加型のケアの重要性
#### 1）地域に根差したケアをめざす

地域ケア会議では，住民の意見を取り入れることが重要視されている。住民参加型のケアは，地域住民が自らの生活環境や健康に対する意識を高めるとともに，地域全体のケア力を向上させるための基盤となる。住民が積極的に関与することで，地域の課題を共有し，地域に根ざしたケアを実現することができる。

#### 2）各地域における成功事例

地域ケア会議は各地域で定期的に開催されており，そこでの議論をもとにケアプランの策定やサービス提供の見直しが行われている。都市部では地域ケア会議を通じて，複雑な医療ニーズをもつ高齢者に対するケアの一元管理が進められている一方，過疎地では，少ない資源を最大限に活用するための取り組みが行われている。例えば，都市部の事例としては金沢市が地域包括支援センターを通じて展開している小規模での「スモールステップ地域ケア会議」がある。この会議では，地域ケア会議の柔軟性を高め，個別事例に対する迅速な対応を可能にすることを目的に，ケアマネジャーや関係者が少人数で集まり，具体的な課題に対して集中的に検討を行っている。各ケースに応じたきめ細やかな対応を行い効果的なケアプランの作成を進める個別対応の充実していること，

第9章　医療・介護連携

少人数の会議で意思決定のスピードが速いため必要な支援が迅速に実施できること，効率的なケアの提供のため地域の特性やリソースを最大限に活用していることが特徴的である。

過疎地における取り組みの例としては，北海道京極町における「高齢者の移動手段確保」に関する政策形成の例が挙げられる。京極町は，地域ケア会議を通じて，高齢者の移動手段が限られているという地域課題に取り組み，町の政策として新たな移動サービスの必要性が認識され，具体的な検討が進められた。取り組みの過程では，65歳以上の高齢者全員を対象とするアンケート調査と移動に困っている高齢者のマップ作成が行われ，それにもとづいた移動サービス案が策定された後，さらに住民を交えたプロジェクト会議で最終調整が行われ，町の政策としてデマンドタクシー事業の本格実施に至っている。

この取り組みは，地域ケア会議の機能を活用して高齢者の移動手段の確保を政策化し，町の重要な公的サービスとして定着させた事例となっている。

### 3）地域ケア会議を実施する上での課題

成功事例がある一方で，地域ケア会議の実施には課題もある。例えば，参加者の役割分担が不明確であったり，情報共有が不十分である場合，決定事項の実行が遅れたりすることがある。また，地域ごとにリソースやニーズが異なるため，標準化されたアプローチでは十分な効果が得られないこともある。このような地域ケア会議の課題するためのポイントはとケアマネジメントの質の向上，関係者間の情報共有と連携の強化，地域ケア会議を通じた地域全体のケア力の向上の3点に集約される。まず，地域ケア会議を通じて，ケアマネジメントの質を向上させるためには，関係者間の継続的な研修や情報交換が必要である。これにより，最新の知識や技術を共有し，より適切なケアプランを策定することが可能となる。

また，情報共有の不足がケアの質に影響を与えることから関係者間の情報共有と連携の強化するためにはICT（情報通信技術）の活用を促進し，リアルタイムでの情報共有体制を整備することが求められる。さらに，定期的な会議の開催や，オンライン会議の活用により，遠隔地の関係者も含めた広範な連携を図ることが可能となる。最後に地域ケア会議を活用することで，地域全体のケ

ア力を向上させることが可能である。地域住民が主体的に関与し，地域の課題を共有することで，地域全体が一体となってケアを提供する体制が構築され，また，地域ケア会議での成功事例を他地域に展開することで，地域ごとのケア力の底上げが可能となる。

このように地域ケア会議は，地域包括ケアシステムのなかで中心的な役割を果たしており，その充実が地域全体のケア力を高めるための鍵となっているのである。

# 4　日本人の死に場所の変化

## （1）日本における死に場所の変遷

### 1）自宅から病院・介護施設へ

日本における伝統的な死に場所は，主に自宅であった。家族が見守る中，自宅で死を迎えることが，社会的にも家族的にも望ましいとされてきた背景には，強固な家族や地域社会の絆があった。しかし，戦後の高度経済成長期以降，都市化や核家族化の進展に伴い，死に場所の文化も大きく変遷した。高度経済成長と医療技術の進歩に伴い，病院での死亡が急増した。とくに1970年代から2000年代にかけて，病院で亡くなる人の割合が急激に増加し，2000年代には約80％の日本人が病院で死を迎えるようになった。

この背景には，医療技術の発展による延命治療の普及，都市部での家族構成の変化，在宅ケアの難しさが影響している。

### 2）自宅での見取りの増加

図9 - 1は1995年から2021年までの日本における死亡場所に関する統計を示している。1995年から2000年代中盤まで，病院での死亡数は一貫して増加し，2006年には86万4,702件に達した。その後，2010年代にかけて減少傾向が見られ，2020年には93万8,130件まで減少したが，2021年には再び94万9,403件に増加し，最新の2023年の統計では101万5,269件に達している。病院での死亡が依然として日本での主要な死に場所であるが，近年では少しずつ減少している。その一方，自宅での死亡数は1995年からなだらかに増加し，2019年には18万

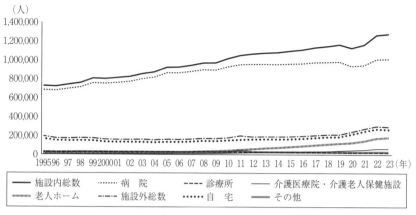

図9-1 主な死亡場所

出所:『令和5年人口動態統計』「死亡の場所別にみた都道府県(特別区―指定都市再掲)別死亡数」を参考に筆者作成。

8,191件に達し,過去のピークを記録した。この増加は,在宅医療や在宅ケアの普及が進んでいることを示している。2020年と2021年にはさらに増加し,2021年には24万7,896件に達し,最新の2023年の統計では26万7,335件である。しかしながら,この背景にはコロナ禍の影響で,自宅での看取りが増加した可能性がある。介護施設での死亡数も一貫して増加傾向にあり,2010年以降急速に増加し,2021年には14万3,689件に達し、最新の2023年の統計では18万1,783件である。この増加は,高齢化が進み,介護施設での看取りが一般化してきていることを示している。

### 3)住み慣れた場所で最期を

病院死の減少傾向と在宅死・介護施設死の増加が近年特徴的であり,病院での死亡が依然として多いものの,近年では,再び在宅死が増加傾向にある。これは,地域包括ケアシステムの整備と在宅医療の普及が進んだ結果である。地域包括ケアシステムは,高齢者の「住み慣れた場所で最期を迎えたい」という希望を反映して在宅での死を迎えることができるよう,医療・介護サービスを地域全体で提供する仕組みであり,このシステムの導入により,病院以外の選択肢が増えつつある。その一方で,地域による差や医療資源の配分の課題が依

**表9-1　死亡場所における自宅以外の病院等と自宅との％比（都道府県別）**

| | 自宅以外の病院等の施設内総数 | 自宅 | | | | | | | |
|---|---|---|---|---|---|---|---|---|---|
| 北海道 | 86.7% | 13.3% | 新潟県 | 88.9% | 11.1% | 島根県 | 88.2% | 11.8% |
| 青森県 | 86.4% | 13.6% | 富山県 | 86.0% | 14.0% | 岡山県 | 85.3% | 14.7% |
| 岩手県 | 88.2% | 11.8% | 石川県 | 86.0% | 14.0% | 広島県 | 84.1% | 15.9% |
| 宮城県 | 82.2% | 17.8% | 福井県 | 86.8% | 13.2% | 山口県 | 86.9% | 13.1% |
| 秋田県 | 89.2% | 10.8% | 山梨県 | 85.7% | 14.3% | 徳島県 | 88.6% | 11.4% |
| 山形県 | 86.4% | 13.6% | 長野県 | 84.7% | 15.3% | 香川県 | 83.5% | 16.5% |
| 福島県 | 85.1% | 14.9% | 岐阜県 | 81.4% | 18.6% | 愛媛県 | 83.4% | 16.6% |
| 茨城県 | 85.0% | 15.0% | 静岡県 | 82.6% | 17.4% | 高知県 | 85.6% | 14.4% |
| 栃木県 | 82.0% | 18.0% | 愛知県 | 82.2% | 17.8% | 福岡県 | 85.7% | 14.3% |
| 群馬県 | 85.4% | 14.6% | 三重県 | 82.6% | 17.4% | 佐賀県 | 88.1% | 11.9% |
| 埼玉県 | 80.8% | 19.2% | 滋賀県 | 82.9% | 17.1% | 長崎県 | 86.6% | 13.4% |
| 千葉県 | 80.9% | 19.1% | 京都府 | 82.0% | 18.0% | 熊本県 | 88.7% | 11.3% |
| 東京都 | 76.0% | 24.0% | 大阪府 | 78.8% | 21.2% | 大分県 | 89.2% | 10.8% |
| 神奈川県 | 77.8% | 22.2% | 兵庫県 | 79.3% | 20.7% | 宮崎県 | 88.4% | 11.6% |
| | | | 奈良県 | 81.6% | 18.4% | 鹿児島県 | 88.1% | 11.9% |
| | | | 和歌山県 | 82.0% | 18.0% | 沖縄県 | 81.1% | 18.9% |
| | | | 鳥取県 | 85.5% | 14.5% | 平　均 | 84.5% | 15.5% |

出所：図9-1と同じ。

然として存在しており，地域包括ケアシステムのさらなる強化と，家族支援の充実が今後の課題となるであろう。

## （2）在宅死の増加と地域包括ケアシステムの役割

### 1）全国からみた死亡場所

　表9-1は都道府県別に見た死亡場所における自宅以外の病院等と自宅との％比である。この結果から全国平均で見た場合，死亡の84.2%が病院等の施設内で発生しており，自宅での死亡は15.8%にすぎない。これは，日本においては多くの人が病院や医療施設で最期を迎えることが一般的であることを示している。

　また東京都では，病院等での死亡が76.0%にとどまり，自宅での死亡が24.0%と，全国平均に比べて自宅で死亡する割合が高い。次いで神奈川県がこれは，都市部において在宅医療が普及している可能性を示している。

### 2）地域ごとに異なる終末期ケア

　大分県では，病院等での死亡が89.2%と，他の都道府県に比べて非常に高い。このことは，これらの地域において病院での医療ケアが重視されているか，在宅医療の選択肢が限られていることを示唆している。自宅での死亡については

東京都が24.0％であり，全国平均の15.5％を大きく上回っている。これにより，東京都では他の地域に比べて自宅での終末期ケアが選ばれる傾向が強いと考えられる。

大阪府など都市部では，病院等での死亡が78.8％，自宅での死亡が21.2％と，都市部においても自宅での死亡が他の地域に比べて高い。これに対し，地方の秋田県，大分県では病院等での死亡が90％近くに達していることから，都市部と地方での医療資源の利用状況に差があることがわかる。

全国平均と比較して，東京都や大阪府，神奈川県などは自宅での死亡が高く，逆に秋田県や宮崎県では病院等での死亡が顕著に高い。これは，地域ごとに終末期ケアに対するアプローチが異なることを示している。


### （3）在宅医療の普及とその課題

#### 1）希望する場所で看取られるには

多くの高齢者が「自宅で死を迎えたい」と希望しているが，現実にはその希望が叶えられないことが多い。高齢者の希望する死に場所と現実のギャップの背景には，家族の介護負担，在宅医療の未整備，急変時の対応の難しさなどがある。在宅医療のさらなる普及が求められるが，それには医療・介護スタッフの確保，在宅医療の質の向上，そして地域社会全体での支援体制の構築が必要である。また在宅医療には緊急時の対応能力や，家族の負担軽減策も重要な課題であり，家族が介護や看取りの負担を軽減できるよう，支援制度の充実が求められる。とくに訪問看護やレスパイトケアなど，家族が安心して介護に専念できる支援が不可欠である。

#### 2）死に場所を選択できる体制づくり

多様な死に場所を選択できる社会を実現するためには，政策的な取り組みが必要である。具体的には，在宅医療の充実，介護施設での看取りの拡充，病院以外の選択肢を地域住民に広く周知する取り組みが挙げられる。これにより，個々の希望に応じた最期の迎え方が実現できる社会をめざすことが求められる。日本における死に場所の変化は，医療・介護の進展とともに進んでおり，今後も地域包括ケアシステムの役割がますます重要となるであろう。

# 5 介護職員の医療行為

## （1）介護職員に求められる役割と責任

### 1）介護職員ができること

　介護職員に求められる役割と責任は，単なる日常生活のサポートにとどまらず，医療的なケアの一部も含まれてきている。これには，法律で定められた枠組みのなかで，介護職員がどのような医療行為を行うことができるかが厳密に規定されている。

　介護職員が行う医療行為の範囲は，主に医師法や保健師助産師看護師法によって制限されており，原則として医療行為は医師や看護師などの有資格者のみが行うことが許されている。しかし，介護現場においては，介護職員が一定の条件下で医療行為の補助を行うことが認められることがある。具体的には，バイタルサイン（体温，脈拍，血圧など）の測定，点眼薬の投与，褥瘡（床ずれ）予防のケアがその例である。

　これらの行為は，介護職員が適切なトレーニングを受け，医療専門職の指示の下で行うことが求められる。しかし，介護行為と医療行為の境界線が曖昧であるため，どこまでが介護職員の役割であるかについては議論が続いている。例えば，服薬管理やインスリン注射といった行為は，介護職員が日常的に直面するケアの一環でありながら，これが医療行為に該当するかどうかについての明確な基準がない。

### 2）できることの曖昧さ

　このような曖昧さは，介護職員に過度の責任を負わせるリスクを高めると懸念されている。高齢化が進む日本において，要介護者の増加に伴い，介護職員が担う医療行為の重要性は増している。しかし，医療事故のリスクや法律的な問題を回避するためには，介護職員に対する十分な教育と支援が不可欠である。適切なトレーニングを受けた介護職員が，医療行為を安全かつ効果的に行うことができるようにするための体制整備が急務である

第9章　医療・介護連携

### （2）介護職員による医療行為の現状

#### 1）知識不足による誤認識

　医療行為を行う者には国家資格が必要である。介護職員はこれらの資格をもたないため，通常の業務範囲内で医療行為を行うことは法律上制限されている。

　例えば，「Aさんの爪が伸びていたので，爪切りをして下さい」と頼まれた時，Aさんが糖尿病の場合，介護福祉職は爪を切ることはできない。「糖尿病ですので，介護職員は爪切りができません」と言える知識がないと，違法行為を行うリスクがある。

　介護職員が法を逸脱した医療行為を行った場合，利用者に対するリスクを増大させる恐れがあるため，その行為は違法とみなされ，介護職員やその施設が法的責任を問われる。このように，日本の法制度において，介護職員が行う医療行為は，基本的に医療専門職に限定された行為であり，介護職員がこれに携わる際には厳格な条件が求められており，その範囲も限定的である。

#### 2）できる範囲が拡大した医療行為

　近年，介護現場の状況を踏まえ介護職員が行うことができる医療行為の範囲が拡大しつつあり，それに伴い関連する法律も改正されている。具体的には，2012年の社会福祉士及び介護福祉士法改正により，介護職員が一定の条件下で医療行為を行うことができるようになった。

　この改正では，特に「喀痰吸引等の実施のための研修」を受けた介護福祉士が，医師や看護師の指導の下であれば，利用者の安全を確保しながら喀痰吸引や経管栄養の補助を行うことが可能となった。これは高齢者や障害者の在宅介護の現場において，医師や看護師が常にいるわけではないため，介護職員が一定の研修を受けた上で，医療的ケアが必要な利用者に対して適切なケアを提供できるようにするための措置である。

　さらに2021年の改正では，特定行為の対象範囲が拡大され，これまでの喀痰吸引に加えて，経管栄養も特定行為として可能となった。経管栄養は口から食事を摂ることが難しい利用者に対して，鼻や口からチューブを使って栄養を供給する経管栄養の行為である。

　これらの行為を介護職員が行うには，指定された研修を修了し，技術や知識

177

を習得することが求められている。この研修を修了した介護職員は特定介護福祉士として，医師や看護師の指示の下でこれらの行為を実施することが許される。

このように介護職員による医療行為の範囲が拡大される一方で，その法的な枠組みもより詳細に整備され，安全性と適正性が確保されるような仕組みが構築されつつあり，介護現場で提供される医療ケアの質が向上し，利用者の安心・安全がさらに確保されるようになっている。

### （3）介護職員が医療行為を行う際のリスクと対策

#### 1）医療行為に関する教育の必要性

介護施設において，医療行為が日常的に行われている場面が増加している。介護職員が医療行為を行う際には，さまざまなリスクが伴う。これには，医療事故や法的責任の問題が含まれるため，介護職員には厳格な訓練と監督が求められる。

介護職員が行う医療行為には，誤診や薬剤の誤投与，適切な処置が行われなかった場合の悪化などの医療事故のリスクが伴う。これらのリスクを最小限に抑えるためには，医療行為を行う際の手順や管理体制を厳格に遵守する必要がある。とくに，介護職員が行う医療行為が医療専門職によって監督されていない場合，そのリスクはさらに増大する。また介護職員が法律に違反して医療行為を行った場合，介護職員個人だけでなく施設が法的制裁を受ける可能性があるため，施設内での教育と監督体制を強化することが求められている。

#### 2）定期的な研修でリスク管理

介護職員が医療行為を安全に行うためには，専門的な教育プログラムが不可欠である。これには，基礎的な医療知識や技術の習得に加えて，緊急時の対応能力を養うための実践的な訓練が含まれる。また，介護職員の医療知識を向上させるために，定期的な研修が必要であり，これによって最新の医療知識や技術を常に更新していくことが重要である。すなわち，介護施設ではリスクマネジメントの観点から，医療行為に関する研修や教育を強化し，職員の安全確保を図る必要がある。

第9章　医療・介護連携

### 3）事業所内の体制整備が不可欠

　介護職員が医療行為を行う際の負担を軽減するために，医療専門職との連携を強化することが必要である。これには，医療行為に対するサポート体制の整備や，医療専門職からの迅速なアドバイスを受けられる仕組みの構築が含まれる。また，リスクを最小限に抑えるためには，適切な記録管理や事故防止のためのチェックリストの活用等も重要である。

　介護職員が行う医療行為の質を高め，リスクを抑えるためには，これらの対策を総合的に講じることが求められる。適切な教育と監督体制の下で，介護職員が安全かつ効果的に医療行為を行うことができるよう，法的な枠組みの整備とともに，現場での実践的な取り組みが不可欠である。

## 6　かかりつけ医

### （1）定義とその歴史的経緯

#### 1）かかりつけ医の定義

　かかりつけ医とは，患者が健康問題に関して最初に相談できる医師であり，日常的な健康管理や軽度の病気の診察を通じて，患者の健康を包括的に管理する役割を担う医療専門職である。彼らは，患者の健康状態を継続的に把握し，予防医療や健康相談を提供しつつ，必要に応じて専門医や医療機関への紹介や連携を行う。とくに緊急時には，迅速かつ適切な対応や専門医への紹介を通じて，患者の健康リスクを最小限に抑えることが期待される。かかりつけ医は，患者との長期的な信頼関係を構築し，家族背景や生活環境を理解することで，個別化された医療を提供することが重要である。

　日本においては，家庭医，内科医，小児科医などがこの役割を果たすことが多く，患者との持続的な関係を基盤に，日常的な健康管理や病気の早期発見，治療を支援する役割を担っている。

#### 2）日本における歴史的経緯

　1980年代以降，日本において，かかりつけ医の概念が広まった背景には，いくつかの重要な社会的および経済的要因が存在していた。まず，日本は1980年

代に入り急速に高齢化社会へと移行しはじめた。これに伴い，慢性的な疾患の管理や長期的な健康維持の必要性が高まった。その結果，高齢者の健康管理において，全人的なアプローチが重視されるようになり，日常的に患者の健康を見守るかかりつけ医の役割が重要視されるようになった。

また，医療の高度化に伴う医療費の増加と，それに伴う国の医療制度への財政的負担も大きな課題となった。専門医療に過度に依存することは，医療費のさらなる増加を招くリスクがあったため，より効率的な医療提供の仕組みが求められた。

このような経済的な背景から，かかりつけ医は病気の早期発見や予防医療の推進を担い，重症化の防止を通じて医療費の抑制に寄与する存在として注目されるようになった。

さらに，都市部に医療資源が集中する一方で，地方や郊外では医療サービスの不足が深刻な問題となっていた。この地域医療の格差を解消するため，地域に根ざした医療提供体制の強化が求められ，かかりつけ医の普及は地域医療の充実を図るための重要な施策とされた。この施策の一環として，1980年代に開始された医療制度改革が挙げられる。厚生省（現・厚生労働省）は，医療制度改革を進める中でかかりつけ医の役割を再評価し，とくに地域包括ケアシステムの構築に向けた取り組みのなかで，地域医療の中心的な役割を担うものとして，かかりつけ医の重要性が強調された。この背景には，病院中心の医療提供体制を見直し，家庭医やかかりつけ医といった医療提供者の存在を重視する動きがあった。

また，経済成長とともに国民の生活水準が向上し，医療に対する意識も高まった。これにより，自己の健康を総合的に管理してくれる信頼できる医師として，かかりつけ医の必要性が認識されるようになり，この概念が国民の間に広く浸透していった。以上のような複数の要因が相互に作用し，1980年代以降の日本において，かかりつけ医の概念が定着するに至ったのである。

第9章 医療・介護連携

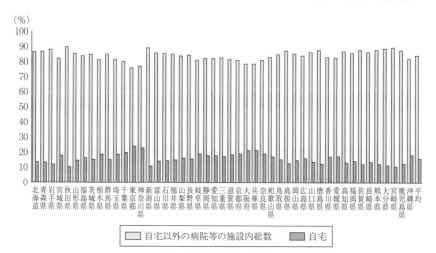

**図9-2 都道府県別内外来受診割合・一般診療所**

出所：令和2年厚生労働省『患者調査』都道府県編報告書，2021年を基に筆者作成。

## （2）かかりつけ医の現状と課題

### 1）地域格差

　日本においては，かかりつけ医制度が広く認知されており，多くの地域で実施されている。しかし，かかりつけ医の供給が地域によって偏在しており，都市部では比較的充足している一方で，過疎地域ではかかりつけ医の不足が深刻な問題となっている。また，患者の高齢化に伴い，かかりつけ医に求められる医療の範囲が拡大しており，とくに慢性疾患の管理や終末期医療においては，かかりつけ医の役割がますます重要になっている。

　図9-2は都道府県別における病院外来受診と一般診療所外来受診の割合を示している。一般診療所が必ずしもかかりつけ医として機能しているとは限らないため，その限界を理解した上でデータを解釈する必要はあるが，一般診療所外来受診をかかりつけ医外来受診の一つの目安として捉えることは可能で，地域医療の状況や患者の医療アクセスを評価する際には，有用な指標となると考えられる。

　全国的に見て，一般診療所での外来受診割合が高く，とくに東京都（80.5%），

静岡県（81.1%），神奈川県（79.9%）などの都市部でその傾向が顕著である。一方，高知県（54.9%），石川県（63.7%），福井県（66.1%）では病院外来の割合が他の地域に比べて高くなっている。これは，都市部と地方部での医療機関へのアクセスや医療提供体制の違いを反映している可能性がある。すなわち，都市部では，かかりつけ医としての一般診療所が広く利用されており，日常的な健康管理が診療所で行われており，都市部の医療インフラが整備されていることや，患者がアクセスしやすい環境が整っていることを示唆ししている。

### 2）かかりつけ医の供給不足

病院外来の割合が高い地域では，かかりつけ医機能が病院に集中している可能性があり，このような地域では，専門的な医療を必要とするケースが多いか，かかりつけ医としての一般診療所が十分に整備されていないため，病院での外来受診が中心になっていると考えられる。医師の都市集中という観点から見れば，医師の労働環境や給与条件が都市部に比べて劣る地方では，医師の確保が難しい状況にある可能性も示唆される。さらに，医師がかかりつけ医としての役割を十分に果たすための教育や訓練が不十分であることも，かかりつけ医の供給不足に寄与している可能性がある。

## （3）かかりつけ医の今後の展望

かかりつけ医は，地域包括ケアシステムのなかで中心的な役割を果たしている。地域包括ケアシステムは，2006年に厚生労働省が提唱したシステムで，高齢化社会に対応するために日本が進める地域密着型のケアモデルである。このシステムは高齢者が住み慣れた地域で，地域の医療機関・介護サービス・自治体・ボランティアなどの連携の下で，医療・介護・予防・生活支援を受けながら，自立した生活を送ることを目的としており，とくに高齢者が最期まで住み慣れた地域で生活を続けられるよう支援することが重視されている。システムを導入することは，超高齢社会を迎えるなかで，社会保障制度の持続可能性を確保しつつ，高齢者の生活の質を向上させるために必要とされており，かかりつけ医は，このシステムのなかで，住民の健康状態を総合的に管理し，地域の医療資源を適切に活用する役割を担っている。

第9章　医療・介護連携

　今後，かかりつけ医は，他の医療専門職や介護職との連携をさらに強化する
必要があり，多職種連携を通じて，患者に対して包括的なケアを提供すること
で，患者の健康状態をより効果的に管理し，生活の質を向上させることが期待
される。とくに，在宅医療や介護との連携を強化することで，高齢者の在宅生
活の維持を支援することが求められている。

　かかりつけ医の質を向上させるためには，医師教育の充実や，かかりつけ医
に対する研修制度の拡充が必要であろう。また，かかりつけ医が安心して診療
に従事できるよう，労働環境の改善や報酬制度の見直しも重要な課題である。
さらに，一般の人々のなかには，かかりつけ医の役割について十分に理解して
いない人も多く，かかりつけ医に対する期待が低い場合もある。その一方で，
かかりつけ医に対して高い信頼を寄せ，健康問題について最初に相談する存在
として期待している人もいる。このようなことを顧みて，かかりつけ医制度の
認知度向上とともに，制度の利用促進を図ることが重要である。

　かかりつけ医制度の認知度向上と利用促進を図るための広報活動や政策的な
支援も必要である。かかりつけ医が地域社会において，住民の健康を支える中
心的な存在として機能するためには，これらの施策を通じて，かかりつけ医の
役割と重要性を再確認されるとともに，制度の充実を図ることが求められる。

## 7　持続可能なシステム構築

　地域医療構想，医療・介護連携，地域ケア会議，日本人の死に場所の変化，
介護職員の医療行為，かかりつけ医の役割といった，現代日本の医療・介護連
携を取り巻く課題は多岐にわたる。

　これらの課題に対応し，高齢化社会における持続可能な医療・介護システム
を構築するためには，多角的なアプローチと地域全体の協力が不可欠である。
地域包括ケアシステムの推進や，かかりつけ医の重要性を再認識し，これらを
支える制度や施策を強化することで，高齢者が住み慣れた地域で安心して生活
を続けられる社会の実現を目指すことが必要である。未来を見据えた包括的な
医療・介護の提供体制の整備こそが，国民一人ひとりの健康と生活の質を守る

鍵となるであろう。

**参考文献**

厚生労働省「地域包括ケアシステムの構築について」（未来投資会議　構造改革徹底推進会合資料）2017年。

厚生労働省「人口動態調査」2021年。

厚生労働省「患者調査」（都道府県編報告書）2021年。

厚生労働省「地域医療構想」2024年（https://www.mhlw.go.jp/stf/seisakunitsuite/bunya/0000080850.html）。

厚生労働省「令和6年度介護報酬改定について」2024年。

厚生労働省老健局「令和6年度介護報酬改定の概要」2024年。

厚生労働省老健局老人保健課「在宅医療・介護連携推進事業の手引き」2020年。

長寿社会開発センター「政策形成につなげる地域ケア会議の効果的な活用の手引き」2023年。

<table>
<tr><td>第10章</td><td>特別養護老人ホームを中心とした現場の<br>課題</td></tr>
</table>

　本章では，特別養護老人ホーム，ホームヘルプサービス，居宅介護支援事業所などの現場が現在抱えている課題について経営の視点から概説する。経営のめざすところは事業の継続性である。現在，介護保険施設や事業所が抱える課題は多岐にわたり，人口減少に伴う担い手不足など，事業の継続性が危ぶまれる課題，解決が非常に困難な課題も多い。ホームヘルプサービスやデイサービスなどの倒産，廃業も増えている状況であるが，介護保険制度は，全国の市町村，地域において必要とされる介護保険サービスが確保できなければ制度として成り立たなくなる。本章では，特別養護老人ホームなどの現場が抱える課題，その原因や解決方法を考えることについて学んでいく。

# 1　特別養護老人ホームの経営課題

## （1）人材の確保・養成等の課題

### 1）現場の視点から

　筆者は，社会福祉法人（以下，「当法人」）の理事長と特別養護老人ホーム（以下，「特養」）および同一建物に併設しているケアハウスの施設長を兼務している。当法人は，特養，ケアハウスを中心に，デイサービス，居宅介護支援事業所，小規模多機能型居宅介護等を運営し，南房総市から地域包括支援センターと在宅介護支援センターを受託している。ホームヘルプサービスも運営し，介護保険サービスだけでなく，障害者自立支援法にもとづく居宅介護，重度訪問介護や，有償運送サービスの指定を受け実施している。千葉市内においても認知症対応型共同生活介護（グループホーム）等の介護サービス事業所の運営をしているが，大半の施設，事業所は千葉県の南部（房総半島の南端部）に所在して

いる。

　人口減少に伴い，全国的にあらゆる産業において人手不足問題が深刻化しているが，千葉県も千葉市周辺から東京都・埼玉県に近い北西部以外の市町村・地域においては，民間企業だけでなく行政も含め，人材確保の問題が深刻化している。食料品や日用品の販売店舗の減少は自動車を所持しない高齢者を中心に買い物難民を生み出している。運転手不足によるバス（公共交通機関）や物流，さらには行政サービス等の社会基盤，社会生活の維持も不安視されている市町村・地域が大半である。筆者自身が現在直面している一番大きな経営の課題も，人材に関する課題である。

### 2）配置基準と人材確保の課題

　特養等は法令によって配置すべき管理者，生活相談員等の職種（資格），人数が細かく定められ，介護報酬額も基本的にはそれにもとづき定められている。しかし，配置すべき人数として法令に定められているものは最低限の人数であり，実際，最低限の人数では介護現場の業務を円滑に行う事は困難である。例えば当法人の特養は，併設の短期入所生活介護を含め70名定員である。法令上の最低限配置すべき看護職員は3名，介護職員は21名である。職員1名は原則1日8時間，1週間で40時間を超えて勤務することはできない。夜間帯，いわゆる夜勤を行う介護職員を毎日3名配置すべき事が定められている状況で，365日，70名の方の食事や排せつ，入浴等の介護を行う事が可能であるかどうか，考えてみてほしい。法令以上の介護職員，看護職員等を配置している法人，事業所が大半である。さらには「働き方改革」が叫ばれ，超過勤務の是正だけでなく，有給休暇の年間取得日数義務化（例えば年間20日有給休暇が付与される常勤職員は，年間5日以上の有給休暇を取得しなければならない），さらには有給休暇以外の年間休日を増やさなければ，職員募集を行っても応募者が魅力を感じず応募者がいない実情から，配置数を増やす必要が生じており，法令上の基準，介護報酬額の間に大きな乖離が生じている。

　当法人も常勤職員・非常勤職員合わせて約200名の職員が働いているが，各施設・事業所の円滑な業務遂行に必要な人数以前に，毎月，最低減の配置数，配置すべき職種の確保に，腐心している状況である。各事業所の最低人員配置

数・職種の配置を守ることができなければ，確保できるまで，毎月「介護報酬の減算」という経営に大きな影響を及ぼすペナルティを受けることとなるからである。

### 3）有資格者確保の課題

職員確保，とくに看護職員とケアマネジャー（介護支援専門員）の確保は，介護職員以上に，非常に困難な状況である。

看護職員は地域の医療機関でも絶対数が不足している。年齢の若い看護職員は収入面からも，入院病棟のある医療機関で夜勤も含めた交代勤務を希望する傾向にある。筆者が介護分野で就労を開始した1998年頃は，年齢を重ね，あるいは子育て等で夜勤を行うことが困難な看護職員が特養勤務に応募してくる傾向にあった。しかし現在では医療機関も深刻な人手不足により，給与面や就労環境の改善を行い，看護職員の引き留め・確保に力を注いでいる。ハローワークの求人票や求人サイトを見ると，医療機関と比べ特養等の介護施設における看護職員の給与は低い傾向にある。看護職員の確保が困難な原因の一つと考えられる。

ケアマネジャーは業務内容（利用者と家族の板挟み，家族からの過度な要望や複雑な問題を抱えた事案への対応，介護報酬の把握，書類の多さ等）や給与（介護職員等処遇改善加算のある介護職員と比較した場合の給与）等の理由によって魅力が低下する等の要因により，受験者が減少，絶対数が不足している。当法人でも居宅介護支援事業所に限らず特養等，介護支援専門員を配置しなければならない事業所が多々あり，有資格者の確保に苦労している。

### 4）人材確保等の中長期計画，求人の課題

本来であれば事業所数，職員の年齢構成等を踏まえた，人材確保等に関する法人の中長期計画を立て，計画的に人材確保を行うべきである。しかし，高齢化した介護職員，看護職員，介護支援専門員に対し（それぞれの責任感，「体が動くうちは短時間でも働きます」という善意に頼り）管理者，経営者が退職をとどまってもらえるよう苦心しているのが実情である。（そもそも絶対数は少ないが）年齢の若い職員だけでなく，（職員数の大半を占める）高齢となった職員が働きやすい，魅力ある職場環境づくりに取り組む必要もある。実際には高齢化に伴う

職員自身の体調不良や家庭都合による退職等といった，避けることが困難な退職の申し出もある。その度に後任の確保に経営者として頭を悩めているのが実情である。

　ハローワークや行政もさまざまな移住促進等も含めた介護職員等の人材確保に関する取り組みを行っているが，人口減少社会では全国どこでも行っている取り組みであり，人口減少が著しい地方にあっては効果が見えないのが実情である。既に就労可能な人は就労している人が大半であり，就労していない人の方が絶対的に少ないからである。

　「手数料が高額で社会福祉法人等の経営を圧迫している」と話題になった人材紹介会社も，地方部では有資格者の紹介はほとんどない状況である。当法人でも連日，人材紹介会社から頻繁に紹介の電話がかかってくるが，千葉市内の事業所を対象とした紹介者が大半であり，地方の事業所への紹介者はほとんど無い。あってもごくわずかであり，紹介者も高齢で介護に必要な最低限度の資格を所持しているだけで，請求される紹介手数料が職員1名1カ月分の給与を超える状況である。

　そもそも就労していない，就労先を頻繁に替えている応募者は採用してもトラブルを起こしたり，採用後も数カ月ともたずさまざまな理由を述べて退職を申し出たりする現状が続いている。当法人でも履歴書を見た時点で採用に悩む事案は多々あり，法人内の指導や研修制度による変革を期待して採用を決断しても，1年以上の就労継続に結びつく例はごくわずかである。

### 5）職員のスキルアップ，リーダー・管理者養成等の課題

　単に職員の確保だけでなく，職員のスキルアップ，リーダー・管理者の養成，資格取得に関する課題もある。

　新規採用職員を対象とした研修は，本来であればスキルアップのスタートラインであるが，新卒者と（介護業界であるかどうかを問わず）勤務経験がある職員では内容を変えて行う必要もあると考える。しかし人員に余裕のない現在の介護現場で求められるのは「即戦力」であり，日々の業務に必要な事項を最低限指導することに追われがちである。そもそも指導内容やマニュアルが整備されていない事業所も見受けられる。

第10章　特別養護老人ホームを中心とした現場の課題

　2021年度の介護保険制度改正により，無資格者の介護職員を採用した場合には速やかに認知症介護基礎研修を受講させることが義務化されている。また資格や経験の有無にかかわらず，感染症対策や高齢者虐待防止等，事業所内で採用時や年度中に実施すべき回数が定められた研修（法定研修）も数多く定められている。法定研修もスキルアップの一環であるが，最低人員の確保が困難な事業所では，通常の業務時間内にスキルアップを目的とした研修や指導の時間の確保，外部機関で開催される研修に職員を出席させることが困難である。

　さらに管理者は日々の介護現場の業務，職員管理，介護報酬請求等，業務が多岐にわたる。介護保険制度の改正点，複雑な介護報酬算定のルールの把握，労働基準に関する法律やハラスメント防止等，さまざまな事を絶えず学ぶ必要があり負担が大きい。

　近年では新型コロナウイルス感染症予防の副産物として，リモートやインターネットの動画で視聴できる研修も多数見受けられるようになった。職員の受講時間調整等の負担軽減にはつながっているが，時間外手当の支給，インターネット環境の整備や研修中の他職員の業務負担等，法人・事業所の負担は以前大きい状況である。また，最低限度の受講を実施したのみで，本当に個々の職員のスキルアップ，日々行っている介護業務の向上につながっているのか，とくにオンラインや動画視聴だけの研修は，職員自身の考える力，判断力や応用力の向上につながっているのか疑問がある。

### 6）対応が困難な入所者への対応に関する課題

　施設，在宅を問わずケアマネジャーを中心にサービス担当会議を開催し，入所者一人ひとりに合わせたケアプランを作成することになっている。大声を出す，職員に対して暴力行為があるなど「対応が困難な入所者の事例」は，丹念にアセスメントし，医療面の対応を含め他職種で意見を出し合って介護方法を検討し，ケアプランを作成・実行する。それでも考えたように上手くいかないと悩むことがしばしばある。そもそも，この丹念なアセスメントを行う意識と余裕が介護職員にあるか，担当者会議の開催時間を取ることができるか，対応に困ったり悩んでいる状況を見て悩みを聞いたり的確な助言をしたりする経験者やリーダーがいるか，といった問題もある。対応が困難な入所者の事例に対

189

し，チームプレー，時には施設長も含めた組織で対応する体制ができていなければ，せっかく採用した職員が退職してしまい，人材確保・定着につながらない。この課題については，事例（本章第2節）も記載する。

### 7）スキルアップを目的とした人事異動の課題

　当法人では研修以外にも，人事異動はスキルアップにつながると考えている。当法人では特養以外の在宅サービスも運営しており，人事異動によるさまざまな事業所での実践や，介護支援専門員資格を取得する等，他職種での実践を通じたスキルアップを方針としている法人であると職員に説明している。スキルアップを通じて介護現場のリーダー，事業所の管理者，上位の管理職として法人運営を担う「人財」になってほしいと考えており，さらには地域の福祉向上に寄与してほしい，次世代の地域福祉づくりを通じた地域づくりを担う「人財」になってほしいという願いを込めている。

　しかし，実情は異動を好まず同じ事業所での就労継続を希望する，管理者等の管理職への昇格を拒否する，責任をもたされることを希望しない，利用者と関わることだけを希望する職員も多い。異動や昇格の話を持ち掛けただけで「それは無理です。異動（昇格）を命じるなら私の希望ではありませんので退職します」と言われる事案を数多く見てきた。また異動があるから当法人への応募を見送ったという声を関係者から耳にすることも多い。

　確かに新しい職場環境に移り，新しい利用者の名前を覚え，新たに業務内容を覚えるのは大変な労力を必要とし，負担も大きい。子育て世代の職員は男女を問わず，配偶者や家族との調整，協力も必要である。環境が変わることを希望しない，慣れた環境での就労のみ希望している職員も多いことは事実であり，それを踏まえた人事異動，配置を考えなければならないのが実情である。自戒を込めた確認すべきポイントとして，次のような点が挙げられる。

① 管理職の行うべき業務（分掌）が明確になっているか。
② 「（人間関係といった解決が困難な）職員間のトラブル対応が管理者の仕事」「管理職はすべての職員の手本となるべく完璧な技術や指導力を持っている」といった偏った管理者像を職員に抱かせていないか。

第10章　特別養護老人ホームを中心とした現場の課題

③　（利用者数，稼働率が収入に直結する介護保険制度においては仕方ない側面で
はあるが）事業所の利用者数，稼働率を上げる，収入を上げることが管
理者の役割等と強調してばかりいないか。

④　上位職や法人等の組織的な支援や助言が無いまま，管理者やリーダー
に対し，職員の教育，収入減少，稼働率低迷等について「何とかしろ」
「管理者の責任だ」等と責めていないか。

　管理者になると，「とにかく大変で苦労しかない」といったイメージを職員
から聞くことがある。業務，給与面等の待遇からも課題があると考えられる。

　業務内容だけでなく，昇格の基準もリーダーや管理者，管理職が担う業務と
合わせて明確になっている（法人等が作成すべき「組織規程」「業務分掌規程」等に
記され，職員に説明できる）ことが本来の組織であると考える。しかし職員確保
が困難な現実においては基準に合った人員の育成確保が難しい事であり，「経
験が長いから」「資格を持っているから」「頑張っているから」等といった抽象
的な基準で任命しているのが大半の実情ではないか，（当法人においても他人事
ではなく，自戒すべき事項としてあえて記載するが）危惧を感じている状況である。

### 8）職員の高齢化による課題

　高齢となった職員が可能な限り経験や技術を活かして働き続けられる社会は，
めざすべき理想社会である。介護分野でも実現するための環境づくりに取り組
むべきと考える。当法人は常勤職員の定年年齢を67歳に引き上げている。非常
勤職員は年齢制限を設けず，70代でホームヘルパーとして活躍している職員も
多い。

　介護サービスの利用者と近い年齢，世代の職員は利用者の安心感，親しみや
利用者の立場に立った支援につながると考える。半面，厳しい言い方であるが，
年配の職員が若い職員の前で利用者に馴れ馴れしい言葉遣い，態度をとる場面
を見ることがある。若い年齢のリーダー，管理者が年配の職員の言葉遣いや態
度について指導しづらい困った様子が生じているのも実情である。

　年齢とともに経験を重ねた職員こそ，若い職員が困るような利用者への関わ
りや業務を率先して行う等，若い職員の育成につなげていけるかが課題であり，

課題を解決するために経営者としてどのように取り組むかが今後一層取り組まなければならない課題であると考えている。

## （2）施設，設備の老朽化，ハード面から見た働きやすさ等の課題

### 1）施設，設備の老朽化の現状

　日本における特養の建設整備は1989年に策定された高齢者保健福祉推進十か年戦略（ゴールドプラン），および1995年の計画見直し（新ゴールドプラン）によって飛躍的に進められた。それまで特養が無かった市町村においても，在宅福祉・地域福祉の拠点として建設整備が行われるようになった。多くの特養が建設・開所から約30年経過している状況である。

　当法人の特養も丸山町（現・千葉県南房総市丸山地区）が策定した高齢者保健福祉計画にもとづき（丸山町が施設建設地を確保，法人に無償貸与する等の）当法人を誘致する形で1996年から建設を開始，1997年12月に開設した。開設から約30年，四半世紀以上の年月が経過しているが，建物の躯体そのものは外壁補修等の施工もあって問題は生じておらず，地震等の大災害による破損被害が無ければ税法上の法定耐用年数47年間は十分使用できると考えている。しかし，屋根の防水加工の劣化による雨漏り，床下や屋根裏に設置された上下水道の配管からの漏水等，建物付随設備の劣化が進んでいる。とくに上下水の配管は突然破裂，漏水といった不具合を起こし，毎年（ひどい時には毎月）修繕個所が生じている。さらにはエアコンの室内・室外の機器等も，塩害という地域の特性もあり，老朽化による修繕や機器その物の入れ替えを随時行っている。他にもボイラーやキュービクル式高圧受電設備等，不具合がなくとも耐用年数の経過に合わせて設備更新が必要な機器も数多くある。修繕または設備入れ替えにかかる経費はここ数年間予算支出額の大きな割合を占めている。

### 2）介護機器，パソコン，ICT導入にかかる費用の課題

　設備だけでなく，車いすや介護ベッド等の什器備品も経年劣化による部品の修繕や交換が生じている。介護機器は毎年のように新しい機器が誕生しており，それに比べると古い介護機器は使い勝手が悪く，本来であれば定期的に入れ替えを考えるべき物である。しかし，入れ替えには莫大な経費がかかるため，

「使えるうちは使いなさい」と言わざるを得ないのが実情である。

　また見落としがちなのが，パソコンに費やす経費も大きな負担になることである。多くの産業においてパソコンは特定の OS，文章作成やデータ集計のパソコンソフトを使用することが当たり前の社会になっている。介護分野でも上記ソフトだけでなく介護報酬の請求や介護記録，会計処理やさまざまな事務業務に専門的なソフトを使用するなどパソコンは欠かせない物となっている。ソフトを使用するにあたっての購入・維持・ライセンス契約にかかる費用が必要である。さらに数年に一度 OS やパソコンソフトはバージョンアップされる。その際には OS やソフトの入れ替え，バージョンアップに経費がかかる。OSやソフトのバージョンアップに伴い，使用しているパソコンによってはスペックが対応できず，新しい物に買い替える必要性も生じる。当法人でも50台以上のパソコンを使用しているが，OS やソフトのバージョンアップを開発元が決定する度に，バージョンアップやパソコン本体の入れ替えに多額の費用を費やしている。限られた介護報酬のなかでどのように捻出するか，結局は優先順位を定め，何かを削減，後回しにしなければならないのが現状の課題である。

　介護機器，とくに ICT 機器の導入については，厚生労働省も補助金支出を行っており，2024年度からは介護報酬改定に合わせて「介護分野における生産性向上」を掲げ推進している。ICT 機器の導入に対する補助金だけでなく，「介護生産性向上総合相談センター」を都道府県ごとに設置し，事業所ごとの相談や実情に応じて業務負担となっている課題の抽出から，課題に適した機器の紹介，機器導入後の活用支援や評価等の促進，体制づくりに取り組んでいる。

### 3）ICT 導入による介護の質向上に関する課題

　生産年齢人口の減少に伴う介護に関する人材不足が見込まれる中においても，介護の質を確保し向上させることは課題である。介護の質とはつまるところ高齢者一人ひとりに合わせた介護を行うことであり，すべての職員が利用者の事を考え，関わる時間を増やさなければ，質の確保や向上は難しい。ICT 機器等の導入による介護現場の負担軽減は，職員が高齢者に関わる時間を増やして介護の質を上げるといった課題解決策の一つといえ，行政からの補助金や取り組みの支援は重要である。

当法人では，プライバシー保護に配慮した上で主に夜間帯の使用を想定した見守り機器の導入を決定し，補助金の申請手続きを行っている。当法人の特養は前述のように，夜間帯は3名の職員で70名の入所者に対応している。就寝中もオムツ交換などの排泄介助が必要な方，不安感等から職員の呼び出しボタン（コールボタン）を頻回に押される方，就寝されず歩き出そうとして転倒される危険のある方，終末期で急変の可能性のある入所者の方等，毎日さまざまな対応が必要とされている。そのため夜勤職員はある入所者の方に対応している時でも，他の物音等に気を配って迅速に対応できるよう，気の休まる暇が無いのが実情である。一度，転倒事故が起きれば夜勤業務終了後に事故報告書を作成する必要がある。受診して骨折が判明すれば入所者の方は入院等の負担が生じる。

　特養にとっても生活相談員等を通じて家族や行政（保険者等）への事故報告を行う必要があり，業務の負担が増えることになる。職員だけでなく入所されている方も含め身体的，精神的な負担を軽減するためにも見守り機器の導入は効果があると考える。しかし導入を決定することは簡単なことではない。数年前から全職員に対し業務負担についての調査，話し合い，課題の抽出，業者から導入予定の機器説明，デモンストレーション等を行ったが，職員の協力を得て多くの時間を費やした上で導入する機器を決定した。決定までのこの過程が重要であり，欠かせないことである。

　一部の職員（とくに組織の上位職）のみでICT等の機器導入を決定した場合は，介護職員が活用できないことが往々にして起きる。世代を問わずスマートフォンの使用者が増える等，日常生活において誰でもICT機器を使用する機会は増えている。しかし，職場で導入された機器は就労中にしか使用しない機器であり，慣れ，不慣れや，個々の職員のICT機器そのものへの関心度合いによって導入後も活用できない職員がいることは念頭におくべきことである。何より機器の導入はあくまで職員（マンパワー）の負担軽減であること，職員は軽減したことによって生じた時間，身体的・精神的な余裕を，利用者のことを考え関わる時間に費やすべきであることを，経営者はもちろん，職員一人ひとりが意識して日々の介護業務に取り組むことが重要である。

第10章　特別養護老人ホームを中心とした現場の課題

## 4）施設建物の構造，間取り等の課題

　設備や機器の老朽化だけでなく，建物の構造，間取りなどから生じる課題も
ある。

　現在，特養を新規に建設する場合は，入所者の居室は全室個室，ユニット型
の構造で設計，建設することが原則である。しかし1990年代に建設された特養
は，前述のように当時の国の方針にもとづく指導，設計コンセプトによって建
設された構造，間取りとなっている。1990年代も多床室（4人部屋）だけでな
く，個室も建設することが指導されていた。しかし個室の建設は建設費用がか
かる上，措置制度下では個室であっても特養に支払われる措置費は多床室と変
わりがなく，入所者から費用を徴収することも認められていなかった。また個
室では介護する側の動線や見守りの負担が増え，それに伴う職員増の必要性等
が考慮された。結果，多床室を多く設け個室の建設は最低限度になる特養が大
半であった。

　しかし，入所者の方によっては他者の発する声や音，匂いなどを気にされ，
個室での生活を希望される方もいる。また介護する立場から考えた場合も，認
知症から生じる周辺症状，他入所者への影響から個室が相応しいと思われる入
所者の方も多数いる。さらには感染症対策や終末期の家族の面会対応等を考え
ると個室は大変重要である。当法人の特養は個室が2床しかないため，介護現
場で入所者の状況に合わせ苦心の末，日々居室調整を行っている。

　また居室以外の間取りについても働く職員の視点ではなく，開設者，時には
コンサルタントや設計士個人の方針やデザイン感覚等によって設計がされた例
も多々見られる。当法人の特養でも構造上の理由で，介護職員が業務を遂行す
るにあたって不便さや余分な労力を割かなければならなくなっている場面が
多々見受けられる。「入所者にお茶を出すフロアにキッチン設備が無いから後
付けで設備を作った。対面式ではないので使ったコップを洗っていると入所者
の様子が見えない」「介護職員室からフロアを見渡しづらい」「食堂や浴室が居
室と違うフロアにあって都度エレベーターで移動しなければならない」「必要
な物品を収納する倉庫が少ない」等，介護職員から聞かれる不便さの一例であ
る。

195

前述したように，1990年代，社会福祉八法改正　高齢者保健福祉推進十か年戦略が掲げられた当時の国の方針にもとづいて特養は作られはじめた。1997年の開所当時，将来はパソコンを何台も設置しLAN配線やWI-FIの整備が求められたり，介護職員が毎日パソコンやタブレットを使用したりする時代が来ると考えることができたであろうか。社会的理由によって措置入所となった軽度者が他の重度者の様子を見てくれたり，エプロンやおしぼりを畳んでくれたりして介護職員の補助を担っていた時代に，今後の特養は要介護3以上の重度者のみを受け入れることになると予想できていたであろうか。今後も介護職員等の不足ははっきりと予想できているが，それ以外にも現在では考えつかない変革が起きる可能性がある。

　いずれにしても，入所者のプライバシーや生活の快適性，職員の動線などの介護負担や配置すべき職員数，入所者の経済的負担等，さまざまな課題すべてを円満に解決することは困難であるが，バランスの取れたベストに近い解決策を考えるしかないのが実情である。

### （3）施設の立地，アクセシビリティの課題

　そもそもであるが，特養といった大型の施設を建設するためには広い土地を確保する必要がある。すでに鉄道の駅周辺（いわゆる「駅チカ」）や国道周辺は住宅や商業地，工業地として活用され，社会福祉施設のように後から施策が推進されるようになった建物を建てるだけの土地は，都心部だけでなく地方でも確保が難しい。市町村が特養を誘致するために確保した土地，法人が独自に確保した土地，いずれにしても，駅の近く等といった公共交通機関が充足した場所，自動車を所持していない人が気軽に訪れるような場所に特養が建設されことはほとんど無いのが実情である。また土地があったとしても建設計画時において周辺住民に対し説明し，特養を建設することについての理解，協力を得る必要がある。地域住民の理解を得られないことも，特養が建設できる場所が制限され，訪れようとする方のアクセシビリティが悪くなることに大きな影響を与えている。

　当法人の特養も町が確保した土地に建設されているが山間部であり，一番近

第10章　特別養護老人ホームを中心とした現場の課題

い JR の駅までは自動車で10分かかり，バスなどの公共交通機関は無い。以前は駅前にタクシーが常駐していたが，運転手不足，採算性の問題から無くなった。面会に訪れた家族が帰りのタクシーを要請するためタクシー会社に電話をしても配車されるまでに30分以上かかる。

　また施設での実習生や見学者の受け入れなどを考えるべきであり，サロン活動や特養の夏祭り等，地域住民の方を対象とした活動を企画しても，送迎を行わなければ来所できる方は限られる。そもそも都心部と違い，住宅が密集している地域は少なく，広範囲，時には山間部に点在している例も多々ある。社会福祉法人の地域貢献としてサロン活動や子ども食堂の実施等が事例として紹介され推進されているが，地方部では実施が困難な状況である。施設の立地，アクセシビリティも解決が難しい大きな課題である。

## 2　事例からみる課題

　人材の確保・養成等の課題で記したが，対応が困難な事例に組織，チームプレーで対応する体制ができていなければせっかく採用した職員が退職してしまい，人材確保・定着につながらない。特に認知症による周辺症状によって対応が困難となり，悩む事例が多い。施設内の職員だけでなく外部の医療機関などと連携の必要性が生じる。当法人の特養で対応が困難と悩みつつ対応を考えた入所者の方の事例を紹介する。

### （1）多職種でアセスメントを行い，医師と連携して対応した事例

　これは83歳男性（要介護3，糖尿病，アルツハイマー型認知症の診断あり，服薬治療中）の事例である。自宅で商店を経営していたが，高齢となり息子夫婦に経営を譲り，商店の手伝いをしていた。60歳頃から糖尿病の診断を受け，服薬治療を行っていた。80歳頃より認知症を発症，記憶力の低下，辻褄の合わない発言，夜間眠らずに自室内を歩き回るといった行動をするようになった。医療機関（一般内科）でアルツハイマー型認知症の診断を受け，認知症についても服薬治療を開始した。しかしその後も，失禁し家族が更衣を促しても拒否し大声

や出す等，自宅での介護が困難となり家族は特養入所を希望した。特養に空床が無かったため，ショートステイ利用を開始し，自宅にはほとんど戻らない状況となった。

　ショートステイでは穏やかで，介護職員・看護職員とも会話は可能であった。しかし会話中に突然態度や表情が豹変して怒りはじめ，職員の制服の胸倉部分を強くつかむ，職員がなだめても強くひっぱり制服を破ってしまう行動が見られた。そこで，居宅介護支援事業所の介護支援専門員を交え，特養の介護リーダーを中心に介護職員，看護職員，生活相談員で対応を検討した。女性職員は対応せず，男性職員が対応する，本人が怒り出す原因は何か，声かけや会話等に問題は無かったかなどの対応方針を決定し，アセスメントを開始した。開始後すぐに「失禁している時に怒りやすい」「男性職員よりも女性職員が話をしていると怒りやすい」「職員からの声かけや会話は本人が怒り出すような内容ではなかった」「男性職員と普通に話をしている時でも突然怒り出す事はあり，明確な原因はわからない」等のアセスメント情報が，職員間で共有されはじめた。情報を家族，ケアマネジャーに報告し家族から医療機関の担当医に状況を説明するも，原因がわからない状況は続いた。むしろ医師からは糖尿病の治療を優先すること，アルツハイマー型認知症の服薬は副作用の恐れがあるため中止することが指示として出された。認知症の服薬中止後も本人の突然怒り出す等の行動は増悪することはなかったが，治まらなかった。

　その後，特養に空床が出たため，入所判定会議を行い特養入所に変更したのに伴い，施設介護支援専門員を中心にサービス担当者会議を開催した。主治医がショートステイ利用時の医療機関から特養の配置医師に替わったことも踏まえ，配置医師にも相談した。結果，外部の精神科を有する認知症の専門医療機関を受診することとなった。診断の結果，認知症だけではなく精神疾患についても診断を受け，認知症と精神疾患の服薬治療を行うこととなった。本人の突然怒り出す等の行動は現在も続いているが，精神科受診を継続。服薬の副作用による転倒等のリスクに注意して介護を行っている。

## （2）事例から見える課題

　本事例はまだ解決に至っていないが，介護現場のリーダーが中心となって対応を検討，本人が怒り出したら対応者を変えたり，多職種でアセスメントを続け対応方法を考えたりしながら対応に努めている。幸いなことに本人の行動や対応困難等を理由に退職希望者は出ていない。リーダーを中心に検討しチームワークで対応している職員には頭が下がる思いでいっぱいである。

　介護現場のリーダーや複数の職員から「認知症なのか，鬱などの精神疾患なのか判断しづらい事例が対応に困ることが多い」「記憶力の低下した認知症の方と違い，自分が嫌と感じたことはいつまでも覚えていて忘れるわけではない方は，対応に困ってしまう」「高齢者といって一括りの対応をしてはいないが，個別対応が難しい事例が増えている」といった声が寄せられている。経営者としてその声にどのように応えるか，介護職員等が過度な負担を抱えていないかを見極め対応を考える必要がある。

# 3　社会福祉法人の経営課題

## （1）特養以外の経営課題

　介護分野だけでなくどのような産業も経営で課題となるのは「人（＝人材の確保や養成）」「物（＝施設設備，パソコンや介護機器等の什器）」「金（＝収入の確保，支出の管理）」の問題である。これ以外にも分類すべき課題はあるだろうが，この3つのポイントを抑えることが基本である。本章の冒頭にも記したが，当法人は特養以外にもホームヘルプサービス等のさまざまな事業を行っている。それぞれに人・物・金の課題は尽きない。

## （2）ホームヘルプサービス事業の経営課題

　例えば，ホームヘルプサービスの人材の確保や養成は，特養以上に難しい。数少ない就職希望者は特養やデイ等の施設内での介護者募集に応募する方が大半で，ホームヘルプサービス事業の応募を出しても希望者が無い。法人内でホームヘルプサービスへの異動を希望する職員はおらず，異動を打診しても断

られる。その理由は「自宅に訪問して介護をするのは大変そうだから」というものが大半である。事実，真夏や真冬，エアコンなどの冷暖房が備わっていない高齢者のご自宅で入浴等の介護を行うことは相当の体力を要する。中には自己中心的で職員の人格を否定するような罵声を浴びせる利用者・家族もいて，対応に心を痛める事例も多い。特養やデイであれば対応に悩んだ時に相談し，その場で対応者を替えることができる。ホームヘルプサービスは，その場で相談したり別のスタッフに対応を替わってもらったりすることはできない。

　職員の高齢化も特養等と比べると著しい。当法人のホームヘルパー事業所は2事業所あり，12名のスタッフがいるが，40代以下は4名。50代のスタッフ2名，60代のスタッフが4名，70代のスタッフが2名である。このまま新たに採用するスタッフ，法人内で異動するスタッフがいなければ，事業所を統合しても5年後の事業継続は困難になると考える。現在も高齢のスタッフが入浴等の身体介護を行うことは難しく，買い物代行や清掃等の生活援助のみ行ってもらっている。

　また地方部特有の状況として，「訪問先が広範囲」「山間部の中にぽつんと存在する一軒家を訪問する」「買い物代行を依頼され利用者宅から30分離れた商店に買い物に行く」等，移動に時間がかかる。そのためホームヘルパー1人当たりの1日の訪問可能な件数は3〜4件である。都心部に比べ自動車の維持費やガソリン代等の経費が必要であるにもかかわらず，基本報酬は都心部の方が高く設定されている。業務内容による報酬単価（身体介護より単価の低い生活援助の件数の割合が高い）や訪問時間の効率性が大きく影響するため，ヘルパー事業の毎月の事業活動収支状況は黒字となることがほとんど無く，事業としての継続性が非常に難しいのが現実である。

## （3）居宅介護支援事業所，地域包括支援センターの経営課題

### 1）介護支援専門員・主任介護支援専門員資格取得を希望する職員の減少

　ケアマネジャーおよび主任ケアマネジャーの確保，居宅介護支援事業所や地域包括支援センターの事業を継続できるのかどうかも大きな課題である。全国的にホームヘルパーと並んで職員の高齢化，事業継続性の危うさが指摘される

のは居宅介護支援事業所のケアマネジャー，主任ケアマネジャーである。当法人でも「自身の勉強として」「将来腰痛等で介護職員を続けられなくなるかもしれないから」等といったさまざまな理由で，介護支援専門員実務研修受講試験（いわゆる「ケアマネの試験」）を受ける職員は毎年数名いる。しかし皆口を揃えて言うのは「ケアマネジャーは書類が多くて大変そう」「利用者と家族，関係機関との板挟みのイメージで仕事内容に魅力を感じない」「私にはできないと思うので受かってもやらないと思う」「お給料を考えれば介護職員の方が高い」等といった言葉である。5年ごとに介護支援専門員資格の更新研修を受ける必要があり，費用，研修時間の負担も大きいことも受験者，ケアマネジャー業務希望者が少ない原因となっている。

　また，居宅介護支援事業所には管理者として主任ケアマネジャーを配置する必要があると定められている。地域包括支援センターも主任ケアマネジャーの配置が義務づけられている。元々受験者数が少ないケアマネジャーとなって，多忙である業務を5年続け実務経験を積んだと認められた者が，（個人負担か所属する組織の負担かは別にして）主任介護支援専門員の研修受講料を支払い，主任介護支援専門員資格を取得する。介護職員以上に確保が難しい状況を施策が作っているとしか思えない。

### 2）ケアマネジャー・主任ケアマネジャーの資格更新・給与・事業継続の課題

　当法人にとってケアマネジャーは居宅介護支援事業所だけでなく，特養やグループホーム，小規模多機能ホームも配置が求められる資格である。居宅介護支援事業所が特定事業所加算を算定できるようになり収入額を上げたとしても，経験を積んだ主任ケアマネジャーやケアマネジャーに見合った給与を支給できるほどの介護報酬ではない。介護支援専門員資格更新研修費用，主任ケアマネジャーの取得や更新研修費用，交通費等を法人が負担している場合もあるが，費用の捻出は居宅介護支援事業所だけでは難しい状況にある。

　社会福祉法人として地域のため，介護難民を作らないために居宅介護支援事業所や地域包括支援センターの受託を続けたいと考えても，特養等へのケアマネジャー配置を優先せざるを得ないのが本音である。居宅介護支援事業所を継続できるか，市から地域包括支援センターの受託を続けることができるのか。

施策が大幅に改正されない限り，一法人には解決困難な大きすぎる課題である。

## （4）自動車事故防止等の法人が行うべき取り組み

施設車輌に関する維持費はもちろんであるが，交通違反や飲酒運転防止等，安全運転指導にも法人が時間やコストをかける必要があり課題と考える。

介護分野では就職後も自動車を使用する機会は多い。特養であってもショートステイの送迎や外部の医療機関への受診付き添い，入所相談が寄せられた時やサービス利用前の契約手続きは職員が自宅等を自動車で訪問することが多い。ホームヘルプサービス，デイサービスの移動範囲は広域で，山間部や海沿い特有の道の狭さがある。施設車輌を使用中に物損事故，自損事故を起こすリスクも多々ある。交通違反や飲酒運転防止等，安全運転指導にも法人が時間やコストをかける必要がある。

また人材確保の課題でも触れたが，都心部以外は介護分野に限らずほとんどの産業で運転免許を取得し，通勤のため自家用車を所持していることが求められる。当法人も求人の際には高校や大学卒業時に自動車免許，自動車を所持していることを求めている。自動車の購入費，ガソリン代など維持費も含めて大きな負担であるが，入社時にプレゼントする車輌を法人が用意する等，大胆な学卒新人職員の負担を軽減する取り組みを考えなければ人材の確保は困難な状況である。

## （5）施設・事業所の建替え・移転

### 1）施設建替えを検討する必要性と課題

前節で施設，設備の老朽化やアクセシビリティ等の課題を述べたが，今後，特養等の事業所建替えや移転も検討すべき課題である。

当法人で施設設備が破損した報告を受けた際，報告者や他の管理職と話をしていると「新しい物を建てた方が早いのでは？」と冗談交じりに発言することがある。設備の老朽化やそれに伴う修繕，職員の働きやすい環境，若い職員が魅力を感じられる施設構造や設備類，入所者や利用者の快適性等，さまざまな事を考えると，現存の特養では限界があると考える。しかし建設する土地の確

第10章　特別養護老人ホームを中心とした現場の課題

保から考えなければならない。開設時の誘致が主流だった時代とは違って行政が土地を用意してくれるわけではなく，自分たちが条件に合った土地を探し，法人の自主財源で購入する必要がある。建設費が福祉医療機構から借り入れできるとはいえ，資材や人件費の高騰で自主財源や借り入れだけでは賄えない可能性がある。

### 2）特養入所費用の負担および空床の発生による事業継続の課題

個室建設や維持にかかるコストは「居室代」として入所者から徴収することが原則である。しかし，地方部のように農業や漁業で生計を立てていた高齢者は国民年金（基礎年金）のみ受給している方が多く，年金額は低い。また家族も社会全体の経済が低迷し，生活費や子どもの学習費等が高騰する中，高齢の親のために支出できる費用は限られている。

新たに特養を建設する場合は原則全室個室であるが，一定数の多床室をも併せて建設することが認められている。しかし近隣市町村の個室・ユニット型の特養で，毎月の入所費用が高額となってしまうことから入所待機者の確保ができず，空床による収入減が生じ経営に支障が出ている事案も発生している。これについては同じ特養でも「多床室の特養は生活保護受給者も入所できる」「個室・ユニット型の場合は入所が認められない」といった違いが影響している。グループホームやサービス付高齢者専用住宅は，（通常の利用者と比べ生活保護受給者が支払える金額に制限があるため，経営に支障が出ないよう受け入れ人数を調整している事実は別にして）生活保護受給者の利用・受け入れが認められている。生活を保障するはずの特養が個室・ユニット型を理由に生活保護受給者の受け入れが認められない，生活保護の扶助対象になっていないのは制度上おかしいことではないだろうか。

困難な条件をクリアして新しい特養を建設・移転したとしても建設費用を回収できるか，また数十年後に必ず発生する修繕や設備更新に必要な費用，建替え費用を引き当てていくことができるか，介護職員だけでなく，事務職員，清掃や洗濯といった補助業務スタッフ，さらには厨房職員等，施設に必要なあらゆる人材を継続して確保できるのか，課題は尽きない。

**参考文献**

大橋謙策『地域福祉とは何か──哲学・理念・システムとコミュニティソーシャルワーク』中央法規出版, 2022年。

厚生労働省老健局高齢者支援課「【施設・事業所向け手引き】より良い職場・サービスのために今日からできること（業務改善の手引き）パイロット事業令和2年度版」（介護施設等における生産性向上に資するパイロット事業）2021年。

介護労働安定センター「令和5年度介護労働実態調査事業所における介護労働実態調査結果報告書」2024年。

介護労働安定センター「令和5年度介護労働者の就業実態と就業意識調査結果報告書」2024年。

全国老人福祉施設協議会・老施協総研「介護老人福祉施設等令和4年度収支状況等調査報告書」2024年。

久田則夫『福祉リーダーの強化書──どうすればぶれない上司・先輩になれるか』中央法規出版, 2017年。

糠谷和弘『やさしくわかる！すぐ使える！「介護施設長＆リーダー」の教科書』PHP研究所, 2018年。

結城康博編著『介護人材が集まる職場づくり　現場リーダーだからこそできる組織改革』ミネルヴァ書房, 2022年。

# 第11章 介護現場におけるハラスメント

近年，「カスタマーハラスメント」が社会的認知を得つつある。しかしながら福祉の職場は，仮に利用者から理不尽なことをされても単にハラスメントとして片づけることができない。利用者の理不尽な行動は，認知症や障害に伴う判断力の低下から来るものと学んでいるからである。ならば福祉職はハラスメントを我慢しなければならないのか。本章では，福祉専門職教育とハラスメントへの対応という矛盾をどう乗り越えていくのかを探る。

## 1 利用者からの「ハラスメント」再考

### （1）介護クラフトユニオン調査

　介護現場におけるハラスメントが社会問題化したきっかけは，2018年の日本介護クラフトユニオンが行った介護現場のハラスメント調査[1]の結果が報道されたことであった。この調査によって，要介護者が行った過度に理不尽な行動は，支援者の介護スキル不足が原因ではなく，ハラスメントとして要介護者の責となることが明確になった。2018年当時は介護現場において要介護者から支援者が何か理不尽なことをされたとしても，それは支援者個人の介護スキルの問題とされ，要介護者の責にすることなど考えられない支援者が大半だった。実際筆者は，介護ユニオンの調査以前に発表した論考のなかで，現在ではセクシュアルハラスメントと定義づけることが可能な利用者からの支援者への関わりを，「『性的ニーズ』の対象となる」[2]と定義した。そしてそうなってしまう理由を，「『この行動の裏には何かあるのではないか』と思うように，その引っ掛かりを大事にするように教育されているのが私たち支援者だから」[3]と考えていた。

205

## （2）バイステックの原則に関連して

引っ掛かりを大事にするように考える仕掛けは，教育上いくつもなされている。例えばバイステック（F. P. Biestek）の7原則がそれに当たる。クライエントはそれぞれ個人であり，それぞれの問題も固有とされる①個別化，クライエントの否定的な環境を含めてクライエントの感情表現を大事にする②意図的な感情の表出，クライエントの感情に対して感受性を持ち，その感情を理解して適切に反応する③統制された情緒的関与，クライエントをありのままに受けとめる④受容，クライエントの失敗や弱さを理解し，一方的に批判しない⑤非審判的態度，人は生まれながらにして自己決定できる力を持っているという信念のもとにあるクライエントの⑥自己決定の尊重，クライエントと信頼関係を築くのに欠かせない⑦秘密保持の原則，以上の7原則すべてが，支援者が利用者の行動をハラスメントとして捉えることを拒絶する。

とくに「クライエントに責任があるという非難を直接言葉で，あるいは無言で伝え，彼を一方的に問責する<sup>(4)</sup>」ことを「審判」として批判する非審判的態度は，明らかにハラスメントであると捉えることができる利用者の態度をも，支援者にそう捉えさせることに強い抵抗を抱かせる。ハラスメントは，そう捉えた時点でなくすべき暴力の一種となり，Noを突きつけることができる反面，「一方的に問責する」審判となり得るからである。

上記の問題意識から，筆者は福祉現場において支援者，職員が受ける利用者からの性的な眼差しや性的な誘いかけなどの性的な行動に，「ハラスメント」という言葉をつけることを躊躇ってきた。実際に，特別養護老人ホームでの女性職員へのインタビューにおいても，夜勤で一人きりの時に男性の利用者に覆い被さられるほどの経験をしても，それをセクシュアルハラスメントとは捉えてないし，辛いとも思っていない，と答えていた。加えて，そのような場面においてさえ，利用者に怪我をさせないために力づくで押しのけることをせず，利用者の安全の確保を第一にしながら対処しようとしていた<sup>(5)</sup>。


## （3）過度に理不尽な行動から職員を守る

これまで述べてきたように，高齢者施設の現場では，不快に感じたことがあ

第11章　介護現場におけるハラスメント

っても，不快を超えて恐怖を感じる状況であってすらも，「ハラスメント」として一方的に利用者のせいにせずに，職員たちが適切な対応に苦慮しながらも踏ん張ってきたことがうかがえる。これまで，職員に対して問題と思われる行動をとった利用者に対しても，丁寧に向き合い続けた現場の努力に対して敬意を払い，いま一度「ハラスメント」を捉え直してみたい。

　本章ではまず「ハラスメント」について概説し，上記の例として挙げた，バイステックの7原則のようなソーシャルワークの原理原則と矛盾せずに，かつ利用者からの過度に理不尽な行動から職員を守っていくためには，どのような理論立てが必要なのかを検討していく。

## 2　ハラスメント概念の登場

　ハラスメントの用語として最初に登場したのは，1970年代のアメリカのフェミニズムによって概念化されたセクシュアルハラスメントであった[6]。そして日本に広まったきっかけも，セクシュアルハラスメント概念の日本への導入であったという[7]。この概念が広く社会に浸透したのは1980年代終わりで[8]，初めてこの言葉が日本の女性たちの間で戦うために概念として用いられたのは，1986年に起きた西船橋事件である[9]。その後，1989年には「セクハラ」が第6回新語・流行語大賞新語部門で金賞を受賞し，一躍流行語となる。佐々木恵理はこの現象について，「セクハラ」という短縮語が生まれたこと，それを後押しするメディアの影響もあって，社会に浸透していったとする[10]。その後は，1997年に男女雇用機会均等法にセクシュアルハラスメントに関する規定が設けられ，セクシュアルハラスメント概念は社会で流行する現象を経て，法律につながっていった。

　そして現在では，ハラスメントと名前のつく言葉は増え続けている。佐々木は，ハラスメントという言葉は，「ハラ」にプラスして何かの用語がつくことで，その用語に関する「社会への告発」を伴っているという[11]。例えばマタニティハラスメント，すなわちマタハラや，性的少数者に対する人権侵害を表すSOGIハラスメント[12]，すなわちSOGIハラなどがそれにあたる。そして，これ

207

まで経験したことがない人には理解されなかった「不快な思い」を広く社会に訴えることによって，その不快さを実は多くの人が感じていた，ということを可視化する役割もある。例えば，衣類の柔軟剤に含まれる香料に対して，それをかぐだけで体調不良になる人がいるということを，「香害」という言葉が生まれるまで知らなかった人も多いのではないだろうか。今はその柔軟剤の匂いや，タバコや香水，口臭等も含めてスメルハラスメント，すなわちスメハラという言葉も生まれている。これは一般的に良い匂いとされているものも含めて，強い匂いが迷惑なのだということが社会に認識された例であろう。

　また，同じようにアカデミックハラスメントという言葉もある。この言葉も大学において抗うことのできない権力の下に起きるハラスメントがあることを社会に知らしめた。今では，各大学で相談窓口を設けている。文部科学省の委託を受けてリベルタス・コンサルティングが2020年に発表した調査報告書によると，2016年の調査でハラスメント防止のための常設機関を設置している大学は65.4％と高い率であり，多くの大学でハラスメントに対応していた。[13]

　このように，ハラスメントは，社会におけるセクシュアルハラスメント概念の確立と浸透から始まり，社会に告発する役割をもつハラスメント語の多様化を経て，現在ではセクシュアルハラスメントはもちろん，パワーハラスメントやアカデミックハラスメントなど，法律や国の取り組みにつながっていった。

## 3　職場におけるハラスメント

### （1）職場におけるパワーハラスメント

　パワーハラスメントは，2020年施行の「女性活躍・ハラスメント規制法」に盛り込まれた。厚生労働省によると，パワーハラスメントの定義は①優越的な関係を背景とした言動であって，②業務上必要かつ相当な範囲を超えたものにより，③労働者の就業環境が害されるものであり，①から③までの３つの要素をすべて満たすものであるという。[14]さらに，2019年に改正された労働施策の総合的な推進並びに労働者の雇用の安定及び職業生活の充実等に関する法律（以下，労働施策総合推進法）第30条の２では，以下のように定められている。

第11章　介護現場におけるハラスメント

**第30条の2（雇用管理上の措置等）**「事業主は，職場において行われる優越
　的な関係を背景とした言動であつて，業務上必要かつ相当な範囲を超え
　たものによりその雇用する労働者の就業環境が害されることのないよう，
　当該労働者からの相談に応じ，適切に対応するために必要な体制の整備
　その他の雇用管理上必要な措置を講じなければならない。
2　事業主は，労働者が前項の相談を行つたこと又は事業主による当該相
　談への対応に協力した際に事実を述べたことを理由として，当該労働者
　に対して解雇その他不利益な取扱いをしてはならない。」


　この改正労働施策総合推進法では，労働者からのハラスメントの相談に応じ，
必要な措置を講じなければならないこと，その相談を原因としてその労働者に
対して解雇や降格など不利益な扱いをしてはならないことを定めている。今や，
会社がハラスメントに応じないことは違反であるといえるくらいに会社がハラ
スメントに対応することは当たり前になってきているといえる。

　職場のハラスメントの具体的なものとしては，殴打，足蹴りを行う，相手に
物を投げつけるなどの「身体的な攻撃[15]」，人格を否定するような言動を行う
（相手の性的指向・性自認に関する侮辱的な言動を含む），業務の遂行に関する必要
以上に長時間にわたる厳しい叱責を繰り返し行うなどの「精神的な攻撃[16]」など
の加害的なものがまずある。また，自身の意に沿わない労働者に対して，仕事
を外し，長時間にわたり，別室に隔離したり，自宅研修させたりする，一人の
労働者に対して同僚が集団で無視をし，職場で孤立させるなどの「人間関係か
らの切り離し[17]」がある。加えて，長期間にわたる，肉体的苦痛を伴う過酷な環
境下での勤務に直接関係ない作業を命ずる，新卒採用者に対し，必要な教育を
行わないまま到底対応できないレベルの業績目標を課し，達成できなかったこ
とに対し激しく叱責するなどの「過大な要求[18]」，管理職である労働者を退職さ
せるため，誰でも遂行可能な業務を行わせる，気に入らない労働者に対して嫌
がらせのために仕事を与えないなどの「過小な要求[19]」など，行き過ぎた要求が
ある。そして，労働者を職場外でも継続的に監視したり，私物の写真撮影をし
たりする，労働者の性的指向・性自認や病歴，不妊治療等の機微な個人情報に

209

ついて，当該労働者の了解を得ずに他の労働者に暴露するなどの「個の侵害」がある。[20]

### （2）セクシュアルハラスメント，妊娠・出産・育児休暇等に
　　関するハラスメント

　職場におけるセクシュアルハラスメント，妊娠・出産・育児休業等に関するハラスメントについては，男女雇用機会均等法および育児・介護休業法により，雇用管理上の措置を講じることが義務づけられている。職場におけるセクシュアルハラスメントとは，「「職場」において行われる，「労働者」の意に反する「性的な言動」に対する労働者の対応によりその労働者が労働条件について不利益を受けたり，「性的な言動」により就業環境が害されること」[21]であるといい，雇用主，上司，同僚だけではなく，取引先の事業主，労働者，顧客，患者とその家族，学校における生徒も含まれる。また職場における「妊娠，出産，育児休業等に関するハラスメント」とは，職場において行われる，「職場において行われるその雇用する女性労働者に対する当該女性労働者が妊娠したこと，出産したこと，妊娠又は出産に関する事由であって厚生労働省令で定めるものに関する言動により当該女性労働者の就業環境が害されること」[22]をいう。具体的には，不妊治療への否定的な発言，妊娠・出産等の否定につながる言動や制度等の利用否定につながる言動などである。

　これらも職場におけるパワーハラスメント同様に，労働者からのハラスメントの相談に応じ，必要な措置を講じなければならず，また，その相談を原因としてその労働者に対して解雇や降格など不利益な扱いをしてはならないとされている。それに加えて，自社の労働者が他社の労働者にセクシュアルハラスメントを行った場合には協力対応することが求められている。

第11章　介護現場におけるハラスメント

## 4　介護ハラスメントの実態

### （1）厚生労働省の取り組み

#### 1）全介護サービス事業者もハラスメント対策を行うことが必要に

　介護現場におけるハラスメントも例外ではなく，国の取り組みにつながっている。きっかけは，本章冒頭で示した介護職員で作る組合組織「日本介護クラフトユニオン」が2018年7月に発表した介護職員が受けたハラスメントに関する調査である[23]。日本介護クラフトユニオンの会員7万8,000人のうち，2,411人が回答した。そのうち1,790人（74%）が「ハラスメントを受けたことがある」と答え，94%が暴言などのパワハラ，40%がセクハラを受けていたと報告されている。介護職員が高い割合でハラスメントを受けていたことが顕在化し，当時ニュース等で話題になった。

　この報告の後，厚生労働省が2018年に「介護現場におけるハラスメントに関する調査研究報告書[24]」，2019年に「介護現場におけるハラスメント対策マニュアル[25]」，2020年に「介護現場におけるハラスメント事例集[26]」を発表した（いずれも実施主体は三菱総合研究所）。そして2021年度の介護報酬改定においては，パワーハラスメント及びセクシュアルハラスメントなどのハラスメント対策としてすべての介護サービス事業者にハラスメント対策として必要な措置を講ずることを義務づけた。これにより，全介護サービス事業者はハラスメント対策を行なうことが必要になった。

#### 2）介護現場におけるハラスメントの現状

　2018年の「介護現場におけるハラスメントに関する調査研究報告書[27]」でも，介護職員のハラスメント経験が調査されているため，そちらも紹介しておく。管理者調査は回収数2155部（回収率21.6%）であり，職員調査は回収数1万112部であった。そのうち半数以上の事業所が，この1年以内にハラスメントを受けたことがあると答え，この1年間に利用者本人からハラスメントを受けたことがあると答えた介護職員は介護老人福祉施設88.1%，認知症対応型通所介護85.7%，特定施設入居者生活介護80.3%の順で多かった。最も少ない居宅介護

211

支援でも48.8％であり，いずれも高い確率でハラスメントを受けていることがわかる。さらに受けたハラスメントの内容としては，身体的暴力が事業所別集計で7～9割，精神的暴力が6～8割と多かった。

一方，セクシュアルハラスメントは最も高い事業所で訪問看護5割，介護老人福祉施設3割となっていた。また，利用者家族からのハラスメントは1～3割にとどまっており，利用者家族よりも利用者本人からハラスメントを受けていることが報告されていた。

### （2）ハラスメントの具体的内容

ハラスメントは，被害を受けた方がハラスメントと感じればハラスメントなのだとすると，ハラスメントは増殖する。[28]そのため，ハラスメントと捉えることができる具体的な行為の特定が重要と考えられる。日本介護クラフトユニオン調査と三菱総合研究所調査，それぞれのパワーハラスメント，セクシュアルハラスメントの具体的な内容は，表11-1・2の通りである。

表11-1をみると，クラフトユニオン調査におけるパワーハラスメントは，三菱総研調査の場合の「精神的暴力」と「身体的暴力」が混合されたものであると考えられる。クラフトユニオン調査ではパワーハラスメントを受けた人の率が94.2％，三菱総研調査では「精神的暴力」を受けた人の率が59.9～81.0％，「身体的暴力」を受けた人の率が72.6～90.3％であった。このことから，少なくとも6割程度の人が，身体的な暴力および精神的暴力を，パワーハラスメントとして受けたことがうかがえる。

なお，クラフトユニオン調査では各項目の割合も紹介されている。多いものは「攻撃的態度で大声を出す」61.4％，「○○さんはやってくれた」等他者を引き合いに出し強要する」52.4％，「サービス契約上受けていないサービスを要求する」34.3％であった。

表11-2をみると，セクシュアルハラスメントと捉えられているものは，直接的な身体接触よりも，介護従事者に向けられた性的な眼差し，発言，個人的な関係性の強要であることがわかる。性的な眼差しや発言は，眼に見えるはっきりした行為ではないため，それらにあった福祉従事者は最初は自分の思い過

第11章　介護現場におけるハラスメント

**表11-1**　ハラスメント調査におけるパワーハラスメント及び精神的暴力，身体的暴力の具体的行為の比較

| 日本介護クラフトユニオン調査 | | 三菱総研調査調査 | |
|---|---|---|---|
| パワーハラスメント | 攻撃的な態度で大声を出す | 精神的暴力 | 攻撃的な態度で大声を出された |
| | 「○○さんはやってくれた」等他者を引き合いに出し強要する | | 他者を引き合いに出し，過大なサービス等を強要された |
| | サービス契約上受けていないサービスを要求する | | 人格を否定する発言をされた |
| | 制度上認められていないサービスを要求する | | 能力を否定する発言をされた |
| | 強くこづいたり，身体的暴力を振るう | 身体的暴力 | 身体的暴力を振るわれた |
| | 「バカ」「クズ」など，人格を否定するようなことを言う | | 唾を吐かれる |
| | からかいや皮肉を言う | | コップ等を投げつけられる |
| | 「市へ訴えてやる」「裁判するぞ」と脅す | | ものを破壊する，攻撃される等，恐怖を感じる行為があった |
| | 事業所へのクレームをちらつかせて要求する | | |
| | 机や椅子などを叩いたり蹴ったりする | | |
| | 「ハゲ」「デブ」「ネクラ」など，身体や性格の特徴をなじる | | |
| | 土下座の強要 | | |
| | 書類をやぶる | | |

出所：UAゼンセン　日本介護クラフトユニオン　政策部門「『ご利用者・ご家族からのハラスメントに関するアンケート』結果報告書」，三菱総合研究所「介護現場におけるハラスメントに関する調査研究報告書」を基に筆者作成。

ごしではないかと思い悩むことが予想される。身体的暴力や精神的暴力は攻撃性を伴うので敵意がこちらに向いていることを感じることができる。そのためセクシュアルハラスメントと違い，基準がクリアになりやすいと考えられる。

　なお，クラフトユニオン調査はパワーハラスメント項目同様，各項目の割合を提示している。多いものは，「サービス提供上，不必要に個人的な接触をはかる」53.5％，「性的冗談を繰り返したり，しつこく言う」52.6％，「サービス提供中に胸や腰などをじっと見る」26.7％であった。

213

**表11-2** ハラスメント調査におけるセクシュアルハラスメントの具体的行為

| | 日本介護クラフトユニオン調査 | 三菱総研調査 |
|---|---|---|
| セクシュア<br>ルハラスメ<br>ント | サービス提供上，不必要に個人的な接触をはかる | サービス提供時，不必要に身体に接触された（手を握る，抱きしめる，など） |
| | 性的冗談を繰り返したり，しつこく言う | 性的発言を繰り返し言われた |
| | サービス提供中に胸や腰などをじっと見る | ニヤニヤしながら腰や胸などをじっと見つめてくる |
| | 性的な関係を要求する | 性的な関係を強要された |
| | 食事やデートの執拗な誘い | 食事やデートへ執拗に誘われた |
| | 繰り返し性的な電話をかけたり，他者に対し吹聴する | 他者に対して自分の性的なことを吹聴された |
| | | アダルトビデオを流す，あるいは，ヌードの写真が見られるように置いた |

出所：表11-1と同じ。

## （3）ハラスメント発生の要因

　日本介護クラフトユニオン調査・三菱総研調査とも，ハラスメントの要因として最も多く回答されたものは，利用者や利用者家族の性格や生活歴に伴うものであり，5割を超えていた。このことは，ハラスメントの原因は認知症や生活環境の変化に伴う急激，かつ理解可能なものではなく，「若い頃からそうだった」ものが5割以上あることを示唆している。

　今の要介護者が若い頃にはハラスメント概念が世に登場していなかった。[29]そのため，今の要介護者は「若い頃のまま」の振る舞いを，そのまましているだけということも考えられる。

　しかしながらそれだけではない。副田あけみ・菅野花恵は，ハラスメントの原因として2点指摘をしている。[30]一つは，介護業界における慢性的な人材不足である。現場の職員の人手が足りないことで，介護の手が行き届かず，要介護者を不穏な状態にすることへの指摘である。実際，副田・菅野の指摘に関連する先行研究もある。髙橋智美は，認知症高齢者の暴力に対して，看護職がどう認識しているかを3名の看護師へのインタビュー調査から検討しているが，3名とも不快を示すサインであると認識していたことを明らかにしている。[31]要介

第11章　介護現場におけるハラスメント

護者に快適な状態で過ごしてもらうことが，ハラスメントを減らすための方策の一つとなる，重要な示唆である。副田・菅野が指摘したもう一点は，介護保険法施行に伴い生じている消費者優位意識および日本社会全体にある男性優位意識である。

クラフトユニオン調査では，ハラスメントの要因として「介護者の尊厳が低くみられている」が5割あったことを報告しているが，このことは，副田・菅野が指摘する，消費者優位意識とも，男性優位意識とも関連していると考えられる。要介護者は「消費者」であり，かつ，介護従事者は女性が多いからである。とくにこの意識はセクシュアルハラスメントにおいて顕著と考えられる。

## 5　2022年改訂版介護ハラスメント対応マニュアル

### （1）対応マニュアルで示されていたハラスメントの種類とリスク要因

2019年，厚生労働省は，「介護現場におけるハラスメント対策マニュアル」を発表した。現在は2022年3月改訂版が，厚生労働省ウェブサイトで公開されている。介護ハラスメントは新しい概念でもあり，多くの人がこのマニュアルを参考にするものと考えられるため，内容を紹介する。

まず，改訂版ハラスメント対応マニュアルでの「介護現場におけるハラスメント」の種類は3種類である。1つは「身体的暴力」であり「身体的な力を使って危害を及ぼす行為」と定義される。例として，「コップを投げつける」「蹴られる」「唾を吐く」などが挙げられている。2つ目は「精神的暴力」であり，「個人の尊厳や人格を言葉や態度によって傷つけたり，おとしめたりする行為」と定義される。例として，「大声を発する」「怒鳴る」「特定の職員にいやがらせをする」「この程度できて当然」と理不尽なサービスを要求する」が挙げられている。3つ目は「セクシュアルハラスメント」であり，「意に添わない性的誘いかけ，好意的態度の要求等，性的ないやがらせ行為」と定義される。例として「必要もなく手や腕を触る」「抱きしめる」「入浴中，あからさまに性的な話をする」が挙げられている。

このマニュアルにおいて強調されているのは，ハラスメントが起きた際の背

215

景に，認知症による BPSD[33] の可能性があることである。BPSD の概念には，暴力・暴言・拒絶などが含まれるため，ハラスメントとの区別がつきにくい。その際には医師の判断を仰ぐなどして慎重に検討するよう求められている。しかしながらそれでも，職員の安全配慮が必要なのは変わりないとし，個人ではなく事業所での対応を求めている。

そのほかには，ハラスメントに対する環境面，利用者，利用者家族，サービス提供側のリスク要因が挙げられている。環境面では「1対1や1対多の状況」によって助けが呼べない，「サービス提供時に身近にある物品」として目につくようにアダルトビデオがおいてあること，「訪問先でペットの保護がなされていない」などが挙げられている。利用者および利用者家族に関するリスク要因では，生活歴，病気または介護の適切な支援を受けていない，福祉サービスの範囲を理解していないことなどが挙げられている。一方，サービス提供側のリスク要因としては，サービス範囲やルールの徹底を統一しきれていない，利用者および利用者家族に理解できるようにサービスの範囲が説明できていない，もしくは誤解を生じさせている，サービスを提供する時間や服装などのルールを守れていない，自身や他の職員の個人情報を伝えるなど個人情報に関する教育ができていない，利用者や家族からの苦情に関する対応が不十分だった，事故が発生してしまった後の対応が不十分だった，コミュニケーション不足等により利用者の気持ちやニーズをうまく汲み取れていない，が挙げられていた。

### （2）どのように対応するか

改訂版マニュアルには，ハラスメントに対して施設・事業所が取り組むべきことが多く書かれている。①ハラスメントに対する施設・事業所としての基本方針の決定・周知，②マニュアルの作成・共有，③相談しやすい職場環境づくり，相談窓口の設置，④介護サービスの目的および範囲等への理解と統一，⑤利用者・家族等に対する周知，⑥利用者や家族等に関する情報収集とそれを踏まえた担当職員の配置・申し送り，⑦サービス職種や介護現場の状況を踏まえた対策の実施，⑧利用者や家族等からの苦情に対する適切な対応と連携，⑨発

216

第11章　介護現場におけるハラスメント

生した場合の対応，⑩管理者等への過度な負担の回避，⑪ PDCA サイクルの考え方を応用した対策等の更新，再発防止策の検討である。

　上記からは，ハラスメント対策として，まずは事前に利用者および利用者家族にできることとできないことを示しておくこと，マニュアルを作っておくこと，何かあった時に組織に相談できる雰囲気を作っておくこと，何かあった時には振り返りをしっかりして再発防止に取り組むことが重要であることがわかる。

## 6　改めて，ハラスメントへの対応はどうあるべきか

### （1）利用者－職員間の個人的な付き合いをなくす？

　前節では，マニュアルにおいて書かれている対応方法を紹介した。マニュアルで示されている対応方法をとると，これまで支援者個人で自分の介護スキルの問題として悩んでいたことに対し，組織的かつシステマティックな対応が可能になる。しかしその一方で，ルールや規則など決まり事が増え，支援者個人の裁量や支援の幅が狭くなることが懸念される。その一例として，同マニュアルにおいて，支援者自身の服装について指摘があったり，自分の個人情報を守ることが示されていたりと，支援者の行動の統制を求める表記が見受けられることが挙げられる。

　例えば支援者自身の服装については，同マニュアルのチェックリストのなかで，「サービスの提供にあたり，服装や身だしなみは適したものになっていますか」という項目があり，例示されているのは，「当事業所から貸与された服を着用する，着崩さずに着用する，ケアの妨げになるアクセサリーは身に付けない」であった。この服装についての指摘は，社会に蔓延る痴漢言説を思い出す。すなわち，「短いスカートを履いて，足を出していたから痴漢に遭うんだ」という，痴漢にあった被害者側に落ち度があるとする自己責任論である。このように服装とハラスメントが関連するような表記は，利用者からどんなに理不尽なことをされても，ましてや被害者に落ち度は一点もないセクハラをされても，自分がかわすことができなかったからであると，それすら自らの介護スキ

217

ルのせいにしてきたこれまでの介護現場のあり方に逆戻りさせてしまうのではないか。支援者がどのような服装をしていたとしても，ハラスメントにあった時に支援者の責になってはならないと考える。

　また，もう一点気になるのは個人情報の取り扱いである。チェック項目には，「サービス提供とは関係ない個人情報の提供を，利用者やその家族等から求められても断っていますか」とあり，例示として「自分や他のヘルパーの電話番号や住所等を不用意に伝える，他の利用者の話をする」とある。例えば，ホームヘルパーは，利用者宅にホームヘルパーとして出入りするうちにその利用者と気が合い，個人的に外で会おうとなることはないのだろうか。福祉の利用者は，要介護になって外出に制限が生じはじめたことによって，それまでの人間関係から疎外されて交際範囲が狭くなることがある。そういった状況を心配したホームヘルパーが，ボランティアとして外で会うことを提案する，ということもあろう。その際にホームヘルパーが待ち合わせのために電話番号や，自分の最寄り駅などを話す機会はあるはずである。しかしながら本マニュアルではそのようなことは想定されていないことが感じられる。

　上記2点から感じるのは，支援の質や信頼関係の構築が後景に退き，ハラスメントをなくすという目的が前景化していることである。マニュアルにおける指摘は，福祉従事者を無味無臭の支援者にし，利用者との個人的な付き合いを避けさせる効果がある。利用者と支援者が情緒的な関わりをもつ個の関係を排し，支援という機能のみを全面に打ち出している。果たして社会福祉士・介護福祉士養成校は，介護職および対人援助職を無味無臭にし，個の関係を避けさせるような教育をしているだろうか。していないとしたら，現場に出た際に教えられたこととの差異から混乱を来すのではないだろうか。今一度立ち止まって考えたい。

　そして最も重要なことは，ハラスメント被害は，被害者のせいではないということである。たとえ，介護時の服装がどんなものであったとしても，個人的な付き合いを始めるために電話番号などの個人情報を利用者に教えたとしても，である。日本介護クラフトユニオンの調査をはじめとした一連の調査や厚生労働省の取り組みの最大の評価点は，介護現場にある利用者からの理不尽な行為

第11章　介護現場におけるハラスメント

はハラスメントであって，介護スキルのせいではない，すなわち被害者のせいではないということが明らかになったことである。これまでの取り組みが生きるためには，被害者側の落ち度を問わないことが重要であると考える。

## （2）ソーシャルワーク教育との矛盾に関して，心の整理をどうつけるか

### 1）「ハラスメント」と定義づけることを回避させるソーシャルワーク理論

　冒頭で示したように，ソーシャルワーク教育ではバイステックの7原則などクライエントの適切ではない行為にも向き合うことの重要性を示す概念を教えられる。また，その人の置かれた環境や社会的背景を視野に入れるエコロジカル・アプローチ，クライエントの状況をバイオ・サイコ・ソーシャルの3側面が複合的に作用し合っていると見るバイオ・サイコ・ソーシャルモデルなど，クライエントが何か理不尽なことをしたとしてもその背景に環境要因があり，クライエント本人だけのせいではないと解釈できる福祉の理論を教えられる。

　そのような教育を受けた私たちは，何か支援者に対して理不尽なことをクライエントがしたとしても，支援者はクライエントに何か事情があるのだろうとまず考える。その上で，その事情こそが，クライエントの理解と適切な介入につながると信じてアセスメントする。つまりソーシャルワークは，ハラスメントに該当するようなクライエントの行為を介入の機会とするために，それらに積極的に向き合ってきたのである。

### 2）利用者からの行為を「ハラスメント」と定義づけることの意味づけ

　しかしながら，福祉現場における利用者からのハラスメント概念の広まりは，そのように利用者の理不尽な行動の原理を理解しようとする誠実な支援者に，自分が嫌なことを我慢してまで利用者中心でなくても良いと思わせてしまう側面がある。これまでソーシャルワークが丁寧に積み上げてきた利用者理解という概念を揺らがせてしまう。それならば，ソーシャルワーク専門職教育を受けた私たちは，どのような信念があって利用者をハラスメントの加害者であるとするのだろう。そこには，支援者である自分を守るだけではなく，ハラスメントをした利用者の今後のためになるという信念があるはずと考えられる。

　ここで，ハラスメントを行う利用者や利用者家族の側に立ち，ハラスメント

219

を行う行為を考えてみる。セクシュアルハラスメントもパワーハラスメントも，ハラスメントであると理解していれば行わないのであるから，行っている本人はそのつもりはなく行っている行為である。ではその行為がハラスメントであると本人が理解するためにはどうしたらよいのか。それは，周囲が「それはハラスメントである」とその行為を行っている本人に対して指摘するしかない。

　もし，そのような指摘を周囲の誰も行わず，ハラスメントされた支援者が，クライエントがこのような理不尽な行動をするのには何か事情があるはずとアセスメントし，それに対応しようともがき続けるが，うまくいかなかった期間が長く続くとどうなるか。その間に，周囲の支援者が同じハラスメントに遭う，ということが起こり得る。つまり，ハラスメントにあたる行為であっても，誰にも止められないがゆえに周囲に容認されている行為なのだとクライエント側が誤解してしまうのである。

### 3）「ハラスメント」と定義づけることはクライエントの将来のため

　支援者がハラスメントにうまく対応できず，1人で対応しようと四苦八苦する時間は，ハラスメントの被害者を増やすことにつながる。対応マニュアルによると，度重なるハラスメントは退所勧告の理由になりうる。誰もハラスメントであると指摘せず，クライエントが誤解した結果，そのクライエントを退所に追い込む事態になったとすれば，それは結果的にクライエントに対して大変な不利益を被らせたことになるのである。逆にいえば，支援者がハラスメントをされたと感じた段階で周囲に相談し，どのようにその被害を食い止めるかを考えることが，結果的にクライエントのためになるのだといえよう。つまり，ハラスメントであると指摘することは，クライエントの将来のためなのである。上記を踏まえて，次項では一つの事例検討を行ってみたい。

### （3）セクシュアルハラスメントの事例

### 1）事例概要

　訪問介護の利用者Ａさん男性70歳は，50代で妻と離婚し，その後一人暮らしをしている。65歳で発症した脳出血後の後遺症で右側に麻痺が残っている。認知症は軽度である。

その日のＡさんの訪問介護のメニューに買い物があり，その日，ＢさんはＡさんとともに買い物に出た。すると買い物途中の車中で，Ａさんから「夫とはセックスするの？」と執拗に聞かれた。Ｂさんは「いやいや…」とかわすが，Ａさんは何度も聞いて引き下がらない。Ｂさんは車の中という密室で執拗に性生活について聞いてくるＡさんにやや恐怖を感じるが，車中にいることもあり，Ａさんを車から追い出して帰るわけにはいかない。そのため，Ｂさんは「セックス」という不快な言葉に耐えながら買い物を終わらせ，その日のヘルパー業務を全うした。

　事業所に戻ってそのことをサービス管理責任者に伝えると，同じようなクレームが他のホームヘルパーからも入ってきているとのこと。他のホームヘルパーの中には，平然と答えている者もいれば，不快に感じている者もいるという。Ｂさんは恐怖を感じていたが，そこまでのホームヘルパーは他にはいない様子だった。

### 2）事例への対応

　上記は，セクシュアルハラスメントの事例である。内容はＢさんの性生活について聞かれているのであり，ヘルパー業務とは何ら関係はない。また，その執拗さからＢさんは恐怖を感じており，Ｂさんの就業環境が害されているといえる。しかし他のホームヘルパーの中には，平然と答えている者すらいる状況であり，Ｂさんはうまくかわすことのできなかったことで自分を責めることがあってもおかしくない。ならば，平然と答えているホームヘルパーもいるのだからそのままでよいのだろうか。そしてそれは，Ａさんからの質問に恐怖を感じるＢさんとの相性の問題なのだろうか。

　筆者は否と考える。前述したように，ハラスメントの問題の一つは，その行為を容認してうまくかわすことができる支援者がいるために，その行為を他の支援者も容認してくれるものと利用者が勘違いすることである。それは誤学習である。しかもその誤学習は，支援者と地域の人たちの両方に影響する。

　まず支援者について検討してみる。支援者の中には，過去に性暴力を受けた経験のある者もいる(34)。そのような場合には，男性利用者と２人きりの密室状態で性的な会話を持ちかけられること自体が恐怖であり，いわば性的なこと全般

に脆弱性をもつ状態といえる。だからといってBさんに限らず，性暴力を受けたヘルパーがその過去をヘルパー事業所にオープンにして配慮を求めることは非常にストレスがかかる。だとすれば，そのような過去をもつ人がヘルパーの中にいることを前提に，利用者と性的な会話のない就業環境をめざす他はない。

　次に，地域の人たちについて検討してみる。支援者と要介護者という立場以外の人間関係，例えば近所の人や親戚の人を相手にした場合に，性生活について聞くことが通常の世間話の範囲として許容されるかというとそうではないだろう。すなわち，この事例でいえば，Aさんのこの行為を抑止することが，Aさんが地域で人間関係を構築しながら一人暮らしを続けていくために必要なことになると考えられる。よって事業所は，ヘルパーたちの就業環境を守るためにも，Aさんの地域生活を守るためにも，Aさんに行動変容を促す必要がある。

### 3）事例の課題

　Aさんに行動変容を促す際には，Aさんと事業所はしっかり話し合いをすることになる。その際に，Aさんがなぜホームヘルパーたちに性生活について尋ねたのかについても掘り下げをしたい。この行為の背景には，Aさんが情緒的な会話のできる親しい異性の存在を必要としているのか，もしくは単にホームヘルパーたちと仲良くするための身近な話題だと思ってしているのか，または全然別の理由なのか，さまざまな可能性が考えられる。いずれにせよ，Aさんは積極的に他者との関わりをしていることから，他者との関わりを求めてのことではないかと考えられる。Aさんの場合はその関わり方が問題になっているのである。Aさんがホームヘルパーたちとうまくやっていくためには，また，地域で暮らすためには，適切な方法でAさんが他者と関われるようにする必要があると考えられる。

## 7　利用者のために「ハラスメント」を指摘する

　本章では，介護現場におけるハラスメントについてみてきた。最初にハラスメントについて概説し，その後，利用者をハラスメント加害者と位置づけることはどのような意味をもつのか，ハラスメントを行っているとされた利用者に

とって資することは何かを検討してきた。結果，その利用者が周囲がそれを容認していると誤解をし，ハラスメントを続けた結果，退所ということになればその利用者には大きな不利益となることをみてきた。また事例検討を通して，地域の人たちに対して同じように振る舞うことへの懸念を述べた。そして最後に，ケースの課題として，セクシュアルハラスメントをした人も他者とそのようなプライベートな会話がしたいのかもしれないことに思いを馳せて，ハラスメントをした人が適切に人と関われるようにするためにはどうしたらよいのかという視点が必要であることも述べた。

　本来ならば，職員も利用者もできるだけ自由に過ごせるのが良いはずである。ハラスメントから職員を守るという目的を前面に打ち出すと，禁止事項が現場に生まれてしまう。専門職養成に関わる者として，そこに学生たちを送り出す者として，お互いにできるだけ禁止事項がないなかで，人と人との信頼関係としての援助関係が結ばれるようにと願う。


## 注

(1) UA ゼンセン 日本介護クラフトユニオン 政策部門「『ご利用者・ご家族からのハラスメントに関するアンケート』結果報告書」2018年（https://www.nccu.gr.jp/wp-content/uploads/2018/07/20180709000101.pdf，2024年08月30日アクセス）。

(2) 武子愛「『性的ニーズ』と向き合うことになった福祉専門職」結城康博・米村美奈・武子愛・後藤宰人『福祉は「性」とどう向き合うか——障害者・高齢者の恋愛・結婚』ミネルヴァ書房，2018年，104頁。

(3) 武子愛「セクハラの発生要因——介護現場でなぜ起こるのか」村上久美子・結城康博編著『介護現場でセクハラ・パワハラを起こさない！——事例に学ぶ今日からできるハラスメント予防』ぎょうせい，2022年，36頁。

(4) F.P. バイステック／尾崎新・福田俊子・原田和幸訳『ケースワークの原則——援助関係を形成する技法 新訳改訂版』誠信書房，2006年，142頁。

(5) 武子，前掲(2)。

(6) 副田あけみ・菅野花恵『介護職・相談援助職への暴力とハラスメント』勁草書房，2022年。

(7) 佐々木恵理「増殖するハラスメント——『ハラスメント語』を考える」『ことば』40(0)，2019年，36-53頁。

(8) 牟田和恵『実践するフェミニズム』岩波書店，2001年，角田由紀子『性と法律

――変わったこと，変えたいこと』岩波書店，2013年。

(9)　角田，前掲書。

(10)　佐々木，前掲書。

(11)　同前書，41頁。

(12)　性的指向（sexual orientation）と性自認（gender identity）の頭文字を合わせたものである。SOGIハラは，異性愛以外の性的指向を持つ人と，生物学的性と性自認が一致している人以外の人に対する，性的指向と性自認を中核としたハラスメントのことを呼ぶ。

(13)　リベルタス・コンサルティング（2020）「『大学教育改革の実態把握及び分析等に関する調査研究』――大学におけるハラスメント対応の現状と課題に関する調査研究　調査報告書」2020年（https://www.mext.go.jp/content/20200915-mxt_gaigaku c3-000009913_1.pdf，2024年8月30日アクセス）。

(14)　厚生労働省都道府県労働局雇用環境・均等部（室）「職場におけるハラスメント対策パンフレット」（https://www.mhlw.go.jp/content/11900000/001338359.pdf，2024年12月28日アクセス）。

(15)　同前。

(16)　同前。

(17)　同前。

(18)　同前。

(19)　同前。

(20)　同前。

(21)　同前。

(22)　同前。

(23)　UAゼンセン　日本介護クラフトユニオン　政策部門，前掲資料。

(24)　三菱総合研究所「介護現場におけるハラスメントに関する調査研究報告書」2019年（https://www.mhlw.go.jp/content/12305000/000947359.pdf，2024年8月30日アクセス）。

(25)　三菱総合研究所「介護現場におけるハラスメント対策マニュアル」2019年（https://www.mhlw.go.jp/content/12305000/000947360.pdf，2024年8月30日アクセス）。

(26)　三菱総合研究所「介護現場におけるハラスメント事例集」2020年（https://www.mhlw.go.jp/content/12305000/000947332.pdf，2024年8月30日アクセス）。

(27)　三菱総合研究所，前掲(24)。

(28)　佐々木，前掲書。

(29)　武子，前掲(3)。

(30)　副田・菅野，前掲書。

第11章　介護現場におけるハラスメント

(31)　高橋智美「認知症高齢者の暴力に相当する行為に対する看護師の思い」『旭川市
　　立大学保健福祉学部研究紀要』1，2024年，51-57頁。

(32)　三菱総合研究所「介護現場におけるハラスメント対策マニュアル」2022年
　　(https://www.mhlw.go.jp/content/12305000/000947524.pdf，2024年8月30日アク
　　セス)。

(33)　徘徊や妄想，幻覚症状，不安など，認知症に伴う行動・心理症状のことである。
　　記憶障害，見当識障害などの中核症状とは分けて考えられている。

(34)　白崎朝子『介護労働を生きる――公務員ヘルパーから派遣ヘルパーの22年』現代
　　書館，2009年。

(35)　武子，前掲(3)。


**参考文献**

佐々木恵理「増殖するハラスメント――『ハラスメント語』を考える」『ことば』40
　　(0)，2019年，36-53頁。

副田あけみ・菅野花恵『介護職・相談援助職への暴力とハラスメント』勁草書房，
　　2022年。

F.P.バイステック／尾崎新・福田俊子・原田和幸訳『ケースワークの原則――援助関
　　係を形成する技法 新訳改訂版』誠信書房，2006年。

白崎朝子『介護労働を生きる――公務員ヘルパーから派遣ヘルパーの22年』現代書館，
　　2009年。

武子愛「『性的ニーズ』と向き合うことになった福祉専門職」結城康博・米村美奈・
　　武子愛・後藤宰人『福祉は「性」とどう向き合うか――障害者・高齢者の恋愛・結
　　婚』ミネルヴァ書房，2018年，102-123頁。

武子愛「セクハラの発生要因――介護現場でなぜ起こるのか」村上久美子・結城康博
　　編著『介護現場でセクハラ・パワハラを起こさない！――事例に学ぶ今日からでき
　　るハラスメント予防』ぎょうせい，2022年，30-42頁。

角田由紀子『性と法律――変わったこと，変えたいこと』岩波書店，2013年。

牟田和恵『実践するフェミニズム』岩波書店，2001年。

<table>
<tr><td>終　章</td><td>人口減少社会と介護保険・高齢者福祉</td></tr>
</table>

　人口減少社会をイメージすると，働き手である労働人口の減少と高齢化を思い描くであろう。特に，生産年齢人口の減少によって地域経済が堅持できるのか？といった論点は重要である。それに伴い，介護職員などのマンパワー不足が顕著となる。ここでは人口減少社会と高齢者福祉・介護問題との関連について述べていく。


## 1　人口減少社会の現状

### （1）出生数と死亡数

　これまで高齢者福祉および介護保険制度の概略と，それらを取り巻く問題について論じてきた。そこで，制度の持続性および発展性を考えるには「負担と給付」といった論点は避けられない。しかし，人口減少社会において「負担」する現役世代を中心に課題が残る。

　総務省資料によれば，2023年1月〜2023年12月に新たに成人に達した人口（2024年1月1日現在18歳の人口）は106万人で，前年と比べると6万人の減少となっている。[1]いわば新成人の推移を見ることで，人口減少社会の実態を理解できる。

　また，2023年の出生数は72万7,277人で，前年77万759人より4万3,482人減少している。出生率（人口千対）は6.0で，前年の6.3よりもさらに低下している。一方，死亡数は157万5,936人で，前年の156万9,050人より6,886人増加している。死亡率（人口千対）は13.0で，前年の12.9より上昇している。

　つまり，出生数と死亡数との差である自然増減数は−84万8,659人で，前年−79万8,291人と比べると5万368人も人口減少化しているのだ。[2]

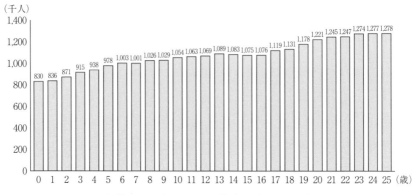

**図終-1** 25歳以下の人口数（2021年10月1日）
出所：総務省「各年10月1日現在人口年齢（各歳，男女別人口―総人口，日本人口）」より筆者作成。

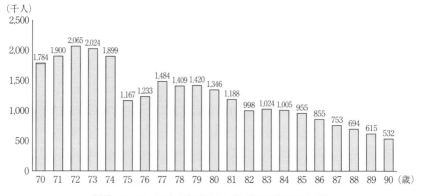

**図終-2** 70〜90歳の年齢別人口数（2021年10月1日）
出所：図終-1と同じ。

### （2）若年層が減少

　全国25歳以下の人口層をみれば左型下がりは明白で，既述の要介護者がピークとなる2035年以降，20歳以上の若者を学年ごとにみれば約100万人足らずとなっている（図終-1）。それに対して，高齢者人口構成を見る限り団塊世代層の割合がかなりの塊となっていることが理解できる（図終-2）。

　この少ない若年層から，どれだけ介護人材が確保できるかが焦点となる。しかし，介護分野に限らず，農業，サービス業，建設業といった多くの産業分野

終　章　人口減少社会と介護保険・高齢者福祉

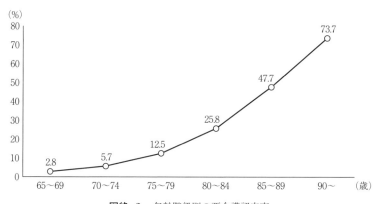

**図終-3**　年齢階級別の要介護認定率

出所：社会保障審議会介護保険部会「参考資料1-6：介護保険制度の見直しに関する参考資料」2023年2月27日7頁。

でも人手不足は深刻化しているため，「人材獲得競争」が激化している。

　厚生労働省「令和4年簡易生命表」によれば，平均寿命は男性81.05歳，女性87.09歳となっている。とくに，90歳まで生存する者の割合は男性25.5％，女性49.8％だ。しかも，年齢階級別の要介護認定率は85〜89歳で47.7％となっている（図終-3）。

　現在の85歳以上の人口数でさえ，「介護施設が見つからない」「訪問介護事業所にお願いしても，ヘルパー不足でサービスが使いにくい」「ケアマネジャー探しに苦慮している」といった現場の声を耳にする。2035年には大きく需給バランスが崩れ，「介護難民」続出といった話も極論ではなくなるのではないだろうか。

### （3）さらに地方は深刻

　さらに地方は深刻な人材不足が予測される。例えば，長崎県の人口構成を見てみよう。18歳以降の人口層が極端に減少している（図終-4）。これは高校を卒業して大学進学もしくは就職など，福岡や東京といった大都市部に転出するためである。

　一方，70歳以上の人口層は，ほぼ全国水準と変らない（図終-5）。同じよう

229

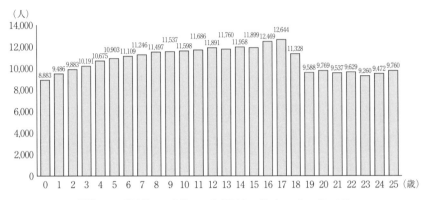

**図終-4** 長崎県の25歳以下の年齢別人口数（2020年10月1日）

出所：総務省統計局「国勢調査報告」。

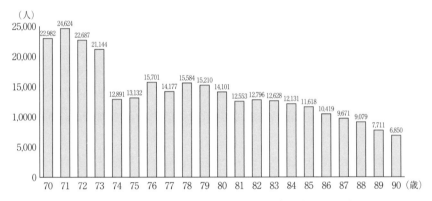

**図終-5** 長崎県の70〜90歳の年齢別人口数（2020年10月1日）

出所：図終-4と同じ。

に団塊世代がかなりの層を占めており，多くの人が85歳まで存命するため要介護者が増加することになる。

実際，全国的にこのような地域が大半のケースとなる。つまり，札幌，仙台，東京，名古屋，大阪，福岡といった大都市周辺部を除いて18歳以降の人口が激減していく。

そのため，全国的には出生数が減少傾向で「少子化対策」が急務とされているが，並行して多くの地域では「18歳以上の人口流出防止策」「Ｕターン施策」

終　章　人口減少社会と介護保険・高齢者福祉

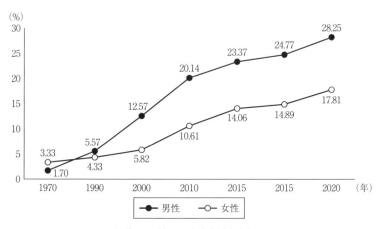

**図終-6　性別50歳時未婚割合推移**

出所：国立社会保障・人口問題研究所「人口統計資料集（2023）改訂版」2023年4月26日より筆者作成。

「Ｉターン施策」に力点を置かないと，深刻な人手不足となることは明白である。とくに，介護ニーズが一挙に2035年以降高まることから，若年層が少ないながらも介護人材等の確保・定着に業界は邁進しなければならない。

### （4）未婚者が増加傾向

昨今，50歳時の未婚割合が高くなり男性約28％，女性約18％と増加傾向だ（図終-6）。しかも，1990年バブル後半期，男性が約5％，女性が約4％と比べると，その割合の変化を物語っており，とくに男性の伸び率が著しい。

当然，少子化傾向が持続している要因として未婚者が増えていることが大きいと考えられる。これらは社会保険料や税負担における「支え手」不足といったように，社会保障制度を維持する上で看過できない。結婚しない男女が増えている背景には，個人主義的価値観の浸透や男女共同参画の拡充によって，家庭よりも仕事や趣味を優先する人が増えているのが事実であろう。

ただし，その要因は，雇用の不安定化も挙げられる。もちろん，これらの中には，一部，積極的に非正規雇用を選択している者もいるだろうが，非正規雇用労働者が増えれば，結婚を諦めて生涯独身で生きていく若者が増えているこ

とも注目していかなければならない。まして，結婚して子供を作れば，教育費
も考慮しなければならず，雇用の安定化が図れなければ，幸せな家庭生活は
「夢幻」と考える者が多くなる。

　なお，これら未婚者は親の介護を担うか否かで，大きく人生設計が変わって
いくことにもなる。

## 2　高齢者福祉・介護現場の危機

### （1）利用者ファーストが危ない？

　筆者は，社会福祉学者として「利用者の尊厳」「権利擁護」「自己決定の原
則」など，「利用者ファースト」が，福祉や介護における真髄と十分に認識し
ている。しかし，経営者にとって「利用者ファースト」では事業継続が難しく
なると感じている。むしろ，「職員ファースト」でなければ介護事業者は生き
残れない時代が到来すると考える。言うまでもなく，現在の経営者にとって最
大の課題は介護職員等の確保・定着であり，それらのマネジメントができなけ
れば倒産・閉鎖に追い込まれてしまう。

### （2）権利意識の高い高齢者

　現在，介護ニーズが高まっているのに，ケアマネジャーやホームヘルパー等
の担い手が増えない状況が続いている。この状況が続けば，ほぼ確実に「事業
所が利用者を選ぶ時代」がやってくるであろう。もはや地域によっては，この
ような状況がやってきているのではないだろうか。

　筆者は，よく利用者とサービス事業者の間を取り持つケアマネジャーの苦労
話を聞くが，団塊世代以降の要介護（支援）者や家族には，少数派だが「お客
様は神様」という意識から脱却しきれない高齢者がいるという。むしろ，この
ような「権利意識」の高い利用者等は，年々，増えているようだ。

　筆者が20年前にケアマネジャーの仕事に就いていた時期，肌感覚だが「ク
レーマー」などの権利意識が強い利用者は20人中1人いるかいないかであった。
しかし，現在，現場のヒヤリング調査をしていると，10人中1人ぐらいはマ

終　章　人口減少社会と介護保険・高齢者福祉

ナーに欠けるなど面倒なケースと感じている。

### （3）職員ファーストへの時代に？

　第11章でも詳しく述べてきたが，訪問介護，通所介護，居宅介護支援等といった介護現場では，利用者や家族からの「ハラスメント被害」が問題となっている。とくに，強引に「介護保険以外のサービスを求められた」という事例が，訪問介護および居宅介護支援では顕著となっている。

　このようなハラスメントは利用者も「加害者」といった認識はないのかもしれない。しかし，現場の介護スタッフらにとって心身共に大きな負担となり，「介護離職」にもつながってしまいかねない事案だ。むしろ，利用者に「加害者」という認識がないケースが，最も厄介なケースと考える。

　もちろん，利用者はマナーを守り，介護従事者にも「感謝」の気持ちを抱いているケースが大半であることは承知している。ハラスメントのケースは，全体からすれば少数派かもしれない。しかし，10人中1人，20人中1人といった割合でハラスメント被害が生じてしまえば，介護従事者らの「介護離職」の引き金となってしまうことは否めない。

　そのためにも，「契約」前にはハラスメント行為を利用者に説明し「契約解除」の仕組みを伝え，毅然とした態度で介護事業者は臨むべきである。そして，ハラスメントが生じた際には，淡々と「契約解除」していくべきと，筆者は考える。このような方針を経営者が明確に打ち出せば，職員らも組織として対応してもらえていると感じ，信頼関係が構築できプラスに働くはずだ。

### （4）利用者にとってプラス？

　一定の対応努力（ソーシャルワーク機能を含めて）および福祉の精神は大切にしつつも，ハラスメントの加害者（利用者等）には，介護サービスの提供を拒む時代が到来している。

　繰り返すが，多くの利用者は良識のある人たちである。しかし，一部の理不尽な利用者等が存在することによって介護従事者らが「離職」してしまい「不人気職場」となってしまうと，ますます介護業界全体がマイナスとなる。

233

働く人が「やりがい」を感じ，安心して働ける介護従事者らが増えれば，自ずとサービスの「質」が向上していく。いわば「職員ファースト」は，「利用者ファースト」のプロセスと考えるべきである。このことを踏まえた経営者が，これから厳しい介護業界を生き残れる「資質」と考える。なぜなら「人」が集まらなければ，介護事業が展開できず，結果的には利用者にサービスを提供できなくなるからだ。

## 3　社会の関心を高めていく

### （1）介護保険25年の検証が不可欠

2000年に始まった介護保険制度のコンセプトは，規制緩和によって多くの供給主体が社会保険を媒介とした「市場」に参画できることであった。その結果，「競争原理」が働き介護サービスの質の向上が部分的には達成され，誰もが介護サービスにアクセスしやすくなった。

しかし，既述のように介護人材不足が深刻化し有効求人倍率は驚異的に高くなると，多くの介護事業者は人材の確保・定着に苦慮するようになる。そして，やむなく介護市場から撤退する事業所が生じはじめている。繰り返すが，このような状況が続けば介護分野の需給バランスが崩れ，需要側である利用者が供給側である「介護事業所に選ばれる」可能性が考えられる。

都市部を中心とした特別養護老人ホームでは待機者が多く，需給アンバランスが問題となっていた。ただし，昨今の介護人材不足を背景とした供給不足は，地域・分野に関係なく全介護サービス全体に及んでいる。当然，この状況が深刻化していけば介護事業者側が利用者を選択し，たとえ認知症や重度要介護者であっても例外ではなくなってしまうであろう。

### （2）介護を投資と考える

当然，介護保険かつ公費（税）による自体体福祉サービスの拡充には，財源確保が必要となる。そのため，介護を「社会投資」と社会全体が理解していく必要がある。なぜなら，高齢化率は上昇を続け，介護なくしては社会が成り立

終　章　人口減少社会と介護保険・高齢者福祉

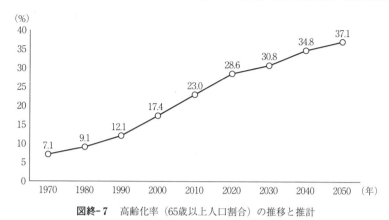

**図終-7**　高齢化率（65歳以上人口割合）の推移と推計
出所：内閣府『高齢社会白書 令和5年版（全体版）』2023年。

たない時代が到来することが明白であるからだ（図終-7）。

　近い将来，団塊ジュニア世代の「親」世代の多くが要介護者となる。つまり，社会的な介護システムが機能しなければ，親の介護が重くのしかかり仕事を辞めなければならない「介護離職」といった問題が深刻化し，労働力維持にも問題が生じるであろう。とくに，70歳まで働ける社会をめざすのであれば，親の介護を社会全体が担わなければ安心して働き続けることは難しくなる。

　また，介護職員等の賃金がアップされ雇用が増大されれば，彼（女）らも消費者でもあることに変わりなく，地域の「内需」の牽引役にもなる。従来，高齢者福祉や介護は社会全体において「負担」であって，何らプラスの側面が見い出せないと考えられがちである。

　しかし，この分野で従事する人たちは，各地域の消費者であり地域経済に貢献する層である。とかく高齢者福祉・介護は，要介護者や家族支援の側面が認識されがちだが，介護分野で働く層に焦点を当て消費者と捉えれば，地域経済の活性化を生み出す業界と認識されるのではないだろうか。

## 4　制度あっても介護サービスなし

　最後に，介護を「社会投資」という価値観が浸透されれば，国民も「介護

のための増税や保険料引き上げに対する抵抗感が軽減され，給付費増大のための財源確保が可能となると考える。その意味でも，労働者が安定して働き生産性を向上させる意味での「高福祉高負担」といった介護施策が望まれる。

　もし，これらの転換が実現されなければ，将来，「制度あっても介護サービスなし」といった「介護崩壊」を招きかねない。早急に抜本的な政策転換が求められる。そして，それには国民の意識が高齢者福祉・介護分野に深まっていくことが必要不可欠である。


**注**

(1) 総務省『「辰年生まれ」と「新成人」の人口——令和6年 新年にちなんで（「人口推計」から）統計トピックス No.139』2023年12月31日。

(2) 厚生労働省「令和5年（2023）人口動態統計月報年計（概数）の概況)」2024年6月5日。


**参考文献**

経済産業省 商務・サービスグループ「新しい健康社会の実現」2023年3月。

国立社会保障・人口問題研究所「日本の世帯数の将来推計（全国推計）——令和6（2024）年推計」2024年4月12日。

福祉医療機構経営サポートセンター リサーチグループ「2023年度特別養護老人ホームの人材確保に関する調査結果」2024年2月21日。

# あとがき

　本書は介護保険や高齢者福祉について学ぼうとする福祉学科の学生や看護学生，この仕事に就いて間もない新人介護職員やケアマネジャー，施設相談員，行政職員等に，制度の基本的な知識とサービスをわかりやすく学んでもらうことができるように企画された。

　編者の一人を務めた佐藤は，20代の頃に施設介護や訪問介護の仕事を経験した。もともと手先が不器用で段取りもあまり良いほうではないため，失敗も多かったが，たくさんの現場職員の先輩方と，利用者の方の温かさに支えられながら楽しく働くことができ，今となっては良い思い出ばかりが残っている。特に，激動の時代を生き抜いてきた高齢者の方からお聞きした若い頃のお話しや，ふとした時にかけていただいた言葉は，今も折に触れて思い出し，自分の心の支えとなっている。

　「世代間交流」というと，保育園児や小学生くらいの子どもと高齢者の交流を指すことが多いように思うが，10代後半から20代くらいの，社会のさまざまな矛盾に気づいたり，自分自身の生き方を模索したりしている年代にとっても，さまざまな経験をくぐり抜けてきた高齢者との交流には，大きな意味があるように感じている。

　福祉や介護の現場は今も課題が山積みであり，この仕事に就こうとする若い世代はなかなか増えず，人材不足解消の兆しは見えていない。本書の中でも数々の制度・政策が抱える問題や現場の課題が提起されているが，こうした課題を一つひとつ改善し，若い世代が希望をもって長く働き，一人ひとりに合ったキャリアを形成することができるようにすることは，上の世代の務めである。こうした取り組みはもちろん，私たち自身が高齢になり，誰かの助けを必要とするようになった時の安心を育むためでもある。そして，人生を生き抜いていく上でたくさんの学びを得ることができる高齢者福祉・介護の仕事に，より多

くの若い世代が関心を持ってくれることを願ってやまない。

　最後に，日々多忙を極めるなかご執筆いただいた各位と，本書の出版に多大なご尽力をいただいたミネルヴァ書房の音田潔氏に，心から感謝を申し上げます。


　2025年2月

執筆者を代表して

結城康博

佐藤　惟

# 索　引

## あ 行

アカデミックハラスメント　208
アクセシビリティ　196
アセスメント　23
アルツハイマー型認知症　197
安全運転指導　202
医療・介護連携　163
医療介護総合確保推進法　→地域における医療
　　及び介護の総合的な確保を推進するための
　　関係法律の整備に関する法律
医療格差　165
運営指導　72
応益負担　128
応能負担　128
オレンジプラン　→認知症施策推進5カ年計画
恩給　124

## か 行

介護「市場」　82
介護・世話の放棄・放任　105
介護医療院　46
介護クラフトユニオン　205
「介護現場におけるハラスメント対策マニュア
　　ル」　215
介護サービス費　48
介護サービスへの財配分　83
介護支援専門員　→ケアマネジャー
介護職員等処遇改善加算　34, 187
介護職員の医療行為　176
介護生産性向上総合相談センター　193
介護付有料老人ホーム　50
介護難民　229
介護認定審査会　6
介護扶助　129
介護分野における生産性向上　193
介護報酬　11, 12, 17, 42, 97

──制度　166
介護保険事業計画　63, 64
介護保険事業支援計画　63, 64, 66
介護保険事業に係る保険給付の円滑な実施を確
　　保するための基本的な指針　64
介護保険施設　11, 78
介護保険審査会　13
介護保険制度　234
介護保険法　1
──改正　14, 130, 131
介護予防・生活支援サービス事業　4, 7
介護予防・日常生活総合支援事業　4
介護予防ケアマネジメント　19
介護予防支援　20, 93
介護老人保健施設　43
科学的介護情報システム　17
かかりつけ医　179
喀痰吸引等の実施のための研修　177
看護小規模多機能型居宅介護　30
監査　73
感染症対策　195
希望大使　116
規模の経済　98
基本チェックリスト　7
給付管理　22
共助　152
共生型サービス　16
共生社会の実現を推進するための認知症基本
　　法　117
競争原理　234
業務継続計画　17, 138, 139
業務分掌規程　191
居室代　203
居住安定援助賃貸住宅　→居住サポート住宅
居住サポート住宅　136
居住支援協議会　134, 136
居住支援法人　135

居宅介護支援事業所　9, 21
居宅サービス　77
　　──計画書　9
苦情申し立て　13
区分支給限度基準額　12
グループホーム　47
ケアハウス　55
ケアプラン　22, 189
ケアマネジャー　9, 21, 86, 107, 187
　　──不足　86
ケアラーズカフェ　107
経営の課題　186
経済的虐待　105
軽費老人ホーム　54
契約解除　233
健康型有料老人ホーム　50
健康問題　183
減算　187
　　──方式　95
現実性の原理　110
権利擁護　20
高額医療・高額介護合算療養費　132
高額医療合算介護サービス費　→高額医療・高
　　額介護合算療養費
高額介護サービス費　132
後見　113
公助　152
（介護支援専門員資格の）更新研修　201
厚生年金　124, 125
高福祉高負担　236
高齢者介護　145
高齢者虐待の防止，高齢者の養護者に対する支
　　援等に関する法律　103
高齢者虐待防止法　→高齢者虐待の防止，高齢
　　者の養護者に対する支援等に関する法律
高齢者の「住まい」　49
高齢者保健福祉推進十か年戦略　→ゴールドプ
　　ラン
ゴールドプラン　149, 192
国保連　→国民健康保険団体連合会
国民健康保険団体連合会　14
国民年金　124, 125

　　──制度　128
国民の共同連帯　3
互助　152
個人情報　218
個別避難計画　138
雇用の不安定化　231
混合型特別養護老人ホーム　40

## さ行

災害対策基本法　136-138
財政安定化基金　70, 71
在宅医療　175
在宅介護支援センター　149
最低賃金　96
財務諸表　92
サ高住　→サービス付き高齢者向け住宅
サービス担当者会議　23, 198
サービス付き高齢者向け住宅　51, 84
サービス提供責任者　26
サービス費用　53
サロン活動　197
3世代同居　133
自己負担　129
　　──割合　12
自助　152
施設から在宅へ　156
施設サービス　78
持続可能な社会保障　151
死に場所　172
自発的福祉　155
社会生活における意思決定　112
社会性の原理　110
社会投資　235
住所地特例　26
住宅改修　33
住宅確保要配慮者　133
住宅確保要配慮者に対する賃貸住宅の供給の促
　　進に関する法律　134, 135
住宅型有料老人ホーム　50
住宅セーフティネット法　→住宅確保要配慮者
　　に対する賃貸住宅の供給の促進に関する法
　　律

索　引

集団指導　72
終末期医療　181
終末期ケア　174
従来型特別養護老人ホーム　40
主治医意見書　5
主体性の原理　110
主任介護支援専門員　→主任ケアマネジャー
主任ケアマネジャー　21
受領委任払い　34
「障害福祉サービスの利用等にあたっての意思
　　決定支援ガイドラインについて」　111
償還払い　33
小規模多機能型居宅介護　29
職員ファースト　234
職場のハラスメント　209
ショートステイ　43
自立支援　2
新オレンジプラン　→認知症施策推進総合戦略
人口減少社会　227
新ゴールドプラン　192
人財　190
人材獲得競争　229
人材確保　185, 186, 190
人材の定着　190
人材紹介会社　188
人材の養成　185
人材不足　229
　　──問題　169
身体介護　24
身体拘束ゼロ作戦推進会議　108, 109
身体的虐待　104, 105
心理的虐待　104, 105
スキルアップ　188, 190
スキンテア　106
生活援助　24
生活保護受給世帯　127
生活保護制度　127, 129
生産性向上推進体制加算　17
性的虐待　105
制度的福祉　155
成年後見制度　113, 140
成年後見制度の利用の促進に関する法律　140

成年後見利用促進法　→成年後見制度の利用の
　　促進に関する法律
セクシュアルハラスメント　205, 207
全世代・全対象型地域包括支援　147
全体性の原理　110
総合事業通所型サービス　29
総合事業訪問型サービス　25
総合相談支援　20
組織規程　191
ソーシャルワーク　219
措置施設　53
措置控え　53
措置費用　53
尊厳の保持　2

た行

第1号被保険者　2, 59, 62, 68-70
退院先の受け皿　151
第2号被保険者　2, 59, 62, 68, 70
短期入所生活介護　43
地域医療　180
　　──構想　163
地域格差　90
地域共生社会　151
　　──の実現　153
地域ケア会議　169
地域づくり　158
地域における医療及び介護の総合的な確保を推
　　進するための関係法律の整備に関する法
　　律　163
地域における福祉　156
地域による福祉　157
地域福祉　154
地域包括医療　148
地域包括ケア圏域　146
地域包括ケアシステム　15, 99, 144, 145, 150
地域包括支援センター　7, 14, 19, 107, 118
地域密着型サービス　10, 15, 47, 77
地域密着型訪問介護事業所　84
チームプレー　197
調整交付金　70, 71
通院等乗降介助　25

241

通所介護　27
通所リハビリテーション　28
定期巡回・随時対応型訪問介護看護　26
デイケア　46
逓減制適用の緩和　95
デイサービス　27
定年年齢　191
特定疾病　2
特定入所者介護（予防）サービス費　129
特別養護老人ホーム　39
特養待機者　44
特例入所　41
都市型軽費老人ホーム　55
トリプル報酬改定　81

### な行

2024年介護報酬改定率　82
日常生活自立支援事業　140
日常生活動作　→ADL
日常生活の意思決定支援　112
日常生活費　48
日本介護クラフトユニオン　211
入院時情報連携加算　88
入所判定会議　198
任意後見制度　113
任意後見人　113
認知症介護基礎研修　189
認知症カフェ　115
認知症基本法　→共生社会の実現を推進するた
　　めの認知症基本法
認知症サポーター養成　115
認知症施策推進5カ年計画　114
認知症施策推進総合戦略　114
認知症施策推進大綱　115
認知症対応型通所介護　29
「認知症の人の日常生活・社会生活における意
　　思決定支援ガイドライン」　111
認知症本人大使　107
認定調査　5

### は行

バイステックの7原則　206

働き方改革　186
ハラスメント　207, 233
パワーハラスメント　208
鼻腔吸引　47
避難行動要支援者名簿　136, 137
被保険者　59
複合型介護サービス　92
福祉医療機構　203
福祉用具貸与　32
福祉用具販売　33
不適切ケア　106
包括的・継続的ケアマネジメント　21
法定研修　189
法定後見制度　113
法定耐用年数　192
訪問介護　3, 24
訪問介護員　→ホームヘルパー
訪問看護　30
訪問入浴　32
訪問リハビリテーション　31
保険給付費　68
保険者　59, 60
保険料水準の細分化　90
保佐　113
補助　113
補足給付　129, 130
ホームヘルパー　27, 84
ホームヘルプサービス　199

### ま行

マタニティハラスメント　207
看取りケア　47
民生委員　107
モニタリング　23

### や行

有料老人ホーム　50
ユニット型特別養護老人ホーム　40
要介護度　11
要介護認定　4, 5
養護老人ホーム　51
予防給付　10, 14

## ら行

利益　81
利用者ファースト　232
利用者本位　1
老後2,000万円問題　125
老人保健福祉計画　149
労働施策総合推進法　→労働施策の総合的な推
　　進並びに労働者の雇用の安定及び職業生活
　　の充実等に関する法律
労働施策の総合的な推進並びに労働者の雇用の

安定及び職業生活の充実等に関する法
律　208

## 欧文

ADL　3
BCP　→業務継続計画
BPSD　216
ICT 機器　193, 194
LIFE　→科学的介護情報システム
SOGI ハラスメント　207

著者紹介 (所属，分担，執筆順，＊は編者)

＊結城康博 (編著者紹介参照：第5章・終章)

＊佐藤 惟 (編著者紹介参照：第1章・第7章)

杉山想子 (山本メディカルセンター居宅介護支援事業所管理者：第2章)

工藤章子 (浴風会第二南陽園相談課長：第3章)

網中 肇 (元・千葉市職員，千葉県議会議員：第4章)

永田文子 (淑徳大学看護学部准教授：第6章)

菅野道生 (淑徳大学総合福祉学部教授：第8章)

松山美紀 (国際医療福祉大学介護福祉特別専攻科講師：第9章)

川名真啓 (特別養護老人ホームリブ丸山施設長：第10章)

武子 愛 (島根大学人間科学部講師：第11章)

**編著者紹介**

結城康博（ゆうき・やすひろ）

1969年生まれ。淑徳大学社会福祉学部卒業。法政大学大学院修了（経済学修士，政治学博士）。1994～2006年，東京都北区・新宿区に勤務。この間，介護職・ケアマネジャー・地域包括支援センター職員として介護関連の仕事に従事（社会福祉士・介護福祉士）。現在，淑徳大学総合福祉学部教授（社会保障論・社会福祉学）。元・社会保障審議会介護保険部会委員。『介護格差』岩波新書，その他多数。

佐藤　惟（さとう・ゆい）

1985年生まれ。京都大学文学部卒業。日本社会事業大学大学院博士後期課程満期退学（社会福祉学博士）。2006～2017年頃まで，施設介護員・訪問介護員・サービス提供責任者・デイサービス生活相談員などとして複数事業所で勤務（社会福祉士・介護福祉士）。現在，淑徳大学総合福祉学部専任講師（高齢者福祉・ソーシャルワーク）。

介護従事者必携！
わかりやすい介護保険・高齢者福祉

2025年3月30日　初版第1刷発行　　〈検印省略〉

定価はカバーに
表示しています

| | | | | | |
|---|---|---|---|---|---|
| 編著者 | 結 | 城 | 康 | 博 | |
| | 佐 | 藤 | | 惟 | |
| 発行者 | 杉 | 田 | 啓 | 三 | |
| 印刷者 | 中 | 村 | 勝 | 弘 | |

発行所　株式会社　ミネルヴァ書房
607-8494　京都市山科区日ノ岡堤谷町1
電話代表 (075)581-5191
振替口座 01020-0-8076

© 結城康博・佐藤惟ほか, 2025　中村印刷・吉田三誠堂製本

ISBN978-4-623-09856-9

Printed in Japan

# 介護人材が集まる職場づくり

結城康博 編著

**四六判／264 頁／本体 2400 円**

# 学びが深まるソーシャルワーク演習

「学びが深まるソーシャルワーク演習」編集委員会 編

**A5 判／300 頁／本体 2800 円**

# 学びが深まるソーシャルワーク実習

「学びが深まるソーシャルワーク実習」編集委員会 編

**A5 判／224 頁／本体 2600 円**

# 福祉は「性」とどう向き合うか

結城康博・米村美奈・武子愛・後藤宰人 著

**四六判／244 頁／本体 2200 円**

# 主体性を引き出す OJT が福祉現場を変える

津田耕一 著

**A5 判／232 頁／本体 2500 円**

# 福祉専門職のための統合的・多面的アセスメント

渡部律子 著

**A5 判／272 頁／本体 2800 円**

——— ミネルヴァ書房 ———

https://www.minervashobo.co.jp/